国家民委《民族问题五
中国少数民族社会历史调查资

U0590310

侗族
社会历史调查

贵州省编辑组
《中国少数民族社会历史调查资料丛刊》修订编辑委员会

民族出版社

图书在版编目（CIP）数据

侗族社会历史调查/《中国少数民族社会历史调查资料丛刊》修订编辑委员会编.
—修订本.—北京：民族出版社，2009.5（2019.1 重印）
（国家民委民族问题五种丛书. 中国少数民族社会历史调查资料丛刊）
ISBN 978 – 7 – 105 – 08752 – 5

Ⅰ. 侗… Ⅱ. 中… Ⅲ. 侗族—民族历史—社会调查—贵州省 Ⅳ. K287.2

中国版本图书馆 CIP 数据核字（2009）第 057961 号

民族出版社出版发行
http://www.mzcbs.com.cn
北京市和平里北街 14 号 邮编 100013
北京龙跃印务有限公司印刷
各地新华书店经销
2009 年 5 月第 1 版 2019 年 1 月北京第 2 次印刷
开本：787 毫米 × 1092 毫米 1/16 印张：12.5 字数：325 千字
印数：2001—2500 册 定价：40.00 元
ISBN 978 – 7 – 105 – 08752 – 5

该书如有印装质量问题，请与本社发行部联系退换
（总编室电话：010 – 64212794；发行部电话：010 – 64211734）

《中国少数民族社会历史调查资料丛刊》
修订编辑委员会

国家民委《民族问题五种丛书》
修订再版总序

  国家民委《民族问题五种丛书》，包括《中国少数民族》、《中国少数民族简史丛书》、《中国少数民族自治地方概况丛书》、《中国少数民族语言简志丛书》、《中国少数民族社会历史调查资料丛刊》，记录了中国55个少数民族从起源至21世纪初的历史发展进程，涵盖政治、经济、文化、社会等方方面面的内容，荟萃了大量原始的、鲜活的、极其珍贵的资料，是一部关于中国民族问题的大型综合性丛书，是中国民族问题研究的重大项目和重大出版工程。

  新中国成立后，党和政府高度重视民族问题和民族工作。少数民族地区的社会改革和社会主义建设逐步展开。为了摸清少数民族的社会历史状况，抢救行将消失的宝贵的历史文化资料，1953年，全国人大民族委员会和中央民族事务委员会组织进行全国性的民族识别调查，1956年又开始少数民族语言、少数民族社会历史调查。在三次大规模的系统调查的基础上，中央民委从1958年开始组织编写《中国少数民族简史》、《中国少数民族语言简志》、《中国少数民族自治地方概况》三种丛书。"文化大革命"期间，中央民委机构撤销，此项工作被迫中断。1978年国家恢复民族工作机构，中央民族事务委员会改为国家民族事务委员会。1979年，国家民委决定继续组织编写以上三种丛书，并增加编写《中国少数民族》和《中国少数民族社会历史调查资料丛刊》两种丛书，定名为《民族问题五种丛书》。《民族问题五种丛书》的编辑出版列入了全国哲学社会科学"六五"规划的重点科研项目。

  《民族问题五种丛书》共计402本，一亿多字，该项目自1958年启动至1991年基本完成，历时30多年，涉及全国19个省、市、自治区及中央有关单位400多个编写组，1760多人参与，分别由全国30多家出版社出版。纵观历史，像这样全面系统地调查研究、编辑出版介绍各个少数民族的丛书在中国前所未有；横看世界，像这样由政府部门组织为国内各少数民族著书立说实属罕见。

  盛世修史、修志，这是中国的传统。由于《民族问题五种丛书》编辑出版时间长，涉及地区广，出版单位分散以及受当时环境条件局限，难免存在一些不足：一是体例版本不统一；二是有些解释不准确；三是新中国成立以来特别是实行改革开放以来，少数民族和民族地区所发生的变化和取得的成就没有得到充分的反映。为适应民族工作发展和民族问题研究的需要，为满足广大读者的需求，国家民委决定从 2005 年开始对《民族问题五种丛书》进行修订再版。

这次修订再版的总体原则是"基本保持原貌，统一体例、版本，增加新内容"，统一由民族出版社出版发行。其中：

《中国少数民族》的修订，旨在原版的基础上，适当调整结构，更新有关数据和资料，吸收最新研究成果；增加各少数民族在改革开放以来各方面的发展成就。

《中国少数民族简史丛书》的修订，本着"适当修订、适量续修"的原则，对有明显错误的内容、观点、表述进行更正，对新中国成立以来特别是改革开放以来各少数民族的发展史实予以补充。

《中国少数民族自治地方概况丛书》的修订，力求更加全面系统地反映各民族自治地方的历史、地理、经济、文化、社会的基本情况和实行民族区域自治的历程、成就和经验，新编 1987 年以后成立的 16 个民族自治地方的概况。

《中国少数民族语言简志丛书》的修订，旨在改错，增补新的研究成果，增写《满族语言简志》，并合订为 6 卷本。

《中国少数民族社会历史调查资料丛刊》的修订，主要是尊重史实，修正错误，增加注释。

《民族问题五种丛书》的修订再版工作，得到了中央有关部门和各有关地方的高度重视及社会各界的广泛支持。中国社会科学院、中央民族大学、中央党校、中南民族大学、西南民族大学、西北民族大学、黑龙江社会科学院、黑龙江大学、黑龙江民研所、云南社会科学院、贵州大学、云南大学、四川大学、新疆大学、新疆师范大学、内蒙古大学、哈尔滨学院、吉林民研所、广西民族大学、广西艺术学院、广西博物馆、广西民研所、甘肃省委党校、凉山大学、中国教育部语工委、云南语工委等单位的民族学、社会学、人类学、语言学的专家学者以及长期在民族地区工作的同志共 1000 余人积极参与了修订工作，各有关省、自治区、直辖市的各级民族工作部门做了大量的组织协调工作。谨此，表示诚挚的谢意。

我们相信，经过大家的共同努力，修订再版的《民族问题五种丛书》，将以更全面、更完整、更科学的面貌呈现在广大读者面前。

李德洙

2007 年 8 月

出版说明

　　《中国少数民族社会历史调查资料丛刊》是国家民委民族问题五种丛书编辑委员会主持编辑的《民族问题五种丛书》之一。

　　本《丛刊》的资料搜集和编辑整理工作是在党和政府的领导下，由各有关地区和单位集体进行的。早在解放初期，国务院民族事务委员会和各有关少数民族地区为了开展民族工作就曾组织民族研究方面的学者和民族工作者，对当地少数民族的社会历史情况进行过调查。1956年，全国人大民族委员会和国务院民族事务委员会，遵照党中央指示，进一步组织了若干调查组，对各少数民族的社会和历史进行了大规模的调查研究。1958年，在国务院民族事务委员会和中国科学院哲学社会科学部的领导下，中国科学院民族研究所、中央民族学院和各少数民族地区的有关单位在编写《少数民族简史》、《少数民族简志》、《民族自治地方概况》三套丛书的过程中又作了必要的调查。现将历次调查的少数民族社会历史资料，由各有关单位分别加以整理、编辑出版。这对我国少数民族社会历史的科学研究工作，具有重要的参考价值。

　　需要说明的是，这些社会历史调查资料。大多是20世纪50年代和60年代初期的材料，由于当时条件的限制，不准确和不全面之处在所难免，希望读者指正。

国家民委民族问题五种丛书编辑委员会

《社会历史调查资料丛刊》编辑组

修订再版说明

　　《中国少数民族社会历史调查资料丛刊》是国家民委《民族问题五种丛书》之五，内容包括了 20 世纪 50 年代中央访问团收集的资料，全国人大民委、中央民委等组织民族社会历史调查以及民族识别等工作所搜集到的资料，20 世纪 80 年代以后由各省、自治区陆续分别出版，全套社会历史调查资料丛刊共有 84 种 145 本。这些资料集中记录了我国少数民族社会历史的基本情况，是民族研究和民族工作中的重要参考资料，受到了各方面的欢迎和好评。

　　《中国少数民族社会历史调查资料丛刊》问世以来，民族自治地方社会和文化发展取得了长足进步，各方面情况有了不少变化，为了进一步发挥这些历史调查资料的作用，促进各民族"共同团结奋斗，共同繁荣发展"，国家民委决定修订、再版《中国少数民族社会历史调查资料丛刊》，并将其列为国家民委重点科研项目。

　　本次修订再版，在尊重史实，基本保持原貌，统一体例、版式的总原则下，主要是订正错误，并以修订注释的形式增补新的人口数据和地方行政隶属的变化情况。另外，原书中统计数据存在的问题较多，但因无资料可查核，部分只能保持原貌，仅供参考。《崩龙族社会历史调查》、《新疆牧区社会历史调查》不再单独出版。新增《吉林省朝鲜族社会历史调查》、《土家族社会历史调查》、《四川木里藏族自治县藏族纳西族社会历史调查》、《广东海南少数民族社会历史调查资料汇编》4 本。修订本合计为 86 种 147 本。

　　《中国少数民族社会历史调查资料丛刊》的修订再版工作，得到有关省、自治区、直辖市领导的重视和关心，得到了中央民族大学、云南大学、广东民族研究所等有关部门的大力支持。我们对关心、支持修订再版工作的各级领导、有关部门、专家学者以及所有热心参与此项工作的同志，表示诚挚的谢意！

《中国少数民族社会历史调查资料丛刊》修订编辑委员会

2007 年 12 月

目 录

第一编　锦屏县概况 ·· (1)
　　一、地理位置和自然条件 ··· (1)
　　二、历史沿革 ·· (4)

第二编　林业生产 ·· (6)
　　一、锦屏林业的开发滥觞于明王朝在贵州征派皇木 ···················· (6)
　　二、清乾隆至嘉庆年间的山林买卖契约和山林租佃契约 ············· (10)
　　三、经济林产品的产销情况 ·· (19)

第三编　木材贸易的发展 ·· (26)
　　一、山客 ··· (28)
　　二、"三帮"与"五勷" ·· (30)
　　三、花帮 ··· (31)
　　四、争夺当江专利权的斗争——争江 ··· (32)
　　五、排工（水伕）的工资待遇和反抗斗争 ··································· (48)
　　六、关于捞取漂流木材及赎取问题 ·· (54)
　　七、木材流通税（木植税） ·· (57)
　　八、木材价格与利润 ·· (64)
　　九、木材交易中的货币与期票 ··· (67)
　　十、民国时期经营木材贸易的主要商号 ······································ (70)

第四编　魁胆侗寨解放前的林业生产和林农生活 ·································· (83)
　　一、林业生产与农业生产的关系 ··· (83)
　　二、林地的租佃关系和林农遭受的沉重剥削 ······························ (85)
　　三、木材的旱运和"旱伕"遭受的沉重剥削 ································· (87)
　　四、从社会收入透视林农生活 ··· (89)
　　五、阻碍林业生产发展的诸因素 ··· (91)

第五编　手工业与官办手工业 ··· (95)
　　一、木器手工业 ··· (95)
　　二、缝纫业 ··· (99)
　　三、淘金业与官僚资本企业抢购黄金 ·· (101)
　　四、锦屏县优待出征抗敌军人家属习艺厂 ·································· (102)
　　五、锦屏企业股份有限公司 ··· (109)

第六编　商　业 ……………………………………………………（113）
　　一、全县集市情况 …………………………………………（113）
　　二、三江镇的商业情况 ……………………………………（117）
　　三、启蒙的集市情况 ………………………………………（130）
　　四、平略的集市情况 ………………………………………（131）
　　五、平秋的集市情况 ………………………………………（133）
　　六、食盐的供销情况 ………………………………………（134）
　　七、洋货的输入与销售情况 ………………………………（138）

第七编　赋税与徭役 …………………………………………………（140）
　　一、田赋 ……………………………………………………（140）
　　二、积谷 ……………………………………………………（144）
　　三、契税 ……………………………………………………（147）
　　四、区保经费 ………………………………………………（148）
　　五、特货通关税和鸦片烟打捐 ……………………………（153）
　　六、保警食米 ………………………………………………（154）
　　七、飞机款和战时公债 ……………………………………（155）
　　八、其他各种捐税 …………………………………………（156）
　　九、护商费 …………………………………………………（157）
　　十、罚　款 …………………………………………………（157）
　　十一、地方官的敲诈勒索 …………………………………（158）
　　十二、清代三江地区的徭役 ………………………………（163）

第八编　锦屏县侗族地区解放前经济统计 …………………………（173）
　　一、锦屏县三江镇土地改革前各民族各阶层占有耕地、山林统计表 …（174）
　　二、锦屏县三江镇土地改革前侗族各阶层占有耕地、山林统计表 …（175）
　　三、锦屏县三江镇土地改革前苗族各阶层占有耕地、山林统计表 …（176）
　　四、锦屏县三江镇土地改革前汉族各阶层占有耕地、山林统计表 …（177）
　　五、锦屏县九寨乡土地改革前各民族各阶层占有耕地、山林统计表 …（178）
　　六、锦屏县九寨乡土地改革前侗族各阶层占有耕地、山林统计表 …（179）
　　七、锦屏县九寨乡土地改革前汉族各阶层占有耕地、山林统计表 …（180）
　　八、锦屏县九寨乡土地改革前各民族各阶层占有房屋农具牲畜统计表 …（181）
　　九、锦屏县启蒙乡土地改革前各民族各阶层占有耕地、山林统计表 …（182）
　　十、锦屏县启蒙乡土地改革前侗族各阶层占有耕地、山林统计表 …（183）
　　十一、锦屏县启蒙乡土地改革前苗族各阶层占有耕地、山林统计表 …（184）
　　十二、锦屏县启蒙乡土地改革前汉族各阶层占有耕地、山林统计表 …（185）
　　十三、锦屏县启蒙乡土地改革前各民族各阶层占有房屋农具牲畜统计表 …（186）

后　记 …………………………………………………………………（187）

修订后记 ………………………………………………………………（188）

第一编　锦屏县概况

一、地理位置和自然条件

锦屏县位于贵州省东部，属黔东南苗族侗族自治州。东邻湖南省靖县，南接黎平，西连剑河，北界天柱。地跨北纬 26°23′5″~26°46′8″，东经 108°48′4″~109°24′5″。全县面积1591平方千米。

锦屏是一个以侗族为主，兼有苗、汉等族杂居的少数民族县。根据档案资料，锦屏县解放前的几次人口统计，未分民族，只有总户数和总人口的记载。民国 3 年（1914 年）锦屏建县时（隶镇远道），全县行政区划分为 5 个区，24 个乡。当时全县有 17 890 户，71 564人。其各区、乡人口统计如下页表（见第 2 页）。

又据民国 27 年（1938 年）的统计，全县人口为 76 608 人，比 1914 年的 71 564 人增长了 7.05%。民国 3 年（1941 年）的人口统计为 74 769 人。比 1914 年增长 4.48%，而比1938 年却下降 2.4%。下降的原因现已无从查考。

解放后，1953 年第一次人口普查，全县共 21 797 户，94 560 人。其中侗族 37 690 人，苗族 22 534 人，其他少数民族 1143 人，汉族 33 193 人。少数民族人口 61 367 人，占总人口数的 64.90%。1964 年，全县为 24 773 户，105 530 人。其中侗族 44 537 人，苗族 25 394人，其他少数民族 56 人，汉族 35 543 人。少数民族人口 69 987 人，占全县总人口的66.32%；侗族人口占全县总人口的 42.20%。

锦屏县地处云贵高原东部边缘向湘西丘陵盆地的过渡地带，具有良好的自然条件。根据其地貌的区域差异，全县分为 3 个农业地貌区：

（1）东南部低山丘陵盆坝区。由中林、隆里、新化、龙池、敦寨、铜鼓 6 个乡组成。海拔 400~600 米。地形起伏不大，坡度较小，盆地、坝地比较开阔平坦，土层深厚，土质松散，土壤肥沃，耕地集中连片，水热条件也好，历来是锦屏的粮油产区。

（2）中部及东北部低山峡谷区。由九南、铜坡、娄江、秀洞、稳江、大同、平金、茅坪、小江、卦治、偶里、皎云、平略、寨早、启蒙、胜利、巨寨、地茶 18 个乡和三江镇组成。海拔 600~800 米。山岭较高，河谷地段窄狭，不仅适宜发展粮油生产，而且是发展林业和多种经营的良好基地。

（3）西北部低中山区。由新民、固本、禊河、河口、文斗、彦洞、黄门、彰化、高坝、平秋、魁胆 11 个乡组成。海拔 800~1200 米。沟狭谷深，地貌破碎，降雨偏多，年降水量为 1400 毫米左右，宜农牧林综合发展。境内 800~1000 米的山岭有 213 座，1000 米以上的中低山有 51 座。最高峰为西南部固本乡境内的龙于山，海拔 1344 米，最低点为东北部的茅坪与天柱交界的清水江出口处，海拔 282 米，两者相差 1062 米。

1914 年锦屏县、区、乡人口统计表

区 名	乡（镇）名	户 数	人 口 数
第一区	王 寨	1 200	4 800
	卦 治	980	3 920
	茅 坪	1 100	5 500
	平 略	830	2 080
第二区	锦 屏	790	2 370
	秀 洞	780	2 340
	文 腮	810	3 240
	稳 洞	840	3 360
	张 寨	760	2 280
第三区	敦 寨	740	2 220
	亮 司	760	3 040
	培 寨	650	3 250
	中 林	710	2 640
	罗 州	690	2 070
	苗 吼	880	3 520
第四区	平 茶	820	3 280
	四 乡	840	3360
	三里驿	630	3 130
	平 石	710	2 840
第五区	婆 洞	430	2 150
	偶 里	610	3 100
	瑶 光	390	1 950
	楠 侯	580	2 900
	岑 洞	360	2 220
合 计		17 890	71 564

根据土壤普查资料，全县土壤分黄壤、红壤、石灰土、潮土和水稻土 5 个种类，其中以黄壤和红壤最多。黄壤分布在海拔 500～1400 米地段，遍及全县各地，面积为 1 623 666 亩，占全县土地面积的 69.7%。适宜喜酸性土的速生树种，如杉、松、油茶、油桐、茶树等的生长。红壤分布于海拔 500 米以下的低山丘陵河谷坡地，面积为 503 381 亩，占全县土壤面积的 21.59%。红壤呈酸性，适宜于杉、松、油茶、竹、果等生长。黄壤和红壤共占全县土

壤面积的91%以上，为发展杉、松等经济林木提供了良好的自然条件。

锦屏县还具有丰富的热量、降水量和一定的光能资源。这些都是发展农业和林业的有利条件。

热量资源：锦屏县属于亚热带气候，县内大部分地区年均气温为15℃～17℃。最低是1、2、3月份。1月份平均气温5.3℃，日温最高28.6℃，最低－8.4℃。2月份平均气温6.3℃，最高日温29.8℃，最低－5.8℃；3月份平均气温11.8℃，最高日温30.8℃，最低－1.4℃。4—10月，日均气温17℃以上。气温高的5月、6月、7月、8月、9月，平均气温在21.8℃～22.6℃之间，最高的7月达38.3℃。全年温度达17℃的有210天，年均无霜期317天，最少的286天，最多的352天。这个热量条件适宜林木生长，对农作物不仅满足一熟制，而且有的可以二熟甚至多熟。但秋末，特别是春末，温度很不稳定。3、4月和10月，不同程度地受到北方冷空气的入侵，气温常常骤降至－5℃以下，且伴有长时期的阴雨，俗谓"倒春寒"，对大小季作物影响较大。

降水量：因锦屏县属亚热带季风温润气候，一般平均年降雨量1316毫米，高达1625.6毫米，低至1072毫米，月均降雨量109.7毫米，最低35毫米，最高135毫米。年平均降雨187天。雨季期间有55%的降雨量集中在4—7月，这时正是大秋作物生长旺期，需水量最多。这样的雨水条件对农作物的生长有利。但各月雨量不稳定，特别是6月进入盛夏季节以后，往往连晴少雨，酿成旱象。俗语云："年年都有六月旱，不是大旱即小旱。"一旦遇上伏旱这种灾害性天气，对农业收成影响很大。

光能资源：锦屏县日照条件较差，全年日照仅有1084小时，为可照时数的24%左右。主要原因是每年10月后至次年4月前有持续性阴雨天气，云雾较多。全年雾日平均为51天，最多的达81天，再加上年均雨天187天以上，即年均有雨雾天238天到268天，占总天数的65%～70%。还有一个重要原因是，县境内森林覆盖率高，地面受日光照射更少，对农作物生长有影响。然而日照少却对杉木生长有利，因杉是中性偏阴树种，要求湿度大，光照弱，故日照少为杉木速生丰产提供了适宜的自然条件。

总之，锦屏县地形复杂，气候差异性较大。"一山有阴阳，四季皆分明"。从农事季节来讲，有早晚相差一个季节的，也有相差两个季节的，有的不利于农业，但有的利于林业。从整个种植业来看，几乎无生物停止生长之日，据省林科所在卦治乡菜园林场观测，杉的生长期全年达309天。故锦屏县具有发展杉树生产得天独厚的条件。

锦屏县的总面积为2 394 600亩。其中，宜林面积1 967 000亩，占总面积的82%；河流水面167 000亩，占总面积的7%；村庄、道路128 800亩，占总面积的5.4%；耕地面积125 800亩；占总面积的5.3%。由此构成"八山一水、半分村庄道路、半分田"的比例状态。显然锦屏县的经济优势在山不在田，而山上资源又以林业资源为主，所以说锦屏是以林业经济为支柱的林业县。

历史上，锦屏以林业生产驰名省内外。苍苍郁郁的杉林，覆盖着全县的层峦叠嶂，使锦屏享有"杉木之乡"、"高原翡翠"之美称。除出产杉之外，还产松、楠、樟等优质木材。林副业生产也占有相当重要的地位。如桐油、樟脑油、五倍子、松香油和药材等，除供应国内市场外，还远销国际市场。

锦屏的农产区主要分布在敦寨、铜鼓、隆里、花桥、启蒙、偶里等地区。农作物有水稻、玉米、豆类、薯类、粟类和棉花等。从全县的耕地来看，坡地多，平地少，水田多，旱地少，中低产田多，高产田少，这是造成农业产量难以提高的自然因素。

锦屏县在历史上具有水路运输的优势，这决定了它在黔东南地区的经济上曾经占据着重要地位。县内河流网布，有大小河流约150条。最大的是清水江，主要支流有亮江、小江、八洋河、瑶光河（又名乌下江）等。

贯穿贵州东南部的清水江，发源于黔南布依族苗族自治州的都匀县，流经都匀、麻江、凯里、黄平、施秉、台江、剑河、锦屏、天柱、入湘境，过会同，至黔阳县与潕水汇合后称沅江，注入洞庭湖而流入长江，全长500多千米。在锦屏县内的流程为57千米。自河口入境，经文斗、彰化、平略、卦治、三江镇、茅坪而进入天柱县境。河宽约300米，流域面积3841平方千米，河枯流量48m³/秒；最大流量16 500m³/秒。年平均流量364m³/秒，最大流速4.55米/秒，最深处为18.5米，最高水位315.9米，最低水位298.3米。流段滩多流急，干流可供水电灌溉及航运。航船上至剑河南嘉，下达湘鄂。

瑶光河，发源于黎平县西北的孟彦区，流经地里、孟彦、洛里、培亮，至河口（又名瑶光）注入清水江，在锦屏县境内长23千米，宽约50米，流域面积155平方千米。

小江，又名八卦河，原名赤溪。发源于三穗县的长吉，流经瓦寨、桐林及剑河县之江口、天柱县之摆洞、柳寨进入锦屏县境，经平秋、小江，至赤溪坪注入清水江。在锦屏县境内长37千米多，流域面积205平方千米。可供水运及农田灌溉。

亮江，发源于黎平县西南的茅贡乡，南入锦屏县境，流经新化、龙池、敦寨、铜鼓、稳江、大同，北至平金，注入清水江。在县境内长52千米，年平均流量10.52m³/秒。流域面积699平方千米。可供灌溉、水运、发电。

通过清水江流域的主干及其网络般的支流，将黔东南清水江流经各县的木材集中于锦屏县，再顺流而下，直达长江流域诸城镇。外省的盐、布、百货等商品，则逆江而上，运销至清水江沿岸的民族地区。

锦屏县的陆路交通主要是公路。桂穗公路于1941年全线通车，自三穗经天柱、锦屏至湖南靖县，再南下而终达桂林，是湘、黔、桂三省边区的交通干线。解放后修建有由锦屏经黎平、榕江、雷山至凯里的公路，并可直达省会贵阳。

二、历史沿革

锦屏县在唐、宋时称亮州（羁縻州），为黔州都督府所领。元时设湖耳、亮寨、新化、欧阳、中林验洞、龙里六长官司，为思州安抚司所领。明洪武二十一年（1388年）始设铜鼓、新化亮寨二守御千户所，均隶五开卫（今黎平）。洪武三十年（1397年），改铜鼓千户所为卫，隶属湖广都司。永乐元年（1403年），复置湖耳、亮寨、中林、欧阳、新化、龙里六长官司，属贵州卫。永乐十一年（1413年）置新化府，辖上述六长官司外，另加赤溪楠洞长官司，隶贵州布政司。宣德九年（1434年）废新化府，改隶黎平府。清康熙十一年（1672年）设锦屏讯。雍正五年（1727年）废铜鼓卫，置锦屏县，治铜鼓卫城。道光十二年（1832年）析县为乡，置县丞，属开泰县（今黎平）。民国2年（1913年）县丞移治锦屏乡县丞地，改名锦屏县，属镇远道。后县城由铜鼓迁王寨（今三江镇），沿袭至今。解放前锦屏县辖有三江镇及大同、铜鼓、敦寨、新化、隆里、钟灵、平略、偶里、启蒙、固本、瑶光、九寨、平察14个乡镇。

解放后，1951年正式成立锦屏县人民政府，属镇远专区。县辖3个区，第1区辖三江镇及平略、九寨、偶里、大同4乡；第2区辖启蒙、固本、瑶光、隆里、钟灵5乡；第3区辖敦寨、铜鼓、新化、平察4乡。1955年将平察、善理、新四、营寨划归湖南省靖县管辖，1956年，废镇远专区，建黔东南苗族侗族自治区，迁治于凯里，锦屏县隶于自治州，至今未变。1958年撤销天柱县，并于锦屏县，1961年恢复天柱县，锦屏县也恢复原有的行政区划，辖有三江、敦寨、启蒙、九寨等4个区。

锦屏原治于铜鼓，因铜鼓位居锦屏县的粮油主产区，故形成为政治中心。但随着商品经济的发展，作为清水江流域木材汇集中心的王寨、茅坪与卦治则成为锦屏县的经济中心，而政治中心也随之转移到了王寨（今三江镇）。

王寨位于清水江下流，因亮江、小江与清水江汇合于王寨，故名三江镇。王寨依山濒水，碧水苍山，相映如画。河床开阔，水流平缓，形成良好的木坞，数百年来一直是木材的集散地，生意兴隆，木商云集，故有"木头城"之称。同时在湘黔路通车之前，王寨扼湘、黔、桂三省边界之交通要道，也是历史上棉布、百货、桐油、五倍子及鸦片运销的必经之地。故王寨在历史上是黔东南地区重要的商业门户之一。

茅坪，位于清水江下游北岸，距王寨约8千米，早年原是一片茅草坪，故得名茅坪。茅坪分上、下两寨。上寨为茅坪镇公所所在地，村民为侗、苗、汉族杂居，有居民150余户。这里是革命烈士龙大道（侗族）的故里。龙大道烈士生于1901年，中共优秀党员，1923年参加革命，曾与周恩来在上海领导工人武装斗争，任上海经济斗争部部长、总工会秘书长。由于叛徒出卖，于1931年2月7日英勇就义，为上海龙华24烈士之一。下寨距上寨不到一里，有近200户侗、苗、汉族村民杂居寨内。茅坪是清水江流域和锦屏县最大的木材集散地，与王寨、卦治并称内江，轮流主持着历史上的木材贸易。

卦治，在王寨的上游，相距约6千米。村南两山峙立，形如卦，遂以为名。居民150余户，为侗、苗、汉杂居，也是清水江流域木材集散地之一，与王寨、茅坪并称内江，在历史上曾轮流主持着当地的木材贸易。

1840年鸦片战争之前，锦屏县尚处地封建社会中期。封建生产关系在农林生产中占据统治地位，地主阶级占有大部分的农田和山林。经营农业和森林的劳动人民，忍受着地租和林租的残酷剥削，生活贫困。兴旺的木材贸易，也为封建的商人资本所操纵。

鸦片战争以后，中国沦为半封建半殖民地社会。但锦屏县地处边壤，帝国主义的政治、经济和文化的侵略势力一时尚难直接深入，因此，半殖民地半封建化很不明显。

1895年，清政府在中日甲午战争中惨遭失败，签订了丧权辱国的"马关条约"。从此帝国主义的侵略魔掌，直接伸到了边远的锦屏地区。日本洋行豢养的"花帮"等商人阶层，通过金融和商业活动，直接控制着锦屏县的社会经济。锦屏县变成为帝国主义的商品市场和原料供应地。因此，在中日甲午战争以后，锦屏县半殖民地半封建化日益加深。

1935年，蒋介石政府直接统治了贵州。1937年，抗日战争爆发，官僚资本深入锦屏，一方面加紧金融和财政掠夺，另一方面组成贵州木业公司，垄断锦屏的木材贸易。官僚买办和地主阶级对锦屏各族人民的剥削是沉重的，人民遭受着空前的劫难。

1945年，全国各族人民历尽艰辛，终于赢得了抗日战争的伟大胜利。经过解放战争四年浴血奋战，终于改变了半殖民地半封建的旧中国，建立了中华人民共和国。锦屏县的各族人民终于获得了解放。

第二编　林业生产

锦屏县商品经济的发展已有数百年的历史。早在明、清之际，锦屏地区把以木材贸易的逐渐兴旺作为商品经济日益发展的重要标志，因此成为贵州经济发展水平较高的少数民族地区。

一、锦屏林业的开发滥觞于明王朝在贵州征派皇木

（一）明王朝在贵州征派皇木

侗族和苗族分布的黔东南和毗连的湘西地区皆崇山峻岭，层峦叠嶂，宜林木生长，是一个纵横千里的大林区。但在自然经济占绝对优势的封建社会，侗、苗等各族人民对森林资源的利用，仅仅是就地采伐用于生产和生活所需而已。森林的自然生长蓄积量一直超过了人们的采伐量，森林资源有增无减。如清水江边的文斗，"在元时，丛林密茂，古木荫稠，虎豹踞为巢，日月穿不透，诚为深山箐野之地乎！"（《姜氏家谱·记》）可见元代的文斗还是一片郁郁葱葱的原始森林。

明洪武三十年（1397 年）在锦屏设置铜鼓卫，因屯军占地 354 顷，引起上婆洞林宽领导失地的侗族农民的起义。义军拥众十万，相继攻克龙里、新化、平察等千户所，直通黎平守御千户所。明遣都指挥齐让率湖广军前往镇压，一战即败。旋命楚王祯、湘王柏领兵 30 万进讨。十月，明军主力"由沅州伐木开道二百里抵天柱"，镇压了这次农民起义（载《明史》和《黎平府志》）。既然要伐木开道前进，说明当时在天柱、锦屏一带，还是漫山遍野的处女林。至于清水江的中上游地区，尚属"蛮荒"之地，大片森林更不可能被开发利用了。

很可能是明将奏凯还京，奏明黔、湘林产之盛和运输之利的情况，才引来了明皇朝从此地区不断征派皇木。

明、清两代的京城南京和北京，在兴建宫殿的过程中，均定例从黔、川、湘等省的少数民族地区征派杉、楠、樟等木材，供宫苑之建设，故名之曰"皇木"。征派之外，少数民族土司为了向皇帝邀功请赏，常选巨木为贡品，奉献朝廷而获功晋升官职。

根据文献记载，最早在贵州少数民族地区征派皇木是明武宗正德九年（1514 年），"工部以修乾清、坤宁宫，任刘丙为工部侍郎兼右都御史，总督四川、湖广、贵州等处采取大木，而以署郎中主事伍全于湖广，邓文璧于贵州，李寅于四川分理之"。（《明实录·武宗正德实录》卷 117）

明代，朝廷在贵州征派皇木，主要集中在嘉靖和万历两个时期。嘉靖二十年（1541 年）

"工部侍郎潘鉴，都御史戴全分住湖广、四川采办大木"（《明纪》卷32）。经历三载，至嘉靖二十二年（1543年）"上以采木工完，升提督川贵大木石御史潘鉴为工部尚书……贵州巡抚右副都御史刘彭年……赏银三十两，紵丝二表里"（《明实录·世宗嘉靖实录》）。嘉靖三十六年（1577年）"复遣工部侍郎伯跃采木于川湖贵"（《明史·食货志》）。如此频繁的征派，贵州少数民族百姓不堪其苦。贵州抚按官高翀等向世宗上奉："本省采木经费之数，当用银138万余两，费巨役繁，非一省所能独办，乞行两广、江西、云南、陕西诸省通融，出银助之。"（《明实录·世宗嘉靖实录》卷456）。此奏章未被采纳。然任务紧逼，地方官员有消极以待者。贵州抚按官高翀曾采取严厉手段，以期完成采木任务。嘉靖三十八年（1559年）"巡抚贵州都御史高翀参都司何自然以采木急，托疾规避，宜治其罪"。诏："革自然任，付抚臣逮问具奏"。（《明实录·世宗嘉靖实录》卷473）由于采木苛扰，都司何自然同情人民疾苦，只好"托疾规避"，终不免被朝廷革职问罪。

嘉靖以来，明王朝屡在贵州、四川、湖广采办大木，除供建筑外，尚储存大量楠杉于"神木厂"。万历二年（1574年）工部上言："神木厂收储楠杉大木，出自湖广川贵，每根价银数千，采运劳苦，若任风雨浸淫，坐视朽烂，甚为可惜。乞委官搭棚若盖，以图经久。"（《明实录·神宗万历实录》卷29）尽管神木厂的储木在不断地朽烂着，但明王朝在贵州采木，仍然有增无减。查《明实录》可见，在万历十二年（1584年）、十四年（1586年）、十九年（1591年），均有明王朝派员向贵州、四川、湖广采大木的记载。迄至万历三十六年（1608年）贵州巡抚郭子章说："坐派贵州采办楠杉大柏枋一万二千二百九十八根，该木价银一百零七万七千二百七十一两四钱七分六厘，计作四起查给。一给开山垫路；二给运到外水；三给运至川、楚大河；四给到京交收。"（《明实录·神宗万历实录》卷443）由于各族人民负担沉重，万历三十七年（1609年），户科给事中韩光祐言："内监陈永寿所派三殿木植大工钱粮至九百三十余万，比嘉靖间三门午楼之费尚增一倍，乞明诏天下蠲湖广、川、贵三省木价半。"（《明实录·神宗万历实录》卷462）此文压于工部，不报神宗，各族人民的负担未曾稍减。

（二）清王朝在贵州征派皇木

如果说，明王朝系根据形势所需，在某个时期内集中征派大木的话，清王朝则变为定例按年征派的形式，亦如征派皇粮。乾隆十二年（1747年）七月湖南巡抚部院杨奏工部为请定稽查办木之延迟以速公务事的奏文说："湖南每年额办解京桅木二十根，断木三百八十根，架木一千四百根，桐皮槁木二百根。"这是湖南省征派皇木的年定额。贵州向与川、湖同例按年贡木，当不例外，岁征不止，自然民不堪命了。

湖南巡抚的奏文，主旨在于"请定稽查办木之延迟，以速公务"。换句话说，就是要求采取有效措施，保证皇木及时运达京师。其措施的一部分，涉及革除采木过程中的某些弊端，在客观上揭示了由此而产生的某些社会矛盾，提供了较有价值的资料。该奏文抄录在流传民间的《皇木案稿》。这里仅摘其重要部分：

> 桅断二木，近地难觅，须上辰川府以上沅州、靖州及黔省苗境内采取。其架槁二木，则须在常德聚木处购买，而扎以排架运，经历江湖黄运各河，又须购买帮护，以免沿途磕触伤损此原难少之项，乃领帑承办之同知通判等官，每籍采办名色，在于苗地，不问民之愿卖与否，将树混号记，给价砍伐。苗以奉公采办不敢较论。及至常德府德山

河下，商木聚会之所，又将商木选择号记轻价勒买，除额办，夹带私木，运至江南一带，逗留私卖，每有途经年不到京之事，内部行催，彼以风水阻滞，无从究结，诚不可不立法稽查，以杜其弊。臣到任以来，查知常德勒买之弊，已行令承办委员同武陵县知县将架槁之木，在于常德河下，公凭木牙，平价采买，不许委员自行号记在案。辰州以上各苗地方采槁断二木，现行示布政使司查议转饬，如果聚木行市之处办不足数，须在苗境购觅，务必委员知会地方官询问苗民情愿，然后照依时值砍买，仍会地方官通报查考其木运至辰州，承办之员将改办木数，辰、永、沅、靖道亲监查照，以杜多滞渔利之弊，亦在案。

还有一段重要内容：

本部院屡见办木各员，承办二三年之久，始报开行。心疑数千之木，购买非难，何以羁迟如此，细加查访，始如此辈借名办木，实图渔利，复信用戚友家人，各怀利心，在于德山河下，扎排之处，竖立黄旗，上写采办字样，凡遇客商之木，每百根用斧号记三根，择其最长大者，混以短价硬买。客商畏其官势，隐忍听从。采办之官先后继至，前官斧号，后官又号，其客商免号伊大木，重行贿略。而所号之木，原非采办项为，仍有此处即复重价转售，并有即售与客商者。因此辗转买卖，盘费无穷，遂多延挨日月，不旨即在开行，如此行为，直同市井无赖，全无官体……

上述所反映的湖南情况，为什么用以论述贵州的历史呢？原因在于：

（1）天柱、锦屏自明至清初，属湖广荆州路辰州府之靖州所管辖，当时所记载的湖南木政，自然包括天、锦一带。

（2）该奏文说："槁断二木近地难觅，须上辰州以上沅州及黔省苗境内采取。"所谓难觅的槁、断二木，乃是皇木中的巨大者。按皇木尺式，"槁木长六丈、头径四尺五寸、尾径1尺8寸"。非高达八九丈之巨树，不足以砍伐尾径一尺八寸长达六丈以上的槁木，在采办皇木的过程中，往往超过此尺式。即令在莽莽苍苍的林海中，亦难寻觅。愈是地近洞庭，巨材愈是罕见，愈是时近现代，巨材愈发难得，故多采取于黔省边远偏僻的少数民族地区。

（3）奏文言"架槁二木则须在常德聚木处购买"运集于常德之木植，相当一部分是由清水江运来的黔东南所产的"苗木"，而专营"苗木"的五勷木商中即包括天柱木商在内。

（4）无论是在黔东南，抑或是在湖南采办的"皇木"多是少数民族劳苦人民艰苦经营的产物，被官、商压榨，决无二致。

正是由于上述的原因，锦屏、天柱的木商和林农才把该奏文和工部的批评传抄珍藏，作为武器来抵制采办官员们的强征勒索。

通过这些政府公文，我们窥见了当时主要社会矛盾，这就是代表地主阶级利益的封建王朝与广大各族农民之间的矛盾。

巡府在奏文中说：采木官中，"每籍采办名色，在于苗地不问民之愿卖与否，将树木混号记，给价砍伐。苗以奉公采办，不敢较论"。官吏以贱价强购巨木，固属依势欺压，百姓惨遭其害，但在砍伐和运输过程中，对百姓欺压更为残酷，因为"巨材所生，必于深林穷壑，崇岗绝岭人迹不到之地"（《四川通志·食货志·木政》）。要将这些树木伐运而无损折，倍加消耗人力，"当砍伐之时，非若平地易施斧开，必须找箱搭架使木有所依，且使削其枝叶，多用人夫缆索维系，方无坠折之虞，此砍木之难也。捜运之路，俱极陡窄，空手尚其难行，用力更不容易。必须垫低就高，用木搭架，非比平地可用车辆。上坡下坡，辗转数十里或百里，始至小溪，又苦水浅，且溪中怪石林立，必待大水泛涨漫石浮木，始得放出大江，然木至小溪，利于泛涨；木在山陆，又以泛涨为病。故照例九月起工，二月止工，以三月水涨，难于找箱。是捜运于陆者在冬春，捜运于水者在夏秋，非可一直而行，计日而至，此捜运之难也"（《四川通志·食货志·木政》）。所言运木的方式和时节，在锦屏林区沿用至今。唯建公路通车后，始有改变。

伐运木材，一般都要历尽艰难险阻，尤其是皇木多为巨木，伐运倍加困难。

据《皇木案稿》（手抄本）（道光七年李荣魁等抄）抄录的皇木尺式规格为：

> 桅木二十根，长六丈，径头四尺五寸，尾径一尺八寸；
>
> 断木三百八十根，长三丈二尺，头径三尺五寸，尾径一尺七寸；
>
> 架木一千四百根，长四丈八尺，围圆一尺六七寸；
>
> 搞木二百根，围圆八九寸一尺不等。

清代尺式与今基本接近。在各种规格的皇木中，以桅木最难寻觅。单求 20 米（6 丈）长度之杉木，尚不易多得，况头尾直径均有严格限制。若取尾径 60 厘米（一尺八寸），则必截下长若干米的树梢，一般非高达 30 米左右之树，必难取材成桅木。而且在实际征派皇木时，采木委员还会随意加大尺式。早在明万历三十五年（1607 年），即有"左布政使汤小昭、右布政使王应麟、按察司刘禹汉奏议"云："今次派采大木，数倍往额，且鸿巨异常。如一号楠杉连四板坊，此等巨木，世所罕见。即或间有一二，亦在夷方瘴疠之乡，深山穷谷之内，寻求甚苦，伐运甚难。今者，以茕茕孑遗之民，任此艰难重大之役，其何以堪！"（《四川通志》卷 71）

康熙二十二年（1683 年），何源濬条呈，说大木"俱产诸高山穷谷，老箐密林之中，非独人迹不到，即鸟道亦稀。前抚臣杭爱登山督察时遥望一木所在，必纤捜始至其地。足胼履穿，攀藤骨战，倒身也苦难立，砍伐何以施工？……至于运道崎岖，罄竹莫尽"（《四川通志》卷 71）即令钦差大臣亲临其境，在众人保护之下躬身体验了"攀藤骨战""倒身也苦难立"的实况，但是，为了不违君命，哪怕是用老百姓的累累白骨架垫，也是要把它伐运到京的。人民不堪其苦，怨声载道。因此，朝中有识之吏，如庶吉士、刘纲，曾于万历二十五年（1597 年）七月上疏奏明神宗曰："比大工肇兴，伐木榷税，采石运甓，远者万里，小民竭膏血不足供费，绝筋骨不足任劳，鬻妻子不能偿贷。加以旱魃为灾，野无草青，人情胥怨，所在如仇。"（《明通鉴》卷 71）

艰辛危险的苦役，激起了各族人民的反抗，受害木商亦不断申诉，迫使湖南巡抚申奏朝廷，请求采取一些革除"弊端"的措施，最后工部批准付诸执行者为：

（1）桅断二木"须在苗境购觅，务必委员知会地方官，询问苗民情愿，然后依时值砍买"。这一措施是用来解决采办官员与林农之间的矛盾，有利于经营木业的各省商人。

（2）"令承办委员同武陵县知县，将架稿之木在于德山河下，公凭木牙平价采卖，不许委员自行号记。"这一措施是用来解决采木官员与商人之间的矛盾，也有利于经营木业的各省木商。

（3）"先期咨会沿途督抚饬行地方官，照粮舡铜铅之利，催撺出境，或有风水阻滞，地方官给报本省督抚移咨湖南备案。"这一措施用以解决朝廷与采办官员之间的矛盾。然而一切措施的终极目的都是为维护封建王朝的利益。

二、清乾隆至嘉庆年间的
山林买卖契约和山林租佃契约

（一）山林买卖契约

木材逐步商品化，加剧了山林的买卖。山林趋向过伐状态，亟须更新再生产。由于山地多为地主阶级占有，地主便将农田上的封建租佃关系转向山林的租佃关系。

锦屏县的木材贸易在明末清初即已比较繁荣，人工造林随之产生，租佃关系相应发展起来。我们在调查中曾收集到一批乾隆、嘉庆、道光、咸丰、同治年间的山林买卖契约和租佃契约。这是极为珍贵的少数民族文献资料，特别是山林租佃契约，是研究山林生产关系所独见的历史资料，正好填补了研究我国封建社会在林业生产关系上的空白。全部契约共260余份。数量较大，尚待整理考释后，再公之于世。这里仅选录一部分于此，以便反映锦屏林业生产和生产关系的全貌。

这些契约全部收集于文斗上寨，这是一个苗、侗、汉杂居的村寨。其地近清水江属山林地带。地面受清水江切割较深，山清水秀，风景旖旎，气候温和，雨量调匀，适宜林木速生丰产。江岸巍巍群山，翠林排山寨谷，绵延不断，是锦屏县的重要林产地之一。从苗侗人民保留下来的这些年代久远的林业契约中可以看出当地山林的占有、买卖、租佃关系以及木材的生产、贸易的历史。

下面是一张我们收集到的年代最早的山林买卖契约，立契年代是乾隆二十八年（1763年）。全文为：

> 立断卖杉木山场字约人姜凤宇，为因家下要银使用，自愿将祖遗山场一所，坐落土名卧兰山，出卖与下房姜远福名下承买为业，当面议定价银一两九钱整，亲手领回受用，其木山价银交清，不欠分厘。远福名下占一股，凤宇名下有一股，日后杉木山场二股均分。右与岭为界，左与冲为界，上凭岩良为界，下凭田为界。如有房族弟兄人等争论，俱在卖主向前理讲，不与买主相干，今欲有凭，一字二纸，各执一张，永远存照。
>
> 又二十九年二月十五日将凤宇名下一股，补一半与永福为业，价银一两，凤宇现有一半，日后欲伐，二股平分，今欲有凭，立字为据。
>
> 凭中堂兄姜良所（手印）
> 依口代书姜文炯
> 卖主姜凤宇
> 乾隆二十八年六月二十七日　立

这张契约是卖林木，还是林木连山一起出卖，全文不甚清楚。但从最后一句："日后欲伐，二股平分"来看，应是卖林木，而未卖山。从下面一张的内容来看就准确无误了。这是一张乾隆三十四年（1768年）的契约：

立卖杉木山场卖契人文堵（斗）寨人姜远福，今国家下无处，情出自愿将本名杉木二所，土名坐落对门卧监山上头水五十根一所，四至分界：上抵姜保求，下抵三保各，左抵溪，右凭岭，下一所共载五十根，四至分界：将本名杉木二所，土名坐落对门卧监山上头木共五十根一所，四至分界：上凭岭，左右凭冲，下凭路，请中问到天柱雷寨阳仕俊名下承买为业，当日凭中三面议定价银一两二钱正，入手领回应用，分厘不欠。自卖之后，其杉木任从阳姓子孙世代修理管业，姜姓人等房族弟兄不得异言。如有异言，俱在卖主上前理落，买主光前愿光物，不干买主之事。今欲有凭，立此杉木存照。

凭中　姜士贤　姜□仔

代笔人　姜起渭

卖主　姜远福

乾隆三十四年四月初十日　立

卖林的有之；卖山的亦有之，试选录一张立于乾隆四十一年（1776 年）的卖山契约于下：

立断卖山场契人族弟老路、老岩，为因要银使用无出，兄弟商议，情愿将已受分祖遗公山一股，坐落地名甘食，其山原作一十二股均分，岩、路兄弟实占一股，央中出断与兄兴周、佐周兄弟名下承断为业，当日凭中实受断价纹银三两三钱五分，亲手领回应用。其山自断之后，任二兄管业，栽插、收租，卖主不得异言；此系宗人承买宗业，并不与外人相干。倘有来历不明，并私当等情，俱在卖主向前理落，不干买主之事。一断百了，永不翻墙，今恐人信难凭，立此断契存照。

卖主　老路老岩

凭中　范文德

代书　姜国昌

乾隆四十一年九月十五日　立

上面所录契约，或为卖林木，或为卖山地，我们将选录一张兼卖山与树的契约。此契立于乾隆四十三年（1778 年）。内容如下：

立断卖杉木并地人本房侄子姜朝佐，为因家下缺少银用，无从出处，自愿将到祖业山场一块，坐落土名纲晚山，三大股均分，朝佐弟兄名下占一股，今将朝佐半股杉木并地出卖与本房内姜兴周叔爷名下承买为业，当日议定断价纹银七两整，入手领回应用。其杉木之后，任从买主子孙世代永远管业，而卖主不得悔言，如有翻悔言者，俱在卖主，一卖一了，二卖二文，今恐言信难凭，立此断契存照为据。

凭中叔　姜乔香

朝佐亲笔

乾隆四十三年十二月十七日　立

卖树不卖山，卖的树，却有成熟林和中幼林之区别。卖成熟林者，即买树到手立时可伐；卖中幼林者，须借山养树，待树长大而后伐卖，引用农民卖青苗之意，故称为卖青山。

在锦屏林区，早在200多年以前就流行卖青山了。林木生长周期长，贫苦农民常受饥寒病疾等威胁，不得不出卖青山，以解燃眉之急。下面就是一张写于乾隆五十年（1785年）十二月二十四日的卖青山契约：

> 立断卖杉木字人姜举周，为因家中要银使用，无从出处，自愿将到祖遗杉木一块，坐落土名皆晚，出卖与族内姜佐周、侄姜朝瑾叔侄二人名下承买为业。当日议定价银二两五钱整，亲手领回；其杉木上凭田，下凭大冲，右凭冲，左凭老剪，四至分明。日后木植长大，发卖砍尽，地归原主，不得翻悔异言。如有来历不清，俱在卖主理落，不干买主之事。今欲有凭，
>
> 立此卖契为样。
>
> 凭中　姜国珍　姜文启
> 依口代笔　姜朝佐
> 乾隆五十年十二月二十四日　立

> 立卖田契人姜举周，为因家中要银用度，自愿将到祖遗田一丘，坐落土名北斗，出卖与族内姜佐周、朝瑾叔侄二人名下承买为业。当日凭中议定断价银十两，亲手领回应用。其田自卖之后，任凭买主耕种管业。卖主不得翻悔异言，恐后无凭，立此断契存照。
>
> 凭中　姜国珍　姜文启
> 依口代笔　姜朝佐
> 乾隆五十年十二月二十四日　立

在同一卖主所写的一张卖契上，一边写着卖青山，一边写着卖田。卖田动辄十两白银，而上面所列举的卖林、卖山、卖林并山之诸例中，最高的是七两，一般都是一二两，可见田价比山价、树价高得多。锦屏山多田少，粮食很珍贵，产粮之田，其价高于盛产杉木之山，亦高于快速丰产的杉场，那是必然无疑的了。

购买青山之后，买主有权将中、幼林转让出卖，若涉及该片山林系与人合伙经营的，须待以最终产品伐买时方能按根或按码子分成，不论转卖给谁，都须按规定出人工共同管理。这一情况，在一张订立于嘉庆四年（1799年）的托约上，基本反映出来：

> 立托得买岩乔、番乔之乌格溪山场杉木一块，其山二股均分，功勋占一股，岩乔、番乔兄弟占一股，今兄弟一股出卖与本房姜佐周、侄朝瑾、朝瑚三人共买为业，当日凭中议定价银五两正，日后修理出人工，照纸上股数出人。长大砍伐，照股均分。不得异言，今欲有凭，立此托字，永远为据，大发大利。
>
> 托约合同为据（字形一半）外批：佐周父子占一股，朝瑾父子占一股，朝瑚四兄弟占一股；老约佐周存。
>
> 凭中　姜功勋
> 写老约　姜宗义
> 照老约托　姜佐周
> 卖主　姜番乔

姜岩乔

嘉庆四年八月十八日　立

凡买卖山林订立契约，必有中人，作为此宗交易之主要人证和买卖双方的介绍人，是一个重要而不可缺少的角色。民间皆云当中人必取中人钱，取钱多少无定数，当场酌情商定。一般不在契约上写明，只有个别标出金额。选录嘉庆五年（1800年）的一张卖契，恰有中人钱写明于契约上：

> 立卖杉木并地字人，六房姜廷瑾、姜光儒二人，为因家中要银使用，自愿将到父亲先年得买山一块，地名九壤，请中问到姜朝瑾、朝甲兄弟名下承买为业。当面凭中议定价银四两二钱正，亲手收回应用，其山木自卖之后，任凭买主修理管业，卖主不得异言。口说无凭，立此卖字存照。
>
> 外批：其山廷瑾、光儒弟兄概卖；
> 又批：朝瑾五兄弟买一股，朝甲买一股。
> 凭中　姜绍魁捆银一钱
> 嘉庆五年十二月十一日廷瑾亲笔　立

上面这张契约是卖方姜廷瑾亲笔书写，可谓约据确凿。但在封建社会的广大农村尤其是少数民族农村，农民中文盲居多，能识字书写契约者极少，故一般买卖都得专请农村的知识分子代笔，须付一点"笔墨钱"，作为报酬。报酬一般都不写明于契约上，但个别者亦有之。兹举嘉庆六年的一张木契为例。

> 立断卖杉木约人岩湾寨罗咸泰，为因先年胞兄罗老久与子婿姜有保、老祥三人佃栽文斗寨姜朝瑾、姜朝甲兄弟山场一块，坐落土名纲晚上截，当日议定杉木长大，二股均分，地主占一股，栽手占一股，这一股分为三小股，老久名下占一小股，不幸亡故，今胞弟咸泰父子，请中出卖与地主姜朝瑾、姜朝甲二人承买为业，面议价银六两二钱正，入手领回。自断之后任从买主管业，卖主房族弟兄父子不得争论，如有不清，卖主理落，不干买主，今欲有凭，断约存照。
>
> 外批：四至有合同为据。
> 凭中　范绍贤、姜光祥银六分
> 包承子婿　姜有保、老祥
> 代书　王维城一人银六分
> 嘉庆六年十一月十七日　立

买卖山场杉木时，常常有若干人共为买方的情况，山林共有，或因管理分歧，或因砍伐时间不一致，或因其中之一将山林转卖，新的买方必求分清泾渭者，可另立分界契约。试以嘉庆十二年（1807年）的一张分山杉木合同为实例之一：

> 立分山场杉木清白字人姜佐周、姜朝瑾、姜宗智等与陆云辉，情因先年得买姜举周土名冉楼卡山场杉木一所，原系二大股均分，云辉名下占一大股，佐周等共占一大股，

至今二比自愿请凭中族仍然分为二大股，挖垞为界，佐周等连木伐地占上边；云辉连木代地占下边。自分之后，各管各业，今人不古，立此分山场杉木清白字样为据，各存一纸，永远为照。

凭中族　姜映林　姜光周
代笔　姜朝佐
嘉庆十二年十月二十四日　立

由于林木生长周期长，易发生在林木生长过程中，需多次买卖青山，几易其主。因而也容易发生纠纷。一旦纠纷发生之后，在民族地区，一般都由当地有声望的人出面排难解纷，或将其调解结果，录于原契之上。今以嘉庆十八年（1813年）的契约为例：

立断卖山场杉木约人上房姜怀德朝相，今因家下缺少银用，无处得出，自愿将到祖遗山场杉木一块，土名刚晚，山场分为三股，又分为六股，本名占一股，出卖与姜伟公名下承买为业，当面凭中议定价银四两三钱，亲手收回应用，其山场杉木，自卖之后任凭买主修理管业，卖主不得异言，倘有不清，俱在卖主理落，不干买主之事，恐后无凭，立此断卖山场杉木存照。

凭中　余可升潘绍芳
嘉庆十八年十一月初三日朝相亲笔立

罔晚之山，姜朝相弟兄先卖与姜伟后，重卖与岩湾范献琳，献琳复卖与姜重芙，于道光十四年九月内，卖与陈老五砍伐，二比争论，蒙中劝解，依契断此股山地与姜济太管业，凭中所批，日后发管业不得争论。

凭本清，肖六爷、朱镐
钟华批

自嘉庆十八年（1813年）至道光十四年（1834年）共21年间，恰好是杉木自栽至成熟的时期，其间四易其主，才砍伐成原木出售。所以说出卖青山是锦屏林业的一个普遍特点。

在数百张契约中，唯独有一张盖有字迹不清的大方印。那是订立于嘉庆二十一年（1816年）的断买山场杉木契约，在价银和年代处，各盖有同式大于一平方寸的红印，只见印框，不辨字形。还弄不清盖印的原因，其内容是：

立断卖山场杉木约人岩湾寨范绍田，为因无银使用，自愿将到杉山二块：一块地名乌格，上凭岭，下凭姜彬周木，左凭岭，右凭岭为界；又一块培拜山，上凭田，下凭水沟，左凭岭，右凭冲为界。凭中出卖与文斗寨姜绍韬承买为业。当日议定价银二十两正，亲手收回应用。其杉山自卖之后，任从买主修理管业，而卖主子孙不得异言，恐后无凭，立此断卖字承照是实。

外批股数：乌格分为四股，本名占一股，又培拜分为二大股，栽手占一股，比地主之一股又分为五股，本名占一股。二块俱出卖，二处老契未拔。

凭中　范德连、范承尧
代笔　范绍卿
嘉庆二十一年二月二十六日立

　　　　　　　　　　　　　　　　培拜砍尽天九之孙佃栽

　　　　　　　　　　　　　　培拜山卖归四里塘李连升为业

山林买卖契约还有许多，仅举上述几张为例，不再赘录。

（二）山林租佃契约

　　如此多而又集中于乾隆、嘉庆、道光年间的山林买卖契约，足见当时的木材贸易已十分繁荣。木材贸易活跃，加大了木材的采伐量，反过来又使山林买卖更加频繁。这样一来，如不加速林木的再生产，莽莽森林要不了很长时间就会砍光伐尽，给人民带来灾难！

　　勤劳智慧的侗族、苗族人民，利用锦屏得天独厚的宜于杉木速生丰产的自然条件，开创了我国人工造林（大片杉林）的较早历史。随着人工造林的发展，占有大部分山地的封建地主阶级，便于招佃造林，对林农进行林租剥削。而贫苦农民因造林头几年可以林粮间作，能收获一些粮食以解决维持最基本的口粮问题，也要求租用地主之山，栽杉种粟。志乘已有乾隆年间人工栽杉、林粮间作的记载，人工栽杉的开始必早于乾隆年间。在我们收集到的山林契约中，反映乾隆、嘉庆年间的山林租佃关系的契约不少，锦屏产生山林租佃关系也必早于乾隆年间，否则一户苗族后裔如何能保持200年前与自己继承的产业有关的若干张山林租佃契约?！没有人工造林的普遍流行，就不可能有山林租佃的产生。我国东北大林区，解放前无人工造林，在自然林中产生不了租佃关系，就是这个道理。因此可以断言，明末清初，锦屏民族地区人工造林已经逐步盛行起来，即是说，其人工造林的历史不下300年的时间，可能这是我国人工造林最早的地区（此地区的外延应包括黎、从、榕、剑、天5县在内）。随着人工造林的兴起，租佃关系因之应运而生，锦屏地区的山林租佃关系的历史，至解放前，也必有200余年历史。这同样可能是我国山林租佃关系最早的地区。所以说，我们搜集到的山林租佃契约，不仅是研究我省侗、苗民族林业经济史的重要资料，也是研究我国林地租佃关系史的极其珍贵的资料。

　　我们收集到的最早的一张山林租佃契约是乾隆四十五年（1780年）栽手龙文魁等向地主姜兴周租山栽杉的租佃契约：

　　　立佃种山场合同人稿样寨龙文魁、龙文明、邦寨吴光才、吴光岳、吴光模、吴启白、蔡溪寨李富林、李忠林三寨人等，亲自问到文斗下房姜兴周、姜永凤、姜文襄得买乌养山一所、乌书山一所，今龙、吴、李三姓投山种地，以后栽杉修理长大发卖，乌书山二股平分，乌养山四六股分，栽手占四股、地主占六股；乌书山栽手占一股、地主占一股。其山有老木，各归地主，不得霸占。今恐无凭，立此投佃字存照。

　　　　　　　　　　　　　　　　　　　姜梦熊

　　　　　　　　　凭中代书　曹聚周

　　　　　　　　　　　　　　　　　　　姜安海

　　　　　　　　　　　　　　　　　　　龙文魁

　　　　　　　　　佃种人　吴光才

　　　　　　　　　　　　　　　　　　　李富林

　　　　　　　党加众山佃约付与梦熊收存

　　　　　　　乾隆四十五年正月二十九日　立

15

　　此契约开宗明义为《佃种山场合同》，契文后附说明："党加众山佃约付与梦熊收存。"此佃种合同与佃约为什么同时记在契约上，是怎么回事，两者的关系怎样？直到解放前，锦屏在主佃建立租佃关系时，都是分成两步走的，首先是先立好佃契，佃户取得了在指定的山上栽杉种粟的权利，当即开始人工造林，林粮间作，待五年幼林郁闭，进入管理阶段，再订立佃种合同，其主要内容是确定分成关系。从这张合同的内容来看，具有两个特点，其特点之一是有两种不同的主佃分成比例，即对半分和四六分。即是说，其分成比例因条件不同，可以上下浮动，全由双方协议；其特点之二是，佃户一方为三寨龙、吴、李三姓8户联名，地主一方姜姓三家，山地为党加之乌养、乌书二山。这显然是一种个体农户间的联合造林形式。因为林木的采伐，极少零星进行，多是成片，甚至是一个山、一个岭地砍伐，所以必是成片更新。林木管理不比庄稼，薅修管理，防火防盗，单家独户都有很大困难，所以联合造林是发展林业生产上的一种重要形式，一直沿袭了下来。

　　关于建林山林租佃关系过程中的先订佃约后订合同的两个步骤，在嘉庆三年（1798年）湖南黔阳县栽手周万镒向文斗地主姜朝瑾佃栽杉木的契约上，就载明了两个不同的步骤：

　　立佃栽杉木字人勤（黔）阳县周万镒、周顺镒二人，兄弟自己问到下文堵（斗）寨姜朝瑾五人兄弟之祖山坐落土名乌格溪，其山下节杉成林，主家自己修理，周姓不得系分；其有上节佃与周姓栽杉，言定五股均分，残木在内：主家占三股，周姓占二股。候四、五年杉木成林，另分合同。如有不栽杉木修理，周姓无分。今欲有凭，立佃帖是实。

代笔　龙光池
嘉庆三年二月二十四日　立

　　黔阳县的农民跑到锦屏民族地区来栽杉谋生，反映出以木材为主的商品经济的发展，正在开始冲破自然经济的壁垒，促进了地区间和民族间的经济、文化交流。这是社会发展进程中的进步现象。但是外地人来锦屏造林，封建地主阶级也不是给予照顾或与本地佃农同等待遇的，而且所订条件十分苛刻。嘉庆十九年（1814年）黔阳栽手蒋玉山向地主姜朝瑾订立的租佃契约中就突出地表明了这一点：

　　立租佃字人湖广省岑（黔）阳县蒋玉山、景春弟兄二人，因佃到文斗下寨主家姜朝瑾，朝甲弟兄等之山，土名坐落鸠坏。此山上凭姜朝琦，下凭路，左凭朝瑾本山，右凭冲，四至分明，佃与蒋姓种粟栽杉。言定五股均分，地主占三股，栽手占二股，限定五年木植一起成林；如若不成，栽主毫不系分。玉山、景春自愿将先年佃栽姜光前乌救略之山栽手（股）作抵。倘有不成，任凭朝瑾弟兄仰当管业，而蒋姓弟兄不得异言。今恐人信难凭，特立佃当字为据。

凭笔中　姜士光
嘉庆十九年七月十六日　立

　　这里出现了特殊的"佃当字"（字即契约），有别于佃契。综观百余张佃契，罕见佃当契。佃当契者有抵押财产之佃款也。以财产抵押给山主，亦如将其典当，故云"佃当字"。这是地主对外来农民附加的苛刻条件。防止其只种粟自食而废造林，更防止其造林不成，逸逃故乡，无从追究责任。

更有甚者，对外籍佃农在林木分成比例十分悬殊，苛待优劣。这反映在嘉庆二十四年（1819 年）行溪县人杨盈安向地主姜朝瑾订立的分树合同中：

> 立分合同字人行溪县杨盈安父子，为因先年佃到文斗下寨姜朝瑾、姜朝甲、姜朝琏兄弟山场一块，土名干十，其山界至：上凭路，下凭朝琦，左凭助周，右凭朝佐，四至分明。当日议定五股平分，地主占四股，栽手占一股。至今杉木长大成林，我兄弟与杨盈安父子二家，凭寨老客长分合同，日后欲伐下河，照合同股数均分，不得错乱。自分之后，杨姓要逐年修理，若不修理，栽手无分。今欲有凭，立此合同，各执一纸，永远为据。
>
> 凭中　高贵茂　姜廷扬
>
> 姜绍魁　姜廷智
>
> 代笔　李正偁
>
> 嘉庆二十四年二月三十日　立

"民以食为天"。贫苦农民为了获得一家赖以生存的基本口粮，远道前来投佃，不惜以80% 的林木交归地主的重大代价，去从事林粮间作，先谋取三季小米。林木周期最少也得18 年，一般是 20～30 年间积材最快，往往要树长至 20 多年才伐卖。历尽艰辛的佃林农，为了最终获得 20%～40% 的林木分成，不得不去做长达 20 余年的造林工作，这是多么沉重的封建剥削和压迫！

（三）解放前的山林占有及林农受剥削情况

及至近代，地主、官僚、商人和买办阶级竞相购买木植，牟取高额利润。因此，广大林农辛苦经营山林杉树，便成为他们掠夺的重要对象。根据土改时的统计，解放前锦屏县侗、苗等族人民居住的 6 个乡，地主占有山林的情况如下：

地　区	地主占全乡山林的%
启蒙乡	73.4
固本乡	58.4
平略乡	35.7
瑶光（河口）乡	60.3
偶里乡	49.1
九寨乡	27.1

在这 6 个乡中，地主阶级占有的山林面积为其总面积的 50.7%。在一些官僚地主势力大的村寨，地主占有山林面积的比重就更大。以启蒙乡的文斗上寨、三江镇的卦治、偶里乡的阶阳为例，地主占有山林面积的情况如下：

地　　区	地主占全寨山林的%
启蒙乡文斗上寨	94
三江镇卦治	91.7
偶里乡阶阳	73

　　启蒙乡的文斗上寨和三江镇的卦治村为林业生产占重要地位的林农结合地区，地主占有山林面积都在90%以上；偶里乡的阶阳村为农业占主要地区，地主占有山林面积的比例偏低，但也高达70%。

　　卦治是当江的三寨之一，是林业生产和木材贸易的中心地区。龙集蛟一家三代都是行户、地主、商业三位一体的侗族大地主。龙集蛟的祖父叫龙成达，是卦治的第一家行户，并总管卦治木行的公有经济，操纵了卦治之木材贸易。他掌握木行的积存银两约七八千两，并利用它来做木材生意。七八十年前，他趁木价低落，在岜拉河收购了一大批木材，运至三江销售时，值木价高涨，因而暴发。他有4个儿子，分家时各修一幢窨子（砖木结构的大院），用大秤称银。龙集蛟的3个叔伯主要是购买田产，共约有产量五六千石。龙集蛟的父亲则大量购买山林，乌治溪和乌翁溪的大山林是其木材基地。尤云兰和龙集蛟父子经商致富，成为卦治一带的第一富户。

　　民国初年，龙远富曾佃栽龙云兰在兰靛冲的山场约50多亩，议定主佃对半分成。至民国13年，龙远富因生活困难，被迫将所占一半栽股杉林卖与龙云兰，只得30多吊钱。

　　农龙远富在民国10年左右，佃栽龙云兰在平冲的山场一块，契约订明主六佃四分成。龙远富栽杉40来亩，约有杉树三四千株。至民国20年左右，已长成中林。龙远富为饥饿所迫，将栽股青山卖给山主龙云兰，只得树价30多吊钱，可买400斤谷子。

　　民国20年前后，龙远富又佃栽龙云兰在岑背乌盘沟脚的一块山场，大约十二三亩，栽杉1000株左右，至民国31年，卖给龙集蛟只得树价16吊小毫。龙远富栽树几十年，成活上万棵，但解放前仍然穷得住在一间遮不住风、挡不住雨的破棚子里。

　　另一个老林农吴通贵，一辈子租山栽杉，受尽了大地主龙云兰和龙集蛟父子的剥削。大约在60年前，吴通贵弟兄佃栽龙云兰在岑东的一块山场，栽杉1600多株，议定主六佃四分成。栽后20年，树木成材，通贵没饭吃，将山卖给龙云兰，只得树价200斤谷子。

　　民国10年前后，吴通贵佃栽龙云兰在乌溪的山场，有300斤下脚粮，议定主佃平分。一共栽了3000多株杉树。十来年后，通贵父亲病故，无钱安葬，被迫将栽股卖与龙云兰，得树价25两银子。

　　民国15（1926年），林农刘宗盛佃栽龙集蛟在平冲的山场，契约上议定不给下脚粮，主佃平分，限定三年开山造林50亩，如若不能完成就不予分成。这年，遭受特大旱灾，刘宗盛挣扎在饥饿线上，靠挖芒巴度荒，没有力气栽树。三年期满，只栽了20多亩杉，共2000多株。龙集蛟说刘宗盛没履行合同，一棵树也不分给栽手。刘宗盛开山栽树2000多株，竟被龙集蛟全部霸占去了！

　　刘宗盛的父亲死后，无地埋葬，向龙集蛟买地一穴，付法币20万元。挖好墓井后，龙集蛟派人来阻止下葬，说这是龙姓族有土地。刘宗盛跪着求他，又付了30万元，办了一桌酒席宴请龙集蛟，才得以草草下葬。不久，团长姚开国又说地是他的，把刘宗盛抓去王寨关了3天，刘宗盛被迫把猪牛卖了，凑了50万元，才算了结。一个勤劳的农民，辛苦一辈子，一无所有，死了连埋葬的地方也没有，这就是旧中国农民的悲惨命运。

解放前卦治乡的绝大部分山林集中在地主阶级手里，解放后将其没收。共没收7户地主的山林48幅，合计1879亩。其中龙集蛟（包括与龙羽丰合伙的）的山林为1387亩，占没收山林总面积的73%。

三、经济林产品的产销情况

（一）植 桐

锦屏植桐以小江地区较为集中，既有自种自收，也有商人雇工经营，具有商品生产特点。

小江乡离王寨8千米左右，位于小江河东岸，因小江河流贯全境而得名。北界天柱，东依三江镇，南抵卦治，西接魁胆，面积约29平方千米。小江是一个侗族聚居乡，只有个别户是苗族和汉族。小江山多田少，人均田土0.5亩左右，但盛产杉木，历史上就是锦屏的林区之一。侗族农民在种田以外，历来靠山吃山重视营林，商品经济发展较早。产杉之外，也宜植桐。除农民种桐之外，也吸引了一些商人投资经营成片桐林。

小江植桐始于民国初年，盛于民国十几年即20世纪的20年代，民国二十几年即20世纪30年代之后，植桐业则开始走向衰落。

据调查，1918年有王寨商人许荣和到小江经营植桐，雇用当地侗族农民栽种了大约四五千株的一片桐林，为小江侗族发展经济林起到了推动作用。

与杉木比较，植桐周期短，收效快，3年即可小收，4年即可大收，吹糠见米，有利于解决农民生活上的困难，而且当时洪江榨油业已较发达，桐油畅销国内外，为了满足其榨油所需之原料，一些洪江的棉布商人，运布至锦屏销售，提倡农民以桐籽与之直接换布，这就刺激了农民植桐的积极性。耕农利用自己的山地积极栽种桐树，缺地少地的贫农也利用田边地角栽一点桐树。

小江植桐以坪地村最多，如1929年龙世昌家卖桐籽收160元，李世华收入70元，龙大本、龙常均各收入60元，龙诗凡收入25元，龙炳吾收入15元。当时桐籽收购价较高，每大斗约70斤，可得大洋四五元。一株桐树好的可结籽50斤，一般株均结籽三四十斤。如以每棵桐树产籽30斤计算，而且不计算新植幼桐在内，以每斗70（斤）大洋4元计算则地坪村这几个植桐的侗族典型户，在1929年的植桐和收入情况有如下页表。

锦屏县地坪村农民植桐收入典型统计

姓　名	成　分	株　数（株）	产　量（斤）	收入（大洋：元）
龙世昌	中农	93	2 800	160
李世华	中农	41	1 225	70
龙大本	贫农	35	1 050	60
龙常均	贫农	35	1 050	60
龙诗凡	贫农	15	437.5	25
龙炳吾	贫农	9	262.5	15

应该说，上述测算是不够精确的，因为农民植桐和收桐都不能一刀切齐。当年的成熟桐树，必然有开空花而未结籽的，所以农民植桐的株数，除幼树之外，其成熟桐树的数量也是偏少无疑。但是这也反映了植桐将会在短期内给农民带来可观的副业收入，这一点是毫无疑义的。

秋天桐籽成熟，纷纷落地，要及时收获，当时小江的妇孺都去拣落地桐籽。桐籽收归家中，需要堆放一段时间，壳腐方好退脱，剥出桐瓣，但堆放时间过长，则会使桐瓣霉烂变质。所以要适时脱剥。每工可剥桐籽六七十斤，若雇工剥壳，则每工工资一般为3斤米。

在桐油畅销年代，植桐有利可图。这吸引了一些商人将其商业资本转向经营桐场。1922年王寨裕大永布店的老板名叫双炳炳的，在大凉亭附近向地主租用了一片山地，雇当地侗族农民栽种了几千株桐树。一般每工付工资一吊钱左右。坪地、新华等村的侗族农民纷纷应雇。但由于地租高、浪费大、经营管理不善，以致成本过高，生产100斤桐籽的成本高于收购100斤桐籽的价钱，赔了本，只好停止了经营。

1922年，在王寨经营大兴祥丝烟店的老板，托口人陈长茂，又名陈老锡，向王寨地主租用了在二凉亭与塘圳之间的一大片地经营桐场，雇工最多时达150人。他选雇工头管理生产，由工头雇人栽种桐树，供伙食，每日工资五六百文。经营了两三年，营造桐林几万株。陈长茂在经营丝烟店的同时，又购买青山，经营木材生意，运销靖县，获了大利，用船装银子回来，转而投资发展桐林生产，对于发展民族地区的商品生产是有积极意义的。但在当地封建势力的摧残压迫下，仍然走上了破产失败的道路。

贵州的少数民族山区，很多地方宜于发展桐林生产，故政府部门曾对此有所重视，曾举办训练班培训技术人员，也下达了各县的植桐指标，曾起到了一定的作用。

民国20年（1931年）12月28日锦屏县县长万通告全县，强令种植桐树、漆树20万棵，其告示全文如下：

查二十一年份应遵令造林二十万株，又各项林木惟桐、漆容易收效……决定一律播种。其办法以禁烟罚金为标准：凡出禁烟罚金一元者，植树五十株，出十元者植树五百株，以此类推。明年四月即派员切实查点，如不遵令者每株罚洋五仙。能种树成活在五百株者，由本府给以匾额，在一百株者给银牌奖章，以示鼓励。除分令外，合将造林分配表另发，该乡、镇长务须遵令办理，召集间邻长开会讨论进行办法。须知：强制造林，上峰雷厉风行，每年特派专员赴各县实地考察，如发现林数不合或枯死等情，即由各区、乡、镇长负责补植，并届时造报表来府，以凭汇报。事关造林要政，切切勿违。

在当时的条件下，上述的指标和措施固然难以实现与施行，但强制结果，农民亦觉得与切身利益攸关，的确也部分地付诸实行。

民国20年8月30日，贵州农业改进所和植桐推广专员办事处曾报文云：

> 查本所为谋增进战时生产、换取外汇起见，特拟具贵州省油桐生产计划，业经呈送核示在案。兹为推广此项植桐事宜，拟开办植桐训练班，招收学员40名。予以两个月之训练，分发各县办理业务。

9月，该所的报告经省长关鼎昌批示：尚属可行，应准照办。贵州农业改进所又下文有关各县云：

> 训练班由本所直接招生二十八名外，分函锦屏、黎平、天柱、剑河、铜仁、江口、思南、印江、贵阳、清镇、平坝、定番十二县推广植林县份，每县保选学员一名来所受训。

锦屏县县长李繁苍批云："选送苏肇眉，饬该员如期驰赴。"苏肇眉为六军中尉副官，指挥部少尉参谋，当时任锦屏县九寨乡乡长，县兵役科科员。

训练结业之后，民国29年12月8日贵州农业改进所出具介绍信云："兹指定苏肇眉、欧阳并政二员分派贵县（指锦屏县）见习协助办理推广植桐事宜。"至民国三十二年，苏肇眉任锦屏县推广所主任，经营森林。

在政府的倡导重视下，在商人的带头经营下，植桐成为锦屏民族地区的新兴之业，从无到有地逐步发展起来。在锦屏县的档案材料中，记载有自民国29年（1940年）至民国32年（1943年）各乡桐林的统计情况：

锦屏县各乡桐林统计表

乡别 \ 年份统计	1940 面积（亩）	1940 株数（株）	1941 面积（亩）	1941 株数（株）	1942 面积（亩）	1942 株数（株）	1943 面积（亩）	1943 株数（株）
敦寨	160	6 200	160	6 670	160	6 490	160	6 490
九寨	80	7 800	70	5 800	64	5 100	196	21 800
瑶光	73.6	4 160	72.6	3 690	101.2	4 210	161	9 700
中林	192	3 670	192	3 470	187	3 710	193	4 110
启蒙	100	4 850	200	7 600	260	11 080	260	12 720
隆里					540	17 700	160	5 480
固本	91	3 800	140	5 700	150	8 000	140	6 000
三江镇	37	2 700	41	3 200	43	3 000	187	5 800
偶里	70	5 150	89	5 893	101	6 914	140	8 785
平略	44.5	2 150	57	1752	67	1 700	160	12 000
大同	180	6 500	270	11 000	360	22 800	486	43 800
合计	1 028	46 980	1 291.6	54 775	2 033.2	90 704	2 243	136 685

从统计数字来看，锦屏的桐林生产在此期间是在逐步发展的。1940 年仅植桐 1028 亩，共 46 980 株，至 1943 年就发展到 2243 亩，共 136 685 株。面积增长了 54.17%，株数增加了 65.63%。

1944 年，又对锦屏县各联保种植桐树的面积和株数作了如下统计：

保　名	面积（亩）	株数（株）	保　名	面积（亩）	株数（株）
王　寨	305	18 300	敦　寨	205	12 300
茅　坪	105	6 300	同　古	145	8 400
九　寨	225	13 500	瑶　光	225	13 500
平　略	185	11 100	边　沙	245	14 700
偶　里	165	9 900	固　本	148	7 800
大　同	165	9 900	平　秋	205	12 300

1944 年锦屏县共有桐林面积 2323 亩，桐树 138 000 株，比上年仍略有增加。据估计，锦屏年产桐籽约 100 万斤，除留下小部分自用外，约有 70 万斤以上被政府或商人收购。抗战期间，木材贸易停顿，农民生活很苦，这是一笔很重要的农家副业收入。

锦屏没有桐油榨坊，桐油只能作为原料供应。最初纯属由商人收购，后来因它是国际市场上的紧俏商品，政府则强行统制收购。1930 年 9 月，第一区行政专员公署下文令锦屏县政府云：

> 富华贸易公司贵州分公司镇远办事处函开：查今期近冬腊，新油迅将登场，天柱、三穗、锦屏等县又为产油之区，有关本处收油之业务，责任至重。故于本月十五日奉贵州分公司令，饬调查各该县之桐油产销状况，有无走私情况在案……即希转知各该县予以保护。

文中所指桐油，实为油桐或桐籽。无论政府或商人将其收购后，即送交远口榨坊，榨成桐油后，交售洪江八大油行，再转运至汉口油库，运销美国。中国桐油出口完全仰赖于美国市场。1933 年，美国洋行贬价收购，1933 年出口价比 1930 年下降 60% 左右（根据海关数字推算），锦屏各族植桐的农民受损失很大。

（二）樟脑粉

樟脑粉又名洋硝，是重要的化学原料。锦屏地区特产樟树。樟叶是蒸馏提炼樟脑粉的原料。采撷樟叶之后，5 年始可恢复再采。故生产周期较长。

樟脑粉主产于小江地区。全县境内普遍生长樟树，然产樟脑粉之地唯小江最盛。这是因为樟脑粉极易挥发，在当时科学落后的条件下，由于缺乏保装设备进行运输，路途稍远，徒有樟树，难于加工。小江地接王寨，独享天时地利，能就地生产，及时销出，免去挥发损失之虞。

小江地区的侗族农民炼制樟脑粉是从清末开始的。光绪末年，日本洋行在汉口、洪江等地设庄收购樟脑粉。锦屏开始有少量樟脑粉生产，运销靖县。之后的 1923、1928、1932 年，日本洋行曾三次派人来锦屏收购樟脑粉。在锦屏县城处有收购樟脑粉的通告，并注明价格。于是在锦屏、天柱、剑河等县都有一些人提制樟脑粉，进行商品生产。

锦屏侗族系采用土法提炼樟脑粉。其方法是置大锅于灶上，锅内安一大木桶，将樟脑叶30～50斤盛入桶中，渗入清水，烧火煮沸。桶顶端放有一盛冷水铁锅，常换水以保持低温，其作用是使煮沸樟脑叶的蒸气冷却。大致换冷水3次，蒸馏出的樟脑粉便凝结于顶锅锅底，每次可得樟脑4～6两。

1923年，侗族农民龙长汉约了5人合伙在小江采樟叶制樟脑粉，分时两月，制成樟脑粉120斤，每斤售价大洋1元，每人每月收入12元。是年冬天，小江有30多人制樟脑粉。估计锦屏当年的总产量达1万斤左右。

（三）五倍子、松脂、蓖麻

五倍子，系一种昆虫营造之虫瘿。此类昆虫有二，均属蚜虫科，寄生于盐肤木之上。五六月间为小虫，专食盐肤木之叶，老则遗种，结小虫于叶间，初其甚小，渐长坚硬，其大如拳，形状圆长不等，初时青绿，久则黄绿，缀于枝叶，宛如结成。其壳坚、碎之，中间空虚，有细虫如蟭螟。采制方法，极为简单，于霜降前将五倍子采摘后，用锅煮蒸片时，晒干即得。

《西南实业通讯》"经济论文摘萃"中有著文"五倍子在贵之经济价值"云：

> 战前的世界统计，五倍子的产量，我国占第一位，日本占第二位。就我国各省来说，又以黔滇两省为最大。因为盐肤木对于土壤和气候的选择性是很大的，云贵高原是一个残缺的石炭岩层，纬度最多到北纬三十余度，海拔在800～3000米之间，而又当印度的直北，印度洋的季风在春夏之交，将印度洋的水分吹落滇黔两省内，因此气候潮湿，夏凉，冬亦不甚寒冷，最适于盐肤木的生长，农历六七月，正是蚜虫繁殖的时机，所以滇黔两省，漫山遍野都生长得有盐肤木，都结有大量的五倍子。明代贵州还没有改土归流，因此像李时珍这样的楚汉学者，也无从知道是贵州的特产。滇黔的土人，最初不知道五倍子的成因，满以为有若干神秘性，通常都用盐肤木作"送鬼"的工具，巫师作法，少不了要用三枝泡木（盐肤木的土名）和香蜡纸烛一并送鬼到十字路口，其意以为肤木是鬼的家，是鬼寄居的唯一地点。及至海禁大开，日本商人及德国商人在我国大量收购五倍子，刺激起乡间人的欲望，才知道运售五倍子于人。海禁未开以前，一般人只知道五倍子可供药用而已。

据丁道谦作《贵州经济地理》，对贵州60个县的五倍子产量的统计，锦屏县名列第6兹选列前10县的五倍子产量比较于下：

单位：市担

县　名	产　量	县　名	产　量
榕　江	35 000	锦　屏	3 000
开　阳	10 000	翁　安	2 000
罗　甸	5 000	三　都	1 500
湄　潭	5 000	江　口	1 300
炉　山	4 000	正　安	1 150

五倍子是染料的重要原料。解放前商人在锦屏收购五倍子，每百斤 15 元。运往国外加工成染料后，又回销中国境内。

由于商人压价收购，采集五倍子于密林深箐，常有被毒蛇咬伤甚至致命的危险。故农民采撷的积极性不高，更不愿送进县城。商人只好串联小商贩下乡采购。一般每年可收购 3 万余斤。锦屏产五倍子的地方，以固本的产量最多。平略、启蒙的商人每年去固本收购五倍子8000 斤左右，集中于平略。一部分由商人运往汉口，一部分由广西商人运销香港。桂商至平略常以桂盐交换五倍子，每斤五倍子可换斤半盐。

松脂，即松节油，土语为松浆油。锦屏松杉并茂。松树不仅是建筑的重要材料，其脂汁亦是重要的轻工原料。锦屏各地均产松脂，商人收购后，运往洪江加工，远销国外。

1931 年，锦屏县长万宗震提倡大种蓖麻，专门出了布告：

> 查锦屏人民平素只知经营木业，不知兼办其他实业。近来大业停滞，金钱涸枯已达极点。此皆束手受窘，莫可如何。若不及早改良，势必愈趋愈困。惟查蓖麻油一项，现刻上海因国外需要，此物每一磅重十二两，价值大洋 1 元 8 角，农业物品获利之厚，无与伦比。本县长为提倡实业起见，特发大洋 40 元交建设局，向城乡收买蓖麻籽种两石，供分发各乡镇分植之用。凡属有土地之家，均须承领栽种。凡种植务择肥地。秋后籽种成熟，各家收获应全数交乡、镇公所，并开会选举人员负责经营榨油，再运沪、汉销售。将来最低每年可收十来万斤，即可获利十来万。……仰各族乡长遵照办理。并将分发各户数目造册列表呈报。本年五月内，本府分派人员四乡实地考查植桐数目时，即就便查验各户所植蓖麻株数。倘敢故意违抗，一经查出，即照前令植桐惩办。

倡导种植蓖麻之举，与推行植桐一样是符合民族地区的实际和需要的，所采措施也较为有力，但其效果如何，也难查实。

4. 油 茶

据国民党政府实业部《关于贵州林业的调查报告》（1973 年）中说："油茶在清水江流域，以锦屏境内栽培最盛，天柱次之，发育颇佳。潕水及麻阳江流域油茶栽种亦多，发育良佳，就中以清溪为较多，榕江及乌江两流域，油茶栽植不广，盘江与赤水河两流域更少。全省年产茶油约八九万担。"

锦屏县是贵州油茶的主要产地。锦屏各族人民种植油茶并以茶油为主要食油的历史也是较长的。从文献上追寻，我们在文斗寨收集到的一批山林买卖契约中，也有几份买卖油山的契约，最早的是嘉庆八年（1803 年）的契约：

> 立卖山场杉木油山并地字人文斗寨六房姜弘仁父子，为因家下缺少银用无出，自己将到油山一块，土名鸟假者，又将亲手得买生连弟兄本名之山场一块土名两点，又将一假令山场名下占一股，一共三处出卖下文斗寨姜映林名下承买为业。当日凭中议定价银拾叁两正，亲手领回应用。其油山杉木自卖之后，任凭买主修理管业，卖主房族弟兄不得异言，今恐无凭，立此断卖存照。
>
> 外批：此山堂假令上下两房共九十两我本名占八钱三分二厘五毛。又两点下凭廷瑾油山，左凭冲，右凭少冲，上凭路，四角为界，油山杉木在内。

凭中　陆云辉　姜绍魁

嘉庆八年九月初一日　立亲笔

根据此契约，不仅姜弘仁占有油山，并用以出卖，而且此油山相邻处，还有姜廷瑾的油山，足见早在嘉庆年间，锦屏侗、苗等各族农民已经普遍栽植油茶林。

在文斗寨，还发现有道光三年（1823 年）的断卖油山契约：

> 立断卖油山字人姜本兴，为因要银使用，无处得出，自愿将到祖遗油山一块，土名凤礼甲，请中出卖与堂叔姜朝瑚、朝㙨、朝琦、朝玻、朝璞、朝玕、万年和姜连、姜荣、本望等，当面议定价银柒钱正亲手领回应用。其山自卖之后，任从堂叔众等修理管业，卖主不得异言。其山界限上凭枧，下凭盘坡，左凭大路，右凭岭，四至分明，今欲有凭，立此断卖字为据。
>
> 姜本兴亲笔
道光三年五月二十八日　立

油山作为家庭的财产之一，有因此而引起家庭纠纷者。下面抄寻一份道光十年文斗寨姜应桥弟兄因争杉山油山而订立的分拨契约：

> 立分拨油山字人姜老凤、姜应桥兄弟二人，为因先年老凤种卖祖父遗油山内有杉木一块，土名笼早，出卖与姜春发，请中理讲，蒙中解劝，老凤分拨笼早路坎脚山土一块，弟应桥全受，应桥栽油，老凤永远无分。此山界至：上凭路凹讲为界，左凭路，右凭冲，四至分明。经今凭中寨长分拨落弟应桥面分，任从应桥挖种，日后老凤不得异言生端；倘有此情，应桥契约内有名中人寨长等执字送公，自干不变，今欲有凭，立此分拨字样为据管业。
>
> 凭中　姜春发、姜宗德
道光十年九月初二日　立

同年，还有一张断卖油山的契约，价两较高，可能油山的油茶多而茂盛之故。

> 立断卖油山字人姜桐连、桐儒弟兄，为因要银使用，无处得出。自己将到祖遗油山一块，地名皆屡，上凭钧渭田，下凭买主田，左凭大路，右凭岭，四至分明。自己请中卖与本房姜维新叔名下，实承买为业，当日三面议定价银二两六钱正，亲手领清，其油山凭买主修理管业，卖主弟兄房族不得异言，如有异言，卖主理落，不干买主之事。今欲有凭，立此卖字，永远存照。
>
> 凭中代笔　姜邦彦
道光十年九月二十二日　立

25

第三编　木材贸易的发展

清水江流域以及锦屏地区所产的杉木，最早在什么时候以商品形态进入市场并远销长江流域各城镇的呢？对此现在尚无直接的资料可以说明。但从文献记载的某些侧面，确实证明在明朝末年，木材贸易已经相当繁盛。

《四川通志·食货·木政》曾记载清康熙六年（1667年）在四川巡抚张德地的奏疏中，曾提到封建王朝征派皇木的历史云："臣查故明初年，专官采办，事克有济。及至末年，信用木商，领银采办，一经入手，任意花销，且于采木地方，以皇商为名，索取人夫种种扰民。"

明、清两代，为建设宫殿皇陵而向贵州、四川、湖广采办杉、楠大木，乃是一件大事。有因完成任务好而升官晋爵或受皇帝赐银赏物者，有因进贡大木而受皇帝擢职加官者。明末，竟把采办皇木之职责委任于木商。这等木商，绝非一般的商人。明代，我国沿海及交通发达地区，资本主义已经萌发，商品经济比较活跃。因此，涉足于木材贸易者，必有富商巨贾，所以封建王朝才信任他们，委以采办皇木的重任。由此我们不难看出，明末，锦屏地区的木材贸易可能已发展到一个比较兴旺的历史时期。

在贵州采办皇木始于明初，而兴于嘉靖。嘉靖年间（16世纪初），明廷采办皇木于贵州已频繁不断，擎天巨木通过长江运往京师。此等优质建材，正适用于沿江城镇建设，商人觊觎于木材厚利，试溯江而至湘、黔林区，果然如愿以偿。于是商贾络绎而至，锦屏地区木材贸易便应运而兴，同时也促进了木材生产的发展。

锦屏地区的木材贸易兴起于明，盛于清，是贵州商品经济发展较早且较繁荣的少数民族地区。锦屏县的王寨（今县城）、茅坪、卦治扼清水江下游，河面开阔，水流较缓，宜泊船筏，又地近湘省。良好的自然地理条件，使之成为清水江流域的木材集散地。

贵州是一个地处高原山区的省份，近代被誉为"宜林山国"。而清水江流域在这"宜林山国"中，确是一个首屈一指的著名林区。据《贵州财经资料汇编》第四篇"农林"第三章林产概况记载：

> 往昔本省森林，向极盛密，此产木材除供本省自用外，尚可大量输出于东南各地。……各林区以水运及市场限制，昔日木材可大量外销者，亦仅限于清水江、榕江及赤水河三大流域。尤以清水江为最重要，约占十分之五，赤水河流域约占十分之二强，榕江林区约占十分之二，其余不足十分之一则由其他林区输出，本省乌江流域材积虽巨，惟以运输困难，外销不易。盘江流域，则仅足自给。抗战期中清水江筏运几全部停顿，遂致赤水河林区以接近四川与重庆关系，杉柏方板，转出转畅。

又据何辑五的《十年来贵州经济建设》的记述：

> 本省森林，依地理上之分布，虽可分为五区，然或因砍伐过度，仅足自给，或因距离水运较远，搬运困难，其大宗木材（以杉、柏为主）可以输出者，首推清水江流域，次赤水河流域，而尤以清水江流域为最重要。盖此区林木荫茂，为全省冠。木材可经由源（沅）江集中湖南的常德转运汉口及京镇一带销售，全省木材外销，清水江流域林区约占十分之五，榕江流域林区约占十分之二，赤水河流域约占十分之二强，其余不足十分之一，则由其他区域输出。民国初年，清水江流域每年外销木材总额值六百万元，由此类推，全省木材输出最盛年代，每年可达一千万元之谱。……清水江木业全部以杉木为主，以锦屏为集散地。

据国民党政府实业部《关于贵州林业调查报告》（1937 年）记载：

> 黔省森林依地理上之分布，虽可分为五区，然因河运及市场关系，其有大宗木材可以输出者，厥以清水江与榕江两流域而尤以清水江为最重要，因此区木材可经由沅江集中湖南常德，再由常德转运汉口及京镇一带销售也。全省木材外销，清水江流域占十分之六七，潕水流域不足十分之一，榕江流域约占十分之二三，其余则赤水河、乌江等处输出。往岁清水江流域一处，每年外销总额约值六百余万元，由此类推，黔省木材输出总额，盛时常可达千余万元，衰落后约仅为三百万元左右。本年自抗战军兴，木材销路逾减，清水江伐运几全部停顿，居民甚望湘黔铁路早日动工，遇有中央委派调查视察人员到达，即群集以采办枕木一事相询问。期待之殷，可以想见。又将来采办时，必须有缜密之办法，与完善之指导，否则难免被奸商及承办人员所操纵，政府人民交受其困。按当地习惯，木商（统称山客）向山主购树，凭其经验宏富之目力，如每山场定购若干株，此后即任其选伐，以足数为度。其伐期经双方于合同上洽定之。近仅数旬，远则数年至一二十年不等。一般业主视木材为不费劳力之收获，对于木材市场，实在价格在所不计，且亦无从知悉，故一任木商之支配而已。
>
> 清水江与榕江两流域均为本省木材外销之区域，然各地并无木行之设立，亦未组织林业公会，以致木材产销数量无从统计，即各机关之调查报告，虽偶有数字记载，然挂一漏万，殊不足表现其真实情形也。
>
> 黔省林木产销情形，已如上述，兹再将六县供求状况，分别说明如次：
>
> （一）清水江及潕水、麻阳江流域。本区域由炉山、黄平、平越、镇远、岑巩、铜仁等县，产木仅足自给；玉屏、松桃两县，所需木材尚需仰给于邻县；至施秉、清溪、都匀各县，虽有木材外销他处，为量亦颇有限；其外销外者，当推麻江、三穗、台拱、剑河、锦屏、天柱及省溪、江口等八县；丹江虽森林亦多，但因运输不便，外销较少；至黎平北部木材，亦由清水江运出。清水江木材，上游以麻江之下司为聚散处，下游以锦屏、天柱为交易集中地点……

清水江流域是贵州省林木产销的首要地区，而锦屏县不仅是清水江林区的历史悠久的人造杉林基地，同时又是清水江流域的木材交易集中地点，所以锦屏县历来在贵州占据着林业生产和木材贸易的重要地位。

锦屏县的木材贸易，几百年来都集中在茅坪、王寨、卦治三个苗村侗寨为中心市场。而这里的木材贸易，历史上就是以一种特定的方式来进行的。自卦治、王寨而上的清水江林区，凡经营木业者皆当地的以侗族、苗族为主的各族商人，只能运销木材于三江（即王寨等三寨），谓商人为山客、山贩，或上河山客、上河山贩；凡来自长江流域各省来黔经营木业的商人，也止于三江购木，谓之曰水客或下河水客；山客与水客间不可直接交易，必须经由三寨之木行中介方可成交。为了较全面地了解水材贸易的情况，我们将有关山客、水客、木行的资料分别介绍如下。

一、山　客

关于山客经营木业的情况，贵州省档案馆农林60全宗9372卷有这样一段记载：

> 锦屏木业通例，恒称卖方为山客，买方为水客。盖以卖客多来自山间，而买客多来自下江各地也。山客放运木植至行户以待价而沽，水客则携款至行户选购木植，水客选定木植后，则由行户约同买卖双方根据当时行情及木材品质议定基价（所谓基价，系指下节由每一实毛两之贯数而言），经双方同意后，水客即应先付木价二分之一，其余半数俟所购木植全部放抵水客木坞内（木坞即系沿江能避洪水冲刷之储木处所）即应扫数付清。行户除扣取其所应交之各项税捐代为交纳及其所应得之佣金外，其余即扫数交付山客。如是则交易手续即称完成矣。
>
> ——转引自《贵州近代经济史资料选辑》（上）第一卷第340页

这是民国间锦屏木材交易的纪实。明末至清的200余年间，其交易情况也大致如此。即是说，在明后期，清水江的杉木成为商品后，便产生了当地少数民族的第一代商人——山客。至乾隆年间，随着木材贸易的空前兴旺，便涌现出财势大的山客。在苗、侗杂居的瑶光（今河口乡）在嘉庆、道光之际，就有所谓的"姚百万，李三千，姜家占了大半边"，他们都是大的地主山客。

姚百万，名玉魁，生活在乾隆、嘉庆年间，经木商致富，拥资百万，故时人称之"姚百万"。那时，清水江的主要支流之一的乌下江（又称瑶光河），两岸都是一望无际地苍苍郁郁的杉林。姚百万就在这一带采购木材，运销三江，牟取重利。他经商致富后，便投资广置山林田地。自瑶光开始，溯乌下江而上四十五里，两岸的田土山林莫不为其所有。如韶霭有居民百余家，全寨的田土山林，尽被姚百万买光，连寨前的水井也是姚家的。老百姓上山砍柴，姚百万说灌木杂草都是姚家所有，强迫百姓将柴送去他家，不给柴钱。姚百万把塘东寨的山林田地也巧取豪夺，占为己有，唯有吴廷州和姚吉州宁死不愿变卖其祖遗产业。待田中禾稻茎青叶茂的时候，姚百万便遣家人奴仆，把青苗割来喂马，并向田主扬言："你们有本事不卖，我就年年割来喂马！"姚百万不仅有钱，而且有9个儿子，均孔武有力，凶狠异常。吴廷州和姚吉州最终被迫失去了土地。姚百万还经常带领着一帮儿子和家丁，在河口阻截弱小山客，以低价强购木材。姚百万暴发之后，在河边建成九重大院。今犹有残基断壁。邻河而立的月台院坝，迄今如故。月台全由青石砌成，每石约一尺见方，垒于陡峭的岸上，台高三四丈。院坝全用四方石板嵌成。从河边造两重石级，各50余梯，直通院坝。隔河眺望这叠叠石阶和雄伟的月台遗迹，可以想象这个生活在边远民族地区的大地主商人是何等的富贵豪华。

另一个大地主商人叫姜志远，生于乾隆二十六年（1761年），发家于嘉庆、道光年间。直至解放，姜家是一个六代相承的地主家族。传说姜志远在青年时代，家境清贫，不足温饱。他的胞姐远嫁剑河，较殷实。姜志远为穷困所迫曾投奔姐夫，姐夫嫌其贫而又恶其嗜赌不守本分，将他拒于门外。

乾嘉之世，清水江木业繁荣，"苗木"驰名省外，姜志远走投无路，便溯乌下江而上，至落里、孟彦，想去扎排谋生。由于他衣冠整齐，被当地人误认为是进山购木的老板，争与洽谈生意。姜志远顺水推舟，随口狂言："少数木头，零三带四的，太费事，现在不想买。过几天，银子运到，再卖大批的不迟。"大家信以为真，都劝他收购，缓期银至付款。姜志远只好硬着头皮买下，运至三江，恰逢缺货，竟以奇货可居，赚了大钱。他回到落里、孟彦付清木价，树立了信誉。从此，他的木材生意越做越兴隆。这时，姚百万因剥削残暴，遭苗侗各族人民的反抗而土崩瓦解，姜志远便代之而兴，成为一代佼佼山客。姜志远除了把持乌下江两岸的木材外，还选雇了一个得力管家，深入岜拉河上游，趁木价低廉，大量采购，一旦姜志远的木材出河，便整整摆满几里长的河面，成了显赫一时的少数民族大木商。

姜志远利用经商所获巨利，大量购买土地。据说他购买的田地面积的产量达17 000多石。其田产沿清水江而下，买到了天柱县的远口；溯清水江而上，买到了剑河县；沿乌下江两岸，买到了黎平县的落里、孟彦。地跨侗族苗族聚居的锦屏、黎平、天柱、剑河4个县境。

同时代的文斗寨姜仕朝，是一个做木材投机生意的典型。据《姜氏家谱·世系纪略》记载：

> 仕朝幼失怙，惟母教是从。及长兴家创业，生理大顺。晚年值坌处与卦治争江，两年不通买卖，吾祖（仕朝）罄其所有，广囤木植。嗣事结（争江平息），沿江半属我家印木。以一二年购进万数之木，四五旬尽卖之，获利数倍。其时，田山虽未广置，黄白已冠千家。

《姜氏家谱》未载明姜仕朝的生卒年月，亦未载明他广囤木植的具体时间，所以须先考证年代。据《世系纪略》的叙述，一世祖姜春黎于清顺治十一年（1654年）迁往文斗，其第九代孙姜佐卿于光绪二年（1876年）作《世系纪略》，其间共经历了222年，平均每代为25年。同时，自顺治至光绪也恰好经历了九代皇帝，佐证每代为25年左右是比较符合实际的。姜仕朝是姜春黎的第六代孙，相距约150年左右，正是仁宗嘉庆年间。又据《姜氏家谱·序》系姜仕朝之叔姜文勷于乾隆十二年（1747年）所作，另一篇《姜氏家谱·祠堂序》系姜仕朝之侄姜载渭于道光二十年（1840年）所作。也证实了姜仕朝经营木业致富确在嘉庆年间。

嘉庆年间的确是坌处与茅坪等三寨争江的高涨时期，特别是自雍正以来连续不断的争论事件中，都未尝出现过"两年不通买卖"的情况，我们从许多有关争江诉讼案的文献资料中看到，唯独嘉庆十年（1805年），坌处阻江，使"已来之客被阻回去，来至中途者闻风畏惧，俱不敢前来，数百木客尽停住托口、洪市。"（嘉庆十一年苗民石礼吉等控告坌处拦江阻客的诉词）嘉庆十一年初，经黎平府和镇远府会审结案，仍照三江值年买卖。卦治行户前往洪江托口接客。缆船行经垒处，"复遭王绍美等带领凶徒多人，强将五船篾缆截抢焚烧，将商民及船户苦打，不容他往。"（嘉庆十一年湖南木商瞿从文的诉词）。山客、水客、行户、船家纷纷向政府控告，黎平、镇远两府带兵围困垒处，或逮捕人犯，或问罪充军。争江平息，中断了两年的江路复通。姜仕朝就是在此时趁机"广囤木植"，"购进万数之木"，终于获利数倍，大发横财。姜仕朝以囤积居奇、贱买贵卖的手法牟取暴利。这正是商品经济发展的情况下商人地主对林农巧取和豪夺的典型事例。

"三帮"、"五勷"等水客每年来三江购木的约有千人，都是资本较大的商人。而山客中除了上述的一些大的本地木商之外，一般的资本都比较少，估计山客的人数比水客的人数至少也将多一两倍。迄至近代，从山客的民族成分看，以侗族和汉族的山客较多，苗族较少。从阶级构成看，以地主和富裕农民兼做山客者多，也有少数贫民经商致富者。他们一旦致富，必然将资本投向土地，变成商人地主。但不管怎样，正是这一批大大小小的山客，活跃了清水江流域少数民族地区的商品经济，推动着社会不断向前发展。

二、"三帮"与"五勷"

外地来锦屏采购木材的商人皆溯江而上，并沿长江流域销售，故称"下江客"、"下河客"，或称"水客"。在当地，天柱商人参加"水客"行列者较早，而锦屏人经营下河木材贸易则始于清末及民国年间。从整个"水客"的民族构成看，以汉族最多，侗族次之，苗族极少。

下河木商因来自地区不同及时间前后有异，组建成各自的封建地区性的商帮组织。最早进入锦屏地区经营木业的商帮组织，名曰"三帮"、"五勷"。所谓"三帮"，即安徽、江西和陕西的木商。所谓"五勷"，一说是湖南的常德、德山、河佛、洪江、托口；一说，是天柱县属的远口、垒处为一勷，白市、牛场为一勷，金子、大龙为一勷，冷水溪、碧涌为一勷，托口及辰沅为一勷。贵州天柱及湖南木商合称"五勷"。

"三帮"、"五勷"沿长江各重要商埠直至锦屏，都建有各自的会馆和停泊木排的码头——木坞。以天柱县的"五勷"木商而言，他们在茅坪建有杨公庙，在洪江建有关圣殿，清乾隆年间有天柱翰林宋仁溥书写的匾一幅，后来又有欧阳钟英以天柱、靖州、黎平、锦屏、绥宁、通道、会同等七属为内容，撰写有楹联一副云：

溪山如锦列屏藩，看波靖沅浒，绥仕女，宁边陲，泰运宏开风物美；
殿阁擎天支柱石，喜商连黔楚，通故旧，道款曲，同人毕会梓桑恭。

天柱木商在陬市有灵义宫，木坞从陬市至合符有40余里。灵义宫后改为天柱木业公所。在汉阳，天柱商人设木坞于鹦鹉洲，并建有两湖会馆，题有匾额"砥柱南天"。其木坞，名花五里自江西帮坞地以下，直抵汉阳，后被江水淹没，坞阔水深，不仅可泊山货，大帮木筏也能停泊。此坞曾被人侵占，民国元年天柱县杨子书出面争回。

"三帮"、"五勷"以沿途会馆为基地，组织"公会"，设置专人主持会务，负责调解内部纠纷，协助木商解决、处理木材在运输途中发生的意外事故。其公会经费由木商捐款资助。

在"三帮"、"五勷"中，不少是兼具皇商特殊身份的大木商。清嘉庆年间，卦治与天柱县的坌处发生争江纠纷，卦治行户文映宏上书政府说："（坌处）惊阻徽、临两商客四十余船，迄今缆陷远口河下，进退两难。诚恐载装重资，防守不及，致生不测，贻累难当，即历年采办之钦工例木，亦当紧要。"（嘉庆十一卦治行户文映宏控告坌处劫船阻商的诉词），徽商李瑞丰、詹起泰、陈东升、单利元、俞复兴、程三益、俞吉昌等上书政府说："商籍徽州……至茅坪、王寨、卦治交易，兼带江南例木"。（嘉庆十一年徽商控告坌处劫船阻商的诉词），陕西临川木商吴亨泰、孙贤泰、谢德煌、黄永兴、黄森裕、廖炳、胡发顺、陈祥顺、吴和顺、杨早顺、曾锦顺等上书政府："商等携资冒险，奔驰数千里，希觅微资，并代办江南例木。"（嘉庆十一年临帮控告坌处劫船阻商的诉词），上面提到的"采办钦工例木"、"兼带江南例木"，就源起于明末的朝廷"信用木商，领银采办"皇木的延续和发展。

继"三帮"、"五勷"之后，来锦屏地区的下河木商有汉口帮、黄州帮、武信帮、宝庆帮、金苏帮、衡州帮、花帮等。

值得着重介绍一下的是带有买办性质的"花帮"。

三、花　帮

"花帮"充当日本三菱三井洋行的买办，在汉口沔阳、监利及洞庭湖产棉区代洋行收购棉花，故称"花帮"。这批买办商人主要是湖北大冶人，故又称"大冶帮"。

1895年，中日甲午战争之后，日本帝国主义对我国进行经济侵略的方式，不仅进行商品输出而且进行资本输出，沿江沿海各大城市都开设洋行。洋行是商品输出兼资本输出的经济侵略据点。洞庭湖滨各县为长江流域产棉区，汉口的三菱三井洋行欲掠夺棉花作原料，即豢养"花帮"一批买办商人，向御通衡钱庄领取巨资代其收购。据说，御通衡钱庄早在清代就已开设，拥有大量资金，与日本的三菱三井洋行有直接关系。"花帮"代三菱三井洋行收购棉花时，即先向御通衡领取六至八成的定金，并有意延长交货日期，让"花帮"把日商利用我国廉价原料和劳动力生产出来的棉纱、布匹、呢绒、化妆品等大量商品，远销于锦屏、天柱等县，待买回杉木运到汉口、南京出售后，再去收购棉花交给他们的东洋老板。

"花帮"在洪江有庄，在锦屏、天柱的内外江都留有人长期驻守，而以三门塘为其主要据点。他们落行于当地的地方封建势力王先泮（子奎）和刘宗祥家。花帮商人实与封建势力沆瀣一气。当然他们也有矛盾的一面，辛亥革命时，包括"花帮"在内的八帮木商，以江汉公等为代表，以苛条病商等情，控告天柱缙绅杨应麟云："洎宁光、宣末季，口岸洞开，东西各国，瘁其筋力，以助商业之发展，而操商业之胜算。商等秉办，则苦主家（天柱境的外江行户称主家）之操纵，售销又被洋木抵制，买卖不得自由，营业因之坐困"。但买办商人和封建行户的勾结仍然是主要的。

"花帮"每年来锦屏、天柱采购木材的数量很大，最盛时达10万两码子，约占清水江流域木材外销量80%左右。"花帮"每年带来的斧印最少有20把，多时达六七十把。一把斧印代表一个木号。一般需购木一千两码子，购买力最高的可购买五千两码子。最著名的木号是殷家的益成和、益成德、益成利、吉善祥，称殷家四号，还有刘家的兴义谦、兴茂永、兴茂祥、兴茂盛，称刘家四号。他们经营杉木有百余年历史。辛亥革命前，一般一年来锦屏、天柱采木一次，多的则一年来三四次。他们已采用拖轮拽运，逆河而上时，则运来银子或洋货、布匹、食盐，也曾使用"汉票"和"洪兑"。"花帮"的资本雄厚，又与锦屏、天柱的地方封建势力密切勾结，故信用最高，他们的"汉票"、"洪兑"通行于内外江，毋须担保人。而其他木商虽然也使用"汉票""洪兑"，但必须有殷家担保，卖方才接受使用。

"花帮"的资本雄厚，在其兴盛年代，曾对锦屏天柱的木材市场起着垄断作用。"花帮"一到，往往将其带来的布匹、百货和食盐，以低于市价百分之五到百分之十的优惠价抛售，而又以高于市价百分之十的价格抢购杉木。如此一来，当地贩运木材的侗族和苗族的"山客"，即竞相售木给"花帮"，而其他木商均非"花帮"之竞争对手，只好等待"花帮"买齐杉木、配好花色后，才能动手购木。所以"花帮"一到洪江，竹缆价格就要上涨十分之一，而锦屏天柱先至的"水客"，则迅速购买木材，提前离开锦屏。一旦无竞争对手，"花帮"也压价购木，"山客"吃亏不小。

"花帮"以低于市价销售商品，又以高于市价收购杉木，似乎是做赔本生意。其实不然，他们获得的利润均大于其他木商。这是因为"花帮"的资本多系日本洋行提供，全不认息，加之来回都是商品，两头赚钱，故获利比单程生意为优。其他各帮"山客"资本不及"花帮"，或向银行借贷，需付利息，自然非"花帮"对手。

四、争夺当江专利权的斗争——争江

（一）木 行

明、清之际，锦屏、天柱以及黔东南所产之杉木已成为远销省外的商品。锦屏地区的木材交易乃是通过一种固定的特有形式来进行的。本地从事木材生意的商人，古称山贩，近称山客，他们只能将木材运至锦屏县的王寨、茅坪、卦治通过寨中的行户，售与外省号称"下河水客"的木商。而外省木商只能停泊于此三寨，通过行户向山客购木，既不能直接与山客成交，更不能径直前往产地与山林所有者或生产者购木。三寨行户按年序依次轮流开行歇客，凡值年开行歇客承当交易中介任务者，是谓当江。这种情况，早在清嘉庆年间即有明确记载："黎平府属之卦治、王寨、茅坪濒临清水江，该三寨以上，并清江、古州、台拱等各苗寨出产木植，向来运木至该三寨停泊。各省木商齐赴三寨购买"（嘉庆十八年贵阳知府、安顺知府委黎平知府审讯苗民王德化控告垄处王绍美等阻拦木排一案的报告）。由于当江者获利颇丰，三寨内外，为利角逐，遂酿成绵延不断的争夺当江专利权的系列斗争。

木行为政府批准开设的牙行。其立案手续，清代须经布政使司，民国须经省财政厅批准，清颁发"牒"，民国颁发"执照"后，方能营业。锦屏三寨之行户，向为数姓把持专利，后来演变成子孙世代相承。其开行者，一直是三寨中之王、文、龙、张、杨、刘、吴7姓的封建势力代表人物。其中，又以王、文、龙等的侗族势力最大。

木行营业每年必须按规定向政府交纳营业税，清代每年交纳白银两千两，民国按所得金额提取所得税。政府还以木行的发票为依据，向买卖木植者征收木植税。木行的主要收入是按照规定向木商提取佣金，亦称牙口。一般是按交易额提取5%。根据国民政府实业部《中国经济年鉴》统计，民国初年清水江流域杉木每年外销总值600万元计算，则锦屏、靖县的木行、木栈全年佣金收入为18万元，一般年景也不下10万，加上高利贷和向木商浮报开支及聚赌抽头等收入，全年不下20～30万元，因此，开行之富者腰缠万贯。

　　锦屏木行的内部组织，一般设经理1人，若非开行者自任而是对外聘用者，月薪一般是白银30两，或银元30元。下设文、武管事各1人，文管事主管内部事务，武管事专司外事，月薪均为银20两或大洋20元。一般人员有围量手、杂役、厨司，多则10余人，少则6~7人，工资每月10~15两银子或银元。一般还招用学徒，3年学徒期内无薪，期满方有工资。

　　行户在充当木材交易中介人的时候，其主要任务是：代水客找货源、选配木材花色品种、安排坞子、兑付款价、雇夫撬排运输、结算各种账目；代山客编单木材、上缆子、保存木材、垫付运费、贷款或预付木价、寻找买主、围码、代交税款；买卖时，行户从中喊盘定价，具有"一口喊断千金价"的权威。依其职能，行户确非一般的交易中间媒介，而是具备控制木材交易特权的地方封建势力。

（二）当江的四个阶段

　　两三百年来，当江情况在不断发生变化。根据目前掌握的资料分析，大约可以分为四个阶段。

　　第一阶段在清雍正之前，为开行当江的自发形成时期。明中叶至清初，黔东南的木材已经作为商品逐渐远销长江各地。清康熙六年（1667年）四川巡抚张德地在奏疏中曾说："臣查故明初年，专官采办（皇木），事克有济，及至末年，信用木商，领银妥办，一经入手，任意花销，且于采木地方，以皇商为名，索取民侠，种种扰民……"（《四川通志·食货·木政》）。明朝末年，封建王朝在黔、川、湖广采办皇木，委由木商代办，非巨商大贾，朝廷不足信用，木材必呈繁盛。当时虽有巨商大贾经营木业于清水江，但是否有三江行户之设，是否亦如后来假手于行户而进行木材交易呢？雍正九年（1731年）黎平知府在布告中曾说："茅坪与王寨、卦治三处，皆面江水而居，在清江之下流，照地与生苗交界。向者生苗未归王化，其所产木放出清水江，三寨每年当江发卖。买木之客亦照三寨当江年分，主于其家。盖一江厚利归此三寨。"其意昭然：

　　（1）雍正之前，木材贸易早已发展；

　　（2）三江行户轮流值年当江，充当交易中介，买卖双方必经行户中介方成交易之例规，早已自发形成；

　　（3）三寨开行，轮流值年，分享一江厚利，专利独归，他处不得共沾利益。

　　第二阶段在雍正至光绪十五年（1889年），为法定三寨开行，专利独归，争江迭起，木材贸易空前繁荣时期。

　　关于木行，贵州省档案馆农林60全宗9372卷里，有这样一段资料：

　　　　锦屏为锦屏县治，旧称三江，又名王寨，位于清水江流域之下游。清水江发源于都匀之云雾山，经麻江、炉山、黄平、台拱、剑河、锦屏各县，东流入湘省之沅江，而通长江下游各省。文八寨、丹江及黎平、榕江之一都亦有支流与之相通，终年流水不断，自剑河以下颇擅舟楫之利，以上各县俱为全省产木最盛之区，是以每届水涨时期，各地山民多砍木做筏顺流而下，止于锦屏及其上游十五里之卦治，与下游十五里之茅坪以求售，故锦屏、卦治、茅坪三埠实为清水江木材出口之门户，各地木商云集。自逊清以来，三埠即经王文龙唐诸姓，请帖设立木行，以与卖客（俗称山客）、买客（俗称水客）定交易。就中锦屏行帖系王姓所请，行号同仁德，卦治系文龙二姓所请，行号同仁治，茅坪系龙唐姓所请，行号同仁美，自后子孙繁衍，虽各帖只一部，而经营行户逐渐增多。兹据调查，锦屏已达一百二十余户，卦治七十余户，茅坪一百五十余户，一共约三百余户。现均依赖木行为生，其佣金约为5％。因历史上之关系，其余居民概不得擅自设行经营。在省三埠行户，每因竞争营业，时起纠纷，甚至械斗伤命，演成惨剧。

转引自《贵州近代经济史资料选辑》（上）第一卷第338页至339页

雍正年间，贵州巡抚张广泗用兵黔东南，在开辟苗疆六厅的同时，在锦屏设弹压局征收木税，是为黔东南木材征税之始。又设总木市，法定王寨、茅坪、卦治开设木行，充任行户，依次轮流值年当江。具体地说，按十二生肖计年，每逢子、卯、午、酉之年，轮茅坪当江，接客开行，经手交易，而王寨、卦治之行户，不得私引客商越买；每逢丑、辰、未、戌之年，轮王寨当江，茅坪、卦治的行户，不得私引客商越买；每逢寅、巳、申、亥之年，轮卦治当江，茅坪、王寨的行户，不得私引客商越买。自此定期为制，照章行事，前后逾二百年，相沿不变。

张广泗设总木市，是适应于锦屏木材贸易兴旺的客观形势的明智措施。在乾隆年间，《黔南识略》即记载："郡内自清江以下，至茅坪二百里，两岸翼云丞日，无隙土，无漏阴，栋梁亲枏之材，靡不备具。坎坎之声，铿訇空谷，商贾络绎于道，编巨筏放之大江，转运于江淮间者，产于此也。"光绪初年编修的《黎平府志》云"黎郡……杉木则遍行湖广及三江等省，远省来此购买。在数十年前，每岁可卖二三百万金。黎平之大利在此。"又据解放后锦屏县工商业联合会收集整理的《锦屏县木材行业史料》补充调查资料曾记有："民国八年（1919年）根据瓮洞关厘金局估价员邓美臣的统计报告说，是年木业最旺，过税的木码总值高达三百万元左右"。又据贵州省档案馆农林60全宗9372卷记载："锦屏木业依照过去情形，每年自元宵节后，即逐渐开始，各地木商云集，其当江之埠，市况特别繁荣，过去每年营业总值最盛时期曾达二百万元，最低亦约七八十万元，平均每年均在百二十元之谱。"

[转引自《贵州近代经济史资料选辑》（上）第一卷第339页]

清政府将开设木行的专利权赋予王寨、茅坪和卦治三寨，还有一个重要的客观因素，那就是三寨得天独厚，占有地理和语言方面的优势。从地理上讲，清水江的主要支流如八扬河、乌下江、亮江、乌鸦溪、八居江、反排河、小江等都在三寨之上，或在三寨间注入清水江，三寨正好是清水江流域黔东南林区的木材汇集之所。林区山大箐深，路径坎坷，商人欲深入林区，则旷日持久，资金滞流，不利商贾。或有个别木商冒险前去，亦效果不佳。据嘉庆十一年（1806年）卦治文鸣岐等向镇远府、黎平府控告垄处阻客截排、扰乱江规的状词中曾追述"雍正廿二年，不意平略苗民，勾客入山看木，致毙客商，报经各宪会议详明在案"。下河木商闻此噩耗，只得望林兴叹，裹足不前了。从语言上讲，林区向属"生苗"地区，那里的少数民族只使用本民族语言，不懂汉语。下河木商则只会汉语，不谙苗语侗话。语言隔膜阻碍着彼此间的买卖关系。为了适应木材贸易的客观需要，必须有精通侗语和汉语的人充当中介。而三寨的侗族则具备此语言特长，中介任务便历史地落到了他们的肩上。据嘉庆六年（1801年）贵东兵备道吴在批复垄处伍士仁请帖开行的文告中说："黔省黎平府属各处深山，出产木植，历系附近黑苗陆续采取，运至茅坪、王寨、卦治三处地方交易。该三寨苗人，邀同黑苗、客商三面议价估着银色交易后，黑苗携银回家，商人将木植即托三寨苗人照看。而三寨苗人，本系黑苗同类，语言相通，性情相习。而客商投宿三寨，房租、水火、看守、扎排以及人工杂费，向例于角银一两，给银四分。三寨穷苗得以养赡……"又嘉庆十一年（1806年）贵州布政使司、贵州等处提刑按察使在处理争江案件的布告中也说："黎平府属之茅坪、王寨、卦治三寨，濒临清水江，周围千余里，盘曲而来，与台拱、清江、古州等处犬牙交错，山深菁密，出产木植。向来分年运茅坪等三寨，听候各省客商携资赴三寨购买。该三寨苗人驻议价成交，商人即托寓歇主家雇工搬运、扎排、看守，每价与一两给钱四分，以为主家（即行户）给商人酒饭、房租及看守木植人工，并扎排缆索等项费用。茅坪三寨等山多田少，穷苗赖以养膳。"正由于三寨侗族（当时统称为苗）具有地利与语言的优势，故能在木材交易中发挥其必不可少的纽带作用。

第三阶段在光绪15年（1889年）至民国初年，为内外江共存，行户日趋灭亡的阶段。天柱县所属的坌处等寨争取当江，不断请帖开行，历经数十载，屡被政府驳回。直至光绪十五年（1889年），坌处等地封建势力乘清廷兴办团练的机会，以举人吴鹤书出面，禀请天柱县余骏年转详镇远府余渭，于坌处等地开设木行，"收费养练"。余渭转报到省，批准发牒给坌处、清浪和三门塘开设木行。对此，内江的封建行户立即采取措施，联络省内外木商以"在坌处开行实属不便"为词，向政府具禀，并愿按年交纳税款。贵州巡抚潘霨、布政使史念祖批准其请求，饬令天柱县收回允许开行之牒，仍由内江开行独占专利。然内江行户鉴于与坌处争江打了两百来年的官司，如果不对坌处封建势力作些让步，官司还会无止无休。乃与坌处等地的封建势力的代表协商，议定省内外木商在内江交易，当运输木材出省时只能运到杨角渡之宰贡（茅坪以下，清浪以上），交与坌处等地的运输工人接运到三门塘扎排，并同意坌处、清浪、三门塘开行歇客，住宿三帮、五勷以外的水客，以"主家"身份代理水客进入内江收购杉木，同是三寨，乃以内外别之，称王寨、茅坪、卦治为内江，而称坌处、清浪、三门塘为外江。于是形成内外江并存的局面。

第四阶段在民国初年至民国30年（1941年），为木行的消亡阶段。木行也有其消亡过程。它是依从于木材贸易发展的客观状况而决定其存亡的。民国初，随着我国资产阶级共和体制的建立，在锦屏、天柱两县成立了商会，标志着封建木行制度开始解体。过去停歇于外江的木商，不得进入内江买木，今则可由外江主家引进开展交易活动。及至民国20年（1931年），撤销厘金后，封建木行则失去了政府因靠木行交税而给予的支持。国民党政府明令取消限制"三帮"、"五勷"以外的水客进入内江收购杉木的规章制度。至此，木行濒于消亡，内外江之客商均不必再通过行户、主家进行交易，从而取得了直接进江购木的自由权利。殆至民国30年，官僚资本的贵州企业公司在锦屏成立了贵州木业公司，接着"华中木号"、"寿大木号"和"泰丰木号"相继建立，垄断了清水江的木材贸易，封建木行终于彻底退出历史舞台。中、小行户被淘汰了，而那些开行的官僚地主早已将其积资转而经营木材商业，现在则公司和木号合流了。

（三）争　江

争江是沿江各寨为获取当江之权益而进行的斗争。最突出的是天柱县坌处与王寨、茅坪、卦治之间的当江之争。

自康熙至乾隆时期的争江事件，流传于民间的手抄说唱本是这样记述的：

> 明朝太祖坐江山，天下太平万民安。贵州要定十五府，上七下八各一方。下游边界黎平府，管辖一带清水江。卦治王寨和茅坪，三寨轮流当木行。上有规仪十二两，黎平府堂有碑刊。三江水口系坌处，得见当江肚思量，坐地商量来生计，百里串立十八关，

步步拦河来阻木，克扣排钱唪木商。头关垒处王国瑞，二关荣芝三门塘，三关送下菜溪寨，把守三关李芝怀，四关新市文才管，君臣远口把五关，关山团内秀山管，鸬鹚六关王明郎，中团七关奇明管，八关福星兴隆滩，兴隆送下牛场寨，牛场九关开怀埂洞十关成名管，宋充世管白岩塘，江东关口魁先管，再生把守金鸡关，国民把守巨潭寨，把守瓮洞永乡郎，黑子把守金子口，君侯把守大龙关。每关抽江银九两，方才得到托口堂，害了钱多的木商，个个吃亏苦难当。大龙出个田金展，去邀爱宁伍定祥，告到长沙赵抚院，方才减了十八关。康熙四十二年事，移税辰州去当粮。当初天柱归湖广，雍正四年才均摊。先是拨归黎平府，八年拨归镇远堂。垒处的人心不服，出了光棍王国良，见人吃肉喉咙痒，古州道台告争江。批下黎平滕知府，垒处光棍打满堂。你是本来湖广管，三江军略张爷安，这是雍正八年事，传位又是乾隆王。乾隆坐登四十二，又出君茂游志安，见得三江免了税，贵州布政请牙行。批下天柱王知县，查案垒处无分江，就骂两人爱多事，重打三十把文详。乾隆在位六十岁，传位又到嘉庆王。

根据《争江记》所载，康熙四年（1665年）之前，在天柱、靖县境内设立的18关，引起的一场讼案，应是争江的开端。清初，清水江的木材贸易日趋繁荣，王寨、茅坪、卦治开行歇客主持买卖，获利优厚。垒处王国瑞、三门塘王繁芝、新市李文才等串立18关，阻排抽税，与三江相抗衡。所谓18关者，即垒处、三门塘、荣溪寨、新市、远口、鸬鹚、中团、兴隆滩、朱场寨、埂洞、白岩塘、江东关、金鸡关、巨潭寨、翁洞、金子口、大龙关、托口等。自垒处至托口，沿江百里之遥，关卡林立。木材过关，每排抽银9两，共过18关，每排合抽银162两，客商叫苦不迭。这一封建割据局面不利于商品流通。后经田金展、伍定祥等控告到长沙抚院，遂明令裁减18关。自此拉开了争江的序幕，以后各寨之间的当江之争便层出不穷。

特别是雍正年间，贵州巡抚张广泗在三江设立总木市，明文规定茅坪、王寨、卦治三寨开行，独享专利之后，沿江村寨势大者，莫不垂涎三尺，心怀不满，当江逐利之争日趋激烈。

雍正八年（1730年），垒处王国良等向古州请帖，要求在垒处开行歇客，进行木材交易，被政府"严行出示禁革"。

雍正九年（1731年），茅坪吴世英等因感该寨承担夫役独重，自恃寨下游，有利于优先招揽水客，请"将当江立市名色永远革除，不得限年轮流，任从苗民客商之便，爱于某寨贸易即泊某寨，使沿江之民，皆有贸易，均沾乐利"。终未获准。（见雍正九年古州同知对茅坪吴世英等借夫立市的裁决布告）

乾隆四十二年（1777年），垒处游志安向贵州布政使司请帖开行，被饬回不准。

嘉庆年间是当江之争高涨时期。自嘉庆三年至嘉庆十一年（1798—1806年）垒处与三江争夺当江的情况，《争江记》有着记述：

嘉庆三年又起事，又出光棍来争江。垒处出头王师旦，志勋绍美在同场。朝贵本是靖州籍，坐在垒处都称王。彭洪有福不会享，坐在垒处来遭殃。也是想吃便宜食，去邀中寨刘秀刚。魅井常登出三百，小帮小补来争江。彭洪回家把田当，秀刚回屋典家堂。朝贵朝富王广福，三人无赖光棍光。得了银钱来到手，四方八岸访能郎；访到天柱伍家寨，有一仕仁参过房。主意盖过天柱县，包你争江就得江。垒处得了这个信，就请仕仁做爹娘。刚东去攀杨国泰，又邀大龙明远郎；芝鳌坐在芷江县，要邀几个来帮忙。署印黎平吴知府，先年做过天柱堂，告他三江私抽税，要把坌处当总江。吴府准了天柱纸，来了新官名富刚，富爷上了黎平任，吴府卸事下了场。拘提三江同到案，审输国泰在当堂。每人重责四十板，一起押解转回乡。输了官司转坌处，杨公庙内又商量，派定股数四十八，议人上省投牙行。布政衙门递一禀，就要道台来勘江。两头带进古州审，开口就骂仕仁奸，你是何会请牙帖，明系阴谋他三江。他的三江屡有案，神仙下凡也难翻。得场冷心转坌处，将钱去买总客商。买得客总来引路，南京汉口接三帮。不怕三江存有案，住不投主客投行。这是嘉庆六年事，茅坪的江坌处当。接得客商到坌处，家家修得好楼房，众棍坐在杨公庙，朝的杀猪夜杀羊。大男小女都欢喜，着人快去接戏班，朝的唱戏唱到夜，夜的唱戏唱到光。朝的唱戏无木买，接得客商乱忙忙。左想无计思无路，攀人买木来冲江。黄平有个林春茂，会同有个孙中行，两个打扮皇商样，平金买木来冲江。四月初七放排过，惊动茅坪一乡郎，王法在远蛮在近，拿到两人尽遭殃。捆手捆脚拿棒打，浑身打得哭忙忙。连夜解上锦屏县，就把两人丢班房。锦屏好个王知县，第二清早就坐堂。见面就打四十板，假充皇木罪难当。六人逃跑来报众，我们大家受了伤。众人听得这句话，大家上庙又商量，德山的排过坌处，相报拦阻德山帮，德山关上去具纸，关上文书连夜详。文书移到贵州省，捉拿仕仁锁上堂。八月十五来起解，解上贵州审官方。镇远知府张晕吉，黎平知府程卓标，八十掌嘴四十棍，把他充军在浙江。天柱参了赵知县，坌处光棍打满堂，枷的枷来打的打，问你阻江不阻江？四关文书去通报，工部户部把文详，他处不许做买卖，只准三江轮流当。这场官司成铁案，要等天崩落太阳，坌处牛死不丢草，欠人债多无人还。嘉庆九年又起事，又是轮到茅坪江，拦阻客商要算账，单要三帮来拢场。三帮上省去具纸，委了镇远同清江，两员知府到坌处，坌处当官不敢强，只为江通不问罪，阴奉阳违把案翻。嘉庆十年到王寨，依旧阻排要银还。三帮立有合同在，无盐同淡有同咸。蚂蟥缠了鸳鸯脚，缠到三帮无奈烦。装缆的船过坌处，拦江阻抢要船弯，拿到排夫把屎灌，人人闻到都胆寒。清江有个黄纯信，天柱有个刘林山，度马开店陈兆鲁，白万秀士舍命王，载车朝富同朝贵，朝珍朝配刘秀刚，朝贵一党亡命汉，行凶霸道谁敢当。上江之木不敢放，下江之客托口藏。拦江拦到四月半，只为天高皇帝远，只得帮银一千三。嘉庆十一轮卦治，坌处阻河又阻江，好比当初梁山寨，个个出来都称王。恼了卦治火心肠，连忙邀动三帮客，又来报到众五勤，分人四处去具纸，不剿坌处心不甘。四关文书连夜到，亏空课税哪人还？贵州的官纷纷乱，动兵动马动刀枪。道台姓张到天柱，荣府来到坌处场，程府带兵一齐到，要拿载车刘秀刚，案上有名都齐要，不许走了哪一郎。兵马围困坌处寨，抄家揭掳苦难当。拿到志勋王师旦，先一志杰秀才郎，天柱监生史大策，发甲大勇都在场，就把七人来上锁，大男小女哭忙忙，落水还有人来救，犯罪哪个肯来帮，师旦死在天柱县，七十九岁死外乡，可怜师旦死得苦，枉有儿孙不在场。充的充来死的死，坌处争江无人还。朝廷关上亏了税，四处关官把文详，工部户部接文看，星夜移文上贵阳。三司当堂结了案，八月十五来开江。藩宪抚宪给告示，准我三江轮流当。三帮五勤得这信，个个搬到卦治江。这场官司咨了部，当江稳如铁城墙。

嘉庆三年（1798年）坌处杨国泰、王师旦、王绍美等相继向黎平府和古州道台请贴开行，并由坌处当总江。王寨行户向政府控告杨国泰等人，并以雍正时政府制定的章程为据，周道台裁断："不准牙帖，严禁在案"。嘉庆六年（1801年），天柱伍士仁、王绍美、王志勋、王朝富、王朝贵、刘秀刚、彭洪等人，强行在坌处开行歇客，拉拢"三帮"木商孙贻盛等人驻在坌处。并派人四处奔跑，押令上河苗人运木至坌处售卖。甚至收买黄平人、林春茂和会同人孙中行，假扮皇商采办皇木，从上河放木冲江。木经茅坪被识破，将其捆绑吊打，将木阻存。伍士仁无计可施，乃以暴力阻拦德山水客高永兴放经坌处的木排。值江水暴涨，将木冲洗一空。三江行户控告到省，嘉庆六年（1801年）断案公告：

　　兵部侍郎兼都察院右副都御史巡抚贵州等处地方提督案务加节制通省兵马御兼理粮饷常，为再行剀切晓谕：照得黔省黎平府属各处深山出产木植，历系附近黑苗陆续采取，运至茅坪、王寨、卦治三处地方交易。该三寨苗人，邀同黑苗客商三面议价，估着银色交易后，黑苗携银回家，商人将木植即托三寨苗人照顾。而三寨苗人本系黑苗同类，语言相通，性情相习。而客商投宿三寨，房租、水火、看守、扎排，以及人工杂费，向例于角银一两，给银四分，三寨穷苗得以养餬，故不敢稍有欺诈，自绝生理。只因三寨以下木植经过各寨溪河，村寨不一而最相凌近。又坌处地方系镇远府天柱县所属汉民村寨，素不多产木植，本与茅坪等苗疆地方绝不相干。乃该处地棍每私争利攘夺，自康熙、雍正年间（1662年至1734年），即将勘断，禁示已成铁案。而嘉庆二年（1797年），坌处汉奸伍士仁，犹敢以请帖行，劳混具奏，蒙经本部院于藩司任内，察破其奸，移道复勘出示，遵照旧章，剀切晓谕在案。今因关临江等帮木客陈贻盛，与茅坪苗人买地龃龉，复为伍士仁播弄，捏词妄控，准到龙江等关咨令查办。又经本院行司饬委黎平，镇远府彻底查明。提犯到省后，经贵阳府确切审讯，叙其昔年旧案，详苗疆要地情形，由司议评到院，除将伍士仁一犯饬令法交天柱县，归入访拿，另案拟罪招解重办。其捏词妄控，又系孙贻盛等声请，各归本省查明，有无经手未请帮项，再行案拟发落。并即咨明工部、户部立案，暨分两江督院、江苏、安徽抚院、龙江等关，一体查明外，合亟再行乐晓谕。为此，示仰黎平府属遵照。苗汉商贾人等，嗣后一切买卖木植，仍遵循旧章，妥协办理。该处苗汉人等，勿许再有觊觎争夺，私于向例之外，多索分文，致有病情弊（端）。而商等亦不得听口改规，借口之税误，令自干罪究。毋违切切，特示。

　　　　右谕通知

　　　　　　　　　　　　　　嘉庆六年，岁次辛酉十一月二十七日示
　　（碑存卦治）

　　嘉庆十年、十一年（1805、1806年），坌处与三江争夺当江权益的斗争更加激烈。嘉庆十年坌处阻江，"使已来之客被阻回去，来至中途者，闻风畏惧，俱不敢前来。今数百之木客停住托口、洪市"。次年初，经黎平、镇远府裁定仍然三江值年买卖木植之后，卦治行户文起蛟、文秉凤等奉示前往托口、洪江接客，三帮木商李瑞丰和五勒木商瞿从文等，即雇船家杨新宗等装缆五船，驶往三江。"四月初六，行至坌处，复遭杨绍美等带领凶徒多人，强将五船蔑缆截抢焚毁，将商民及船户苦打，不容他往。"事态严重，引起下河木商、上河山客、三江行户及船家水伕的纷纷控告。黎平和镇远两府派兵围困坌处，将王师旦、史大策等7人逮捕。王师旦被囚死于天柱县狱中，余则问罪充军。并报经工部批准，仍维持三江轮流当江制度。

嘉庆十一年正月贵阳知府、安顺知府、黎平知府会审结案后的上报材料如下：

　　藩宪贵阳知府、臬宪安顺知府会审，着得黎平府属苗民王德化等，具控天柱县坌处民王绍美等阻拦木排一案：缘黎平府属之卦治、王寨、茅坪三寨，滨临清水江，该三寨以上并清江、古州、台拱等各苗寨出产木植，向来运木至该三寨停泊，各省木商齐赴三寨购买，分年开店，投歇木商。该三寨相卖木之人，均属黑苗，本属同类，相信有率，从无欺骗，百十余年相安无异。天柱县坌处奸徒伍士仁，借雍正九年坌处王国良争控当江买木，断案有听任商徒投歇之语，异图争夺苗利。始则请帖开行，继委徽、临、陕三帮木商孙贻盛等投歇坌处，越赴黎平各寨，押令苗民运木至坌处售卖。不遂，逞凶殴打又拦阻高永兴木排，被水冲流失。复主唆孙贻盛等，以阻木误税等情，赴各关砌控。维时卑府卓梁在黎平府任内，奉前宪饬委会同前镇远府今升贵东道张查勘后，会同贵阳府知府刘云会讯，将伍士仁拟充军，孙贻盛因曾在江宁请领官项采办例木，俟其各四本省，按拟枷责。木植仍照章分年投宿卦治、王寨、茅坪买卖，分案详咨在案，孙贻盛等被伍士仁等诱至坌处投宿，王绍美、王载车、王朝富、王朝贵等希图事成获利益供给。孙贻盛等归怨伍士仁耽搁买卖，并雇赴控，花用盘费，仍往茅坪、王寨、卦治投歇。王载车不便问房租饭账冀其后来补报。嗣后，各木商不理，仍系茅坪、王寨、卦治独专其利。忆及从前供花费之项，心怀不满。嘉庆九年七月，王载车等将周永发在茅坪买之木，放至坌处拦阻。控经宪辖批委镇远、黎平府周讳亲诣该处，先将木排押放。黎平冯兆峋驰至茅坪，欲往坌处会审。王德化等恐被坌处人欺压，不肯前往。王绍美见王德化不来坌处，伊等不肯赴茅坪，致未讯。周府等先后禀奉宪台，提人证到省，饬委卑府会讯。兹检查案卷，讯悉前情。查黎平府茅坪、王寨、卦治三寨，分年歇客，轮流寓客买木，已经一百余半，商苗彼此相安，若稍更易，不独三寨苗人无以糊口营生，而坌处以下沿江村寨，亦从而效尤，当江抽税之恶，讦告不休，木商受累无穷。于苗疆地方更有关系，应请应照旧章。嘉庆七年详治断案，各商寻照旧章。在茅坪三处，分年投主买卖，坌处民人不得再生觊觎。至王朝富等所称坌处以上各寨，亦出产之木植，如果属实，应听该处苗民就近觅主出卖，毋庸逆流运至茅坪等三寨。其三寨以上出产之木，无论何处管辖地方。凡应由茅坪三寨经过者，坌处民人均不得越分代买，庶足以杜争端。每年茅坪三寨运放木排，必须经过坌处，民人再有借端拦阻，该管地方即严拿究办，毋稍宽从。并请宪台出示晓谕，以绝奸贪而安商苗。王朝富、王朝贵等拦阻木排滋事，殊属不合，姑念事纪在嘉庆十一年正月初四日，恭逢恩诏，已前应免置议。王绍美、王志勋、伍士仁内逸，纪应饬令天柱县严拿办理。是否允协，合令讯断缘由文详候。

嘉庆十一年卦治行户文映宏连续上诉，具上诉状之一的全文如下：

　　具禀黎属苗民（侗族）文映宏、文鸣岐、文起蛟、龙正方、龙枝桂等，为迭禁迭违旨霸市，恳速除奸事。缘去岁黎属之王寨王克明等，以拦阻客木赴宪具控天柱县属之坌处王绍美等一案，蒙恩断结，将坌处王绍美严禁，永不得再行阻客，借端滋事等情，遵结在案。仍判令蚁等茅坪、王寨、卦治三寨分年当江，轮流歇客交易。煌煌宪示，远近同道。殊王绍美、王志勋、王朝富、王朝贵等，前不见宪究，恶胆愈张。兹值蚁等值年当江，辄敢招聚凶徒，竟将欲投向蚁等寨之徽客李瑞丰，五勤瞿从文等五船篾缆，截抢烧焚，拦河阻客，欲使行至远口之徽、临客伙四十余船不敢前进，掎陷船内，进退两难。及陷住托口之数百余人，俱皆束手无策。窃恩穷苗立业，靠此资生。今值蚁等当江，被恶等横阻，一客已无，木无买主，不惟蚁等遭殃，即苗沿河一带地方，均皆受害。总之，恶辈一日不除，木商一日不至，穷苗一日无依。况且上误国课，下病商民，似此凶横，国法安在？不叩速究，坑害难堪。只得奔投恩星上宪大人台前作主，乞彰法纪，按律究除，庶商民得苏，穷苗安业，共沐宏仁无暨矣！

其上诉状之二云：

嘉庆十一年（1806年），轮该我等卦治当江，众客商因上年垒处阻木结案，俱皆不敢上来。至三月，接得藩桌宪示，徽临李瑞丰等并五勤瞿从文始发缆船上江。于四月初六日经过垒处，又遭阻止，缆被火烧焚，瞿从文与船户杨生宗俱被重殴。于四月十三日，李瑞丰等并临帮吴亨泰、船户杨生宗、我等同赴天柱县，具报禀陈元泰、文准章等隐恶不悛，蔑法横行等。缘垒处王绍美于去岁六月拦河阻木，被经王寨王克明等具控上宪，当蒙严拿。于本年二月内蒙经审讯，实严禁垒处王绍美等不得再行阻客阻木，借端滋事，等情，取具遵结在案。复判蚁等三寨的照旧定章程，轮流当江，歇客交易。给示谆谆。无异殊于去岁，恶等阻止木客，致使欲投向蚁等之客商数百人，畏惧不前，坐守托口。至今，闻结案仍照旧规，各欲投赴蚁等寨。于本月初六日道经垒处，讵之恶等狼心不改，恶焰愈张，视宪示为具文，睹王法如弁髦，复阻客船，辄将船户殴打，并抢缆烧焚，横行无忌，凶恶异常。窃思判结在案，墨迹未干，似此强禁旋违，国法安在？不扣详究，商民难堪，只得报乞青天台前，详究施行。

其上诉状之三云：

……（垒处）恶等于前截缆索船，惊阻徽、临两商客四十余船，迄今缆陷远口河下，进退两难，诚恐载装重赏，防守不及，致生不测，贻累难当。即历年采办之钦工例木，亦当紧要。兼之上河苗民，全靠卖木为依，日食岂容久拦。况当洪水兴发之时，木无买主，恐致漂流，亦关大害。只得乞天怜悯，速札镇远府先行开关，俾客商得脱网就渊，一日得赴当江之处，则早脱一日惊惶，而苗民得以售木，即少受一日饥饿，庶民以共安，钦工不至于有误。

三帮之徽州木商李端丰等控告垒处王绍美等劫阻缆船殴人行凶的状词云：

具禀徽州帮木商李瑞丰、詹起泰、程东升、单利元、俞复兴、程三益、俞吉昌等，为聚党持械截阻抢焚事。商籍徽州，业木供课，至茅坪、王寨、卦治三寨交易，兼代办江南例木。缘垒处见利垂涎，与茅坪三寨诉讼，争夺市厘，屡次阻木阻船等事。缘今蒙大宪讯明，仍然旧章。煌煌宪示，应各凛遵。商等遵示，将缆五船，交于卦治主家文起蛟、文秉凤等先行，讵由垒处，骇得岩上史大策等，呐喊聚众，各持器械，叱咤拢船。文起蛟、文秉凤见蜂拥威武，离船逃逸。恶等遂将缆索抢去岸上，即以烧毁，并苦打船户等情。窃思购木，发水全藉缆索淘系，方能保持商木……（今垒处）招募亡命，逞凶已极，目无法纪，商旅裹足难行。今商船四十余艘，乘载五万有余，重资来至远口，如知前程失陷，中途不敢前往，诚恐截抢，生命攸关。又久留远口，惟恐盗劫。为此，急扣天父师太爷台前，为行商做主，弹压凶横，免酿大祸，俾商早行，共戴仁天，颂声载道。

五勸湖南木商瞿从文等恳禀官府法究垒处凶陡阻客碍商的上诉状云：

　　具禀湖南沅州府黔阳县属客民瞿从文等，为迭捐难堪恳速苏商事。缘客民贩木生理以养身家，向在黎属茅坪、王寨、卦治三处购买无异。因去岁天柱属之垒处民人王绍美、王志勋、王朝贵、史大策等，拦阻木植，与黎属之茅坪，王寨、卦治三处赴宪讦控，客民因未敢上江悬搁。以至今岁，前二月，蒙经宪断，仍令王寨三处轮流交易等情，并给示各处遍谕。凡属木客，敢不恪遵。近因与徽客李瑞丰等，合载篾缆五船，欲往卦治当江之处投寓。适遇卦治主家文秉凤、文起蛟捧示前来，因相托坐守缆船，同往伊处。于四月初六日，行至垒处，复遭恶棍王绍美等，统领凶徒多人，强将五船篾缆截抢焚烧，便将商民并船户苦打，不容他往，等情。幸托命奔逃得脱，不然致于性命。可怜缆被焚烧，血本无归，复阻行程，更遭陷害。商属无辜，不堪此重困。只得令船户杨新宗报知客伙李瑞丰、吴亨泰等，奔天柱县各报在案，蒙批李瑞丰等禀。此案甫经宪断，奉发告示，晓谕在案。垒处民人胆敢藐法抗断，实出意想之外。已据远口司申报，饬差发提，并札委该巡司押放，候提案察究。附拟吴亨泰等禀称：垒处民人违断藐法，实属可恶已极。据李瑞丰等词内，批准提差，并札饬远口司，畏惧不前，只是推延了局。计出无赖，李瑞丰等复向学宪投词，未蒙批示，客民竟有冤莫白。似此藐法揹商，非天莫究，情万难已。

临帮吴亨泰禀请官府速究垒处阻商的上诉状云：

　　具禀临帮木商吴亨泰、孙贤泰、谢准煌、黄永兴、黄森禧、廖炳、胡发顺、陈祥顺、吴和顺、杨早顺、曾饰顺等，为凶奸复萌，违禁阻商，速吁急救事。商等向在黎属茅坪、王寨、卦治三处，购买木植有年，情因垒处奸民，诞贪苗利起衅，与黎属三寨讦讼，截阻商木植，控究已蒙镇黎两府亲临押放。本年轮至卦治当江，商等皆往彼处买木，殊前帮仍被阻截，暂停托口。昨三月内，藩泉奉大宪赏示，遵照旧章购买。因卦治店主捧示接客，商等遵示，同帮雇船装缆，行近垒处过，卦治店主奔报：徽帮前去之船，被垒处奸民王载车、王朝贵等纠党多人，将徽帮船内缆索，抢搬上岸焚烧。商等听报，将船只退躲远口，禀报司主，奈权微莫制。窃思奸恶等凶顽成性，恝不畏法，案奉上宪究办，犹敢藐法，故智复萌，既烧船缆，更出狼心，有遇商等船只亦阻拦等语，商等骇异。可怜商等携资冒险，奔驰数千里，希觅微息，并代办江南例木。今遭违示阻商，祸将及已，非沐速究，进退两难。只得匍叩太爷台前，作主急究，商民迫切上告。

少数民族的山客石礼吉等在控告垒处王绍美等阻木害民的状词中也说：

　　罗闪石礼吉、孟彦石钟声、南哨黄万年、蒋王贤、苗毛叨等，向枭台具控王绍美、王志勋、王朝富、王朝贵等一词。为迭阻为害，泣天急救事。缘蚁等地方，有亮江河、八扬河、乌下江、乌雅溪、八居江、反排河出产之杉木，每年砍伐数千余万株。照依古例，放下卦治、王寨、茅坪三处售卖，三处轮流当江歇客。蚁等各处苗民，素有语言相通，三处能识徽州、临江、陕西汉语，公平议价银色，俱照旧章程，设立已久，合蚁等苗心，历年无异。祸因嘉庆六年，有天柱属之垄处汉奸伍仕仁、王绍美意欲当江，阻揹客商，不容买木，耽搁一年。不惟害蚁等资本耗折，兼又被水冲流。苗等山贩，东家血本难还，号泣悲伤，视此情形，闻者悲伤，见者惨目。叨蒙上宪按律究办，将伍仕仁问拟充军。各苗顶祝，仍照旧例，仍令卦治三处值年轮流，安宁数载。及至去岁，又遭恶等仍蹈前辙，以致王克明等控经在案。即本年轮到卦治之江，蚁等各处苗民伐木甚多，无客承买。听闻已来之客，被阻回去，来至中途者，闻风畏惧，俱不敢前来。今数百木客，尽停住托口、洪江，陷蚁等空囊待毙。只得冒犯恳请天恩赏准给示晓谕。今恶等悉知律典森严，不敢阻客生理。庶上供国课，下养生民，恩同再造，感激无尽矣！

船家杨新宗在证词中说：

都匀属杨新宗，为恩怜株累，据实报明事情。蚁家道贫寒，撑船度活，祸因本月初一日，有徽帮李客人等，在托口雇蚁等船五只，装载篾缆，道由垄处经过，遭被天柱民人，未知姓名，尽行抢空，当见烧毁一扛。李客人将蚁留住为证，不肯放归。窃思撑船度日，苦莫难堪，有篾缆重价，卖身难赔。况蚁家有七旬老母，年迈何依。非叩仁天电情追给，蚁母倚门嗷嗷待毙不远矣。迫不得已，只得蔺叩太爷台前作主施行。

垄处王绍美等阻船烧缆的暴力行为，损害了水客、山贩、行产和林农的利益，引起了他们的纷纷控告，形成一大讼案，使官府不得不加倍重视。

嘉庆十一年三月初四日贵州布政使司、贵州等处提刑按察使的布告云：

……照得黎平府属之茅坪、王寨、卦治三寨，濒临清水江，周围千余里，盘曲而来，与台拱、清江、古州等处，犬牙交错，山深箐密，出产木植。向来分年运茅坪等三寨，听候各省客商，携资赴三寨购买。该三寨苗人，与主议价成交。商人即托寓歇主家雇工搬运，扎排看守，每价与一两，商人给钱四分，以为主家给商人酒饭、房租及看守木植人口，并扎排缆索等项费用。茅坪三寨等山多田少，穷苗赖此养膳。如轮茅坪当江之年，王寨、卦治两寨，不得歇客买卖，迄今百十余年，从无紊乱旧章。前有天柱县属之垄处奸民伍仕仁等，因地处茅坪三寨下游，相距仅十余里，希图苗人生计，借早年审断旧案有任客投歇一语，嘉庆三年蒙混请帖开行，批驳不准。六年，又借徽、临、陕三帮木商孙贻盛等，因茅坪苗首龙承仁等，不肯卖地建造会馆之嫌，哄诱该木商等至垄处投歇，押令苗人运木至垄处售卖，不遂，逞凶殴打，并阻拦高永兴木排，被水冲失。复主唆孙贻盛等赴各关捏控，前院常批行前司，提集人证至省，委员审明，将伍仕仁问讯充军。各省木商仍然旧章，今年投宿茅坪三处购买，今案详咨大部并关监督在案。垄处民人不得妄生觊觎买木搁阻之事，已成铁案。今因民人垄处王绍美、王载车、王朝富、王朝贵等，复蹈伍仕仁前辙，阻拦周永发、曾广顺木排，经王寨王克明、卦治龙文昌等控经本司衙门提审，委员审断议详前来。查王绍美、王志勋系伍仕仁案逸犯，除饬天柱县严拿务获，照例详办外，诚恐坌处民人，听其诱惑，贪利忘害，身罹重罪，徒后悔，令行查案，剀切晓谕。为此，系仰天柱县坌处并黎平三寨苗人及各省木商知悉：嗣后买卖木植，仍遵照旧定章程，在茅坪三寨分年投主买卖，坌处民人毋许妄争。如坌处以下村寨，出产木植，应听该处民苗就近觅主出卖，不必逆挽运至茅坪三寨河下。经过此坌处民人均不得借称天柱县属出产，越分代买，复启衅端。此番出示之后，倘坌处奸徒，如敢将茅坪三处客阻木阻船，及私赴茅坪三寨买木，经过坌处议价转卖者，一经访闻，或被告发，定饬即县严拿，从重究办，决不宽姑。该三寨亦须各循旧章，不得稍有病商情事，并予查究。其各凛遵毋违，特示。

嘉庆十一年三月初四日发

当江之争绵延不断，互相控告之事层出不穷。在收集到的部分控词和政府断案的告示中反映坌处等寨地方势力蓄谋逐利，不惜采取种种手段以达到当江获利之目的。

手段之一是钻政府断案结论之空子作为争江的法令依据。如坌处王国泰"借早年审断旧案内有任客投歇一语，嘉庆三年蒙混请帖开行"。

手段之二是利用关系，谋取官吏庇护。嘉庆三年坌处争当总江时，利用当时黎平知府吴先年曾任天柱知县，取得吴的支持。但是还没来得及正式断案，新任黎平知府富刚走马上任，取而代之，坌处图谋即宣告破产。

手段之三是利用矛盾，拉拢三帮木商。嘉庆六年（1801年）坌处伍士仁等"借徽、临、陕三帮木商孙贻盛等，因茅坪苗首龙承仁等有不肯卖地建设会馆之嫌，哄骗该木商等至坌处投歇……复主唆孙等赴各关捏控"。

手段之四是冒充皇商放木冲江。据《争江记》载："这是嘉庆六年事，茅坪的江坌处当，接得客商到坌处……攀人买木来冲江，黄平有个林春茂，会同有个孙中行，两个打扮皇商样，平金买木来冲江。"

手段之五是诉诸暴力。诉讼屡败后，常阻木拦江，劫船殴商，焚烧篾缆等。

面对坌处等争江不止的局面，三江行户始终依恃历次的断案结论为武器与之抗争。当嘉庆十一年冲突激烈化后，三江头人便联络木商、山客、船家群起控告，大造舆论，促使政府解决问题。

及至光绪年间，内外江之争又起，但时过境迁，对立与冲突的程度较前已缓和。其原因有二：

其一是随着木业的发展，行户们自行破坏江规，径直引下河木商进山购木，致使江规逐渐减效，慢慢失去了过去那种对外江的铁一般的约束。

其二是内江行户的牙行性质，已逐渐转化为商人性质。行户在开行提取佣金的过程中，由于积资日益增多，过去多将资金投入购置山林田地，而今随着国内商品经济的发展，经商厚利也对行户产生了越来越大的吸引力，不少行户试着把一部分资金转向木材贸易。特别是转向销木于长江流域的长途贩运，以便获取更多的利润。但按旧规，禁止行户运往下河，作为五勤之一的天柱，虽无经营开行的权利，却拥有在下河经营木材交易的资格，故天柱木商在洪江、陬市、汉阳、常州、南京等地均有木坞。三寨行户欲往下河做木头生意一无木坞，二无交易资格，只好求助于天柱木商。得其同意后，冒其名义，用其木坞，经营商业。由于三江行户得天柱木商此惠，后来天柱人开店接客，锦屏也不再有异议了。

所以至光绪十五年（1889年）坌处等再向省请帖开行时，锦屏三江不加干预，旋经黎平、镇远二府委员至垒处面议，认为垒处开行与三江无害，对木商有益，并能增收木税，乃批准垒处、清浪、三门塘亦设店开行。因两皆三寨，故以内、外三江分别名之。为求得协调，避免冲突，对内外三江的经营作了若干规定：三帮五勷原在内三江有泊排、扎排码头，仍沿袭旧章，进内三江通过值年行户向山客购木。

凡三帮五勷以外的汉口帮、黄州帮、宝庆帮、衡州帮、长沙帮、花帮等只能住在外三江，通过主家（行户）购木。

永州等外江商客欲进内江买木，必须由外江的主家引进。内江行户不得与外江客私自开盘议价，违者内江罚行户，外江罚客。

外江引客进内江成交后，需交纳厘税、佣金等费，方能放木至外江主家木坞成排，木商酬劳主家，提取木价总额的3%作佣金。

在内江购买木材，便于选择花色品种，按九二折码。外江木源缺乏，选材交差，且按九五折码。前者材优价廉，运至下河畅销而利高；后者材次价高，运至下河，质次而利低，故内江仍占优势。

内外江之分确实不适应商品经济的发展。彼此争端仍未停止。及至民国5年（1916年）锦屏、天柱两县的县知事还专门批示两县商会所拟的有关木材贸易的若干条规。其布告全文刊刻于石碑之上，竖于茅坪。碑文云：

　　天柱县知事彭、锦屏县知事邓为会商录批附条，出示晓谕，勒石遵守，永杜纷争事。民国5年8月14日，案奉民政厅长何饬开案奉督军刘批示：据天柱县商会呈请饬天柱、锦屏两县会商出示木植场规一案，奉批呈意，仰民政厅查案核饬遵照文发，仍发此批，等因奉此。查此案业据该商会……将条规附陈，当检前署卷。重以时局变更，无案可查。而原批见于政治公报，则又觉非虚伪，批奉将原案条规另缮一份，禀由该管地方官转呈到府，酌核饬遵办在案。奉批前因核阅条规，各条大致根据旧日习惯，尚属可行，既经前巡案批准，应予继续有效。除详复并分饬外，合行抄粘奉发原禀，随文饬发，仰该知县遵照执行，就地查看情形，速将原案条规出示晓谕。一面严加取缔，以防流弊，而保商场，并转该商会知照，此饬。等因奉此。查案于民国4年10月，经锦屏、天柱两县商务公会会长匡商春、杨应烈，暨两届士绅吴代商、邓大宾、王守臣、张茂修、周作宾、王正恩、胡锡之、王泽汉、龙安槐、潘侍羊、王泽浩、王永林、龙志彬、文四名等提出条件，共同讨论，全体可决利益均沾。业经锦屏黄知事任内，已将两届全体决议条件详由前正道尹林转详前巡按使龙核准一案，详贴五年一月十五日第一百十号贵州政治公报实业栏内开载。据镇远道详复锦屏、天柱两县木植场条规，并咨由奉巡按使批，详件均悉。据称：三帮五勷现在不过仅存名目，凡客商贩木植，无论内外江，均系主家代购经理，一切于商客无甚增损，核阅传迳该商会，拟见条规，虽沿旧习，究有变通，果使外江客人得由主家引进江内买木，则与从前完全不得进江者已有区别。既经该尹道派员查明，所拟条规，尚无窒碍，应准立案。转知湖南确须严加取缔，俾免争执，而广招徕，是为至要。切切此批，等因奉此，合行会函附录条件，出示晓谕。为此，饬仰内外客商行户主家人等一体遵照，后开条件永远遵守，杜绝纷争，而保权利，切切勿违特示！

附录：

锦屏、天柱两县全体议决归复旧章条件列后：

一、本条件以增进锦屏、天柱两县商场感情，务保权利，以求商场买卖自由，永远得和平；

二、徽州、临江、陕西称为"三帮客"，黔、芷、天为"五勷客"，王寨、茅坪、卦治内江地方，照旧永为三帮五勷泊排成排码头；

三、永州各外江客，内江既未置有码头，均照旧驻于坌处、清浪、三门塘有木坞之主家引进，内江行户不得与外江客私自开盘议价，违者内江罚行户，外江罚客；

四、坌处、清浪、三门塘木坞主家引客进内江交易成后，照例先盖外江主家斧记，交纳厘税行佣等费，随即放出外江主家木坞交客成排，除由木客照旧例每个苗头纳天柱中学经费一两零五分外，并应酬给主家之劳动费；

五、商场码头屡肇事祸端，由排夫姤寨事公。茅坪杨公庙馆首，其头夫应由天柱商会公章公推殷实者。呈请天柱县署委任充当，咨由锦屏县三江税局饬江防局一律保护，于兑账单内统计每根抽钱一文半，每堆卦抽钱二十四文，交作五勷馆杨公庙香灯费及天柱赁贶费，一律由杨公庙馆首照旧办理，除酌交香灯各费外，余提作天柱县中学校常年经费。

六、内江"三帮"码头有认为必要须改良修整者，"三帮"、"五勷"有完全自由之权。

七、天柱、锦屏两县有关本条件认为应行会议者，商会、教育会均得开联合会共同议决；

八、本条件以天柱、锦屏商会职员所属代表议决后，会详天柱、锦屏两县通详立案，出示晓谕，勒石永远遵循。

右谕通知。

中华民国5年9月谷旦　勒石

从此，内外三江并存，遵章营业，历时漫长的当江之争，始告结束。

在内江与外江争夺当江开行专利权的同时，内江的王寨、卦治、茅坪也在明争暗斗，诉讼无休。王寨居中，卦治居上，扼清水江主流。王寨又据八卦河与清水江的汇合之处。茅坪居下，当亮江与清水江的汇合点。王寨与二寨各距7千米左右。剑河、台江及黎平西北部出产的木材运集卦治；八卦河两岸的木材运集王寨；亮江河两岸出产的木材运集茅坪。卦治、王寨占地利之优势，集中的木材资源优于茅坪，茅坪行户遂起争江之念。外省木商进入清水江境采购木材，必先抵茅坪。茅坪行户便截留木商落行，并派人到王寨、卦治联络山客，将木排放下茅坪交易，因而引起王寨、卦治不满；或者遇茅坪当江之年，王寨、卦治又私引客越江购木，引起茅坪的不满，矛盾加深，遂酿成内江三寨间的讼案。

据目前掌握的资料，这类讼案的最早者，当是嘉庆六年（1801年）茅坪控告其他两寨之人勾商截买木植，扰乱江规的事件。当时政府公布告示云：

……据茅坪乡保龙永义、龙田玉、龙万兴、龙凌霄、唐承尧、龙映海禀称：蚁等茅

45

坪、王寨、卦治三处，自古轮流当江，分当买卖，凡于山贩木植，俱系当江撑至地头落主议价，方成买卖，历来有规，亦有案据。蚁等三江照例遵行。卦治当江，即小河之木出至王寨，仍运至王寨落主成买，毫无紊乱。惟亮江一河出蚁茅坪，近因不法利徒，不守旧规，不遵前案，胆敢射营谋勾客，潜至天柱属之单金、银洞，射营截买、利己肥囊，大干公禁。以致柱民结讼无休，平白遭殃，受害心伤，难容弊陋。即于本年六月内，同起古州道宪吩谕，禁蚁等不得引客买天柱县地之木，任听放下地头议价，诚恐日久弊生，是以合同商议，禀恳台前赏木，严禁除弊施行等情到县。据此，查三江王寨、卦治、茅坪三处地方轮流值年，如遇何处当江，远近客商以及各处人民前往该地，自行择主投歇，不得借口稍有折勒。凡有山贩木植，必须撑至地头，公平议价，旧章由来元紊。今据龙永义等禀称，近有不法市侩，胆敢射利营谋，不论何处当江，私勾串商人截买，擅更成规，可恨已极。是以不得不严行示谕。为此，示仰三江乡保及民苗人等知悉：尔等凡有买卖木植，务须撑至当江之处，秉公议价，不得仍前勾商截买，更不得稍有抑勒把持。但尔等三江地面，俱系清江一河上下，势有不一：小江一河出自王寨，亮江一河出自茅坪，查茅坪居于卦治、王寨之下，嗣后茅坪当江，而王寨卦治不得私行僻路购买，至于王寨、卦治居于茅坪之上，此二处当江，而茅坪亦不得勾商私向小河、亮江购买。两有裨益，永杜争端。自示之后，倘有不法之徒，不遵示禁，仍蹈前辙，混乱江规，许尔等指名禀报，立即查拿严究，尽法治，决不宽容。各宜禀遵毋违。特示。

嘉庆四年十一月十八日

实贴卦治晓谕

至光绪年间，内江三寨之间的纠纷更加激烈。这里，先抄录光绪七年（1881年）贵东兵备道对王寨与茅坪纠纷的审理公告：

> 据黎平府属王寨生员王承立等具控茅坪舒占元等抗断翻案等情一案，前往黎平府，据奉前往任道易转奉抚部院批饬本署道履刊讯断，曾于去腊亲往该处勘明访查情形，一面传集原被告舒占元、王寨王承立、卦治文显奎、龙耀奎、龙道云、文显柱、文显瑞等到案查讯。向来大河小河木植，系三寨人分年轮流当江，嗣因茅坪与王寨肇衅，互控不休，历任所断，旋断旋翻，以致终无了期。本抚道因念抚部院岑批饬内有：该云寨选派共正首等公同当江，经收入之多寡，定分摊之数目等语，此因抚宪遥揣悬断之意，如遵宪批照断共同当江，则甫经互控，似难遽尔积怨，合办不如照旧规，三寨分年轮流当江，似易劝合，妥善兼适。值三帮、五勤客绅廖道生等邀恩请息前来，亦系请照旧规，三寨轮流当江。是本署道即令照旧办理。每逢子、午、卯、酉年、大河、亮江、八卦河轮为茅坪当江，王寨、卦治不得私引客商越买；辰、戌、丑末年轮为王寨当江，茅坪、卦治不得私引客商越买；寅、申、巳、亥年轮为卦治当江，茅坪、王寨不得私引客商越买。自光绪七年辛巳正月为轮卦治当江为始，以后永远遵照。其有亮江、八卦河、大河统归轮流值年当江收领，三寨不得借词滋事。三江首等均各悦服，遵依具结完案。本署道即将断结缘由，奉请抚部院岑查核示遵，尚未奉到批回。昨据卦治头人龙道云、文显奎等具结遵断回后，二月十八日王五寨承立等，主使地棍吴振之等统带小江凶徒放木冲江，经该寨追至茅坪，获尾单木324根，奉请示禁前来。查此案甫经断结，而王寨竟敢放木冲江，本属不合，是否王承立等主使，抑系凶徒所为，何以首等无一人出言理阻，殊不可解。除批示严饬查拿究办外，合行出示

晓谕。为此，仰三寨人等知悉，以后务遵前断，各值当江之年，各自查照办理，不得听信奸小播弄，再行放木冲江，复至滋事。惟有敦亲睦邻，将来和气生财，自享源源不竭之利，庶无负本署道一片体恤商民之至意，一俟奉到抚部院岑批回，再当抄批出示，妥立成规，饬令刊碑永远奉行各宜禀遵毋违，特示。

右谕通知

光绪七年三月初十日立（碑存卦治）

此贵东兵部道关的告示刚一公布，即奉到抚部院岑的批示："所批断令王寨、卦治、茅坪仍照旧规轮年当江，尚属允协，既经众情输服，具结定案，仰给转饬三寨头人遵照办理。"

然而，事隔六年，三寨争江之纠纷复起。在卦治的碑文中，记有光绪十三年黎平府的一张告示，反映了当时王寨王森林等、茅坪龙吉瑞等的拦江凶阻，违示霸收的情况，其告示内容云：

> ……案据卦治纲首龙成仁、杨庭瑞等呈称：为拦江凶阻、违示霸收、胥兴无出事。缘三江荷蒙宪示，大江各河轮流当江无异词。因兵燹后，人心不古，王寨、茅坪互控，亮河各怀垄断，迭讯未息。因上控蒙抚院批示，饬令道关亲勘断结，由辛巳为始，宪示煌煌。殊至今岁，遭王寨痞棍王森林等……张玉珍收押，犹不知悔，反督妻收余者抚提，案经未结。今实有茅坪凶徒龙吉瑞等，见玉珍久抽无阻，照此为例，纠党霸收亮河，收及万元。预备刀枪，又阻大河六家木客。粘单承阅。若不恳示严禁，客商等均惧，买卖闭市，封江无胥兴，着宪示何存？目无法纪，事关重件，伏乞台前作主，赏准存案示禁，俾胥兴有着，以儆效尤，等情创府，据批：此案前经巡抚亲勘断结，出示晓谕，自应永远遵办。兹呈龙吉瑞等霸收各情，如果不虚，殊属藐玩，候即出示严禁。并札茅坪总理查明，饬令遵照宪批办理。倘有违抗，即禀明、定行提案，重究不贷。

光绪十三年九月二十日

尽管，经各级官员多次断结，但内江三寨之间，仍继续争江，互控不休。

此外湖南的靖州与贵州的黎平也发生过争夺当江专利权的斗争。源出黎平县东南的洪州河，流至靖州托口，汇入清水江，洪州河两岸的杉木均运集于此。据光绪《靖州志》记载，靖州产杉，多"薪樵之用"其材"能充栋梁之选者来自贵州""远省商人，怀资到此与黔民交易"。靖州木行为当地许姓垄断专利，贵州商人受其制约，心存不服。清乾隆年间，黎平洪州所（今洪州乡）的曾、毛、穆三姓相约奔赴长沙，向湖南布政使衙门请牒，以木产黎平为由，要求在靖州开设木行。许姓提出控告进行抵制。结果许姓胜诉，维持原状，保有开设木行的专利权。败诉的黔商转而联合沿洪江两岸的贵州山客，将木植径直运往洪江销售，断靖州木材之利源，终于迫使许姓作了某些让步，在靖州为木商服务的行业分木行和木栈两种，木行是政府特许开设的"牙行"。子孙世袭专利，政府以木行的发票为依据，征收"物场税"，"出口税"及"营业税"。木行的开设，经布政使批准发牒后营业。可住水客和山客，而木栈开设，只须县级行政组织批准，只住山客，不许住水客，许姓由于损失较大，于是同意黔商在靖州开设木栈，把木行的专利权牢牢地掌握在自己手中。

"行户"是一个在锦屏地区存在了数百年的历史现象。它根植于什么样的社会土壤，反映了什么样的社会本质,又在社会生产的发展过程中起过什么样的作用呢?

中国历史发展到明清之际,进入了封建社会的末期,资本主义的萌芽已在沿海地区破土而出,略见端倪。商品经济逐渐冲破封建的自然经济的地区性的藩篱,以其强大的活力,沿着有运输之利的水系动脉冲撞和扩张,以寻求自己活动的广阔历史舞台。侗苗等族人民居住的黔东南地区,虽位于祖国的西南边陲,浩瀚的林海弥漫在广袤的崇山深谷。然而那条碧水如带风光似锦的清水江,不仅在几千年的历史岁月中,以它用之不竭的乳汁哺育了两岸的侗苗各族人民,缔造了这一地区的灿烂文化,而且以终接长江的交通优势,迎来了络绎不绝的各省木商。于是过去曾经覆盖高原,维持生态平衡,保障农业生产的莽莽林海,在今以商品的形式,运往长江流域各地。

长期的封建统治和民族压迫造成黔东南民族地区在经济文化上的封闭状态。这里的少数民族不熟悉汉语汉文,世世代代使用本民族的语言。一旦外省汉族木商来到清水江流域,谁能与之沟通,充当中介,这就成了发展商品生产与商品流通至关重要的问题。位于清水江下游的王寨、茅坪、卦治三寨的侗族、苗族和汉族居民,既讲少数民族语言,又熟悉汉语,有的还精通汉文。所以三寨便成了木材集中的要地,当地各族居民则成为木材交易中必不可少的中介人,于是流行于封建社会的行会制度,在此特定的历史条件下,便以行户的具体形式出现并活跃于锦屏地区的经济领域。在一个相当长的历史时期内,行户成了推动木材生产的一种重要形式。

行户诞生的初期,只要通晓双语者即可充当木材交易的中介人,尚无阶级之限制,但随着商品经济的发展,繁荣的木材贸易已为行户提供了源源不断的酬金,是一个致富的源泉。封建地方势力为之垂涎三尺,他们自恃权高势重,见利而趋,把开行之特权垄断在自己的手中。于是三江开行的一切权益,几乎为少数地主官僚所独占。

木材是清政府在黔东南地区的重要税源。政府为了保证其木税的征收,也为了维护封建地主所操纵的行户权益,尽力从政治和法制上给行户以强力支持。行户为了不断扩大其经济收入,难免与大商人狼狈为奸,把相互的利益建立在加强剥削山客、林农、旱夫和水夫的基础之上。开行牟利引起当地地主封建势力的激烈斗争,常常影响木材的畅通和贸易的正常进行。行户本身就是一种反映在经济领域中的封建割据。它限制了商人独立的自由行动;束缚了商品生产的自由流通,割断了林农与木商的直接联系。由于上述种种原因,行户日益走向历史的反面,越来越成为发展商品生产和商品流通的桎梏,最终不免被历史的洪流所淘汰。

五、排工（水伕）的工资待遇和反抗斗争

（一）排工的工资待遇

民国 14、15 年（1925 年、1926 年），从茅坪到洪江,4 个排伕扒 1 个头（3 排）,合计工钱 35 元;撬一块排 1.5 元,合计大洋 36.5 元。1 张大排（3 小排）约 20 两码子,小的 18 两码子,最大的有多至 26 两码子的。排宽七尺五寸,上下四五层。

从洪江放陬市,一个苗头九块排,需九人扒排,工资合计大洋 150 元,撬排 1.5 元,合计大洋 151.5 元。

抗日战争胜利后,从茅坪放陬市,当家水伕的工资大洋 80 元,撩稍水伕每人 30 到 40

元，总工资约 250～280 元。

1946 年"排伕"的工资，根据王声锡为森大押运木材至汉口出售的经历，其情况是：自王寨至洪江，每一连排约 100 两码子，需 12 个排工放运，每个工人的工资为银元 10～15 元；自洪江至陬溪，每连排需排工 7 人，每个工人的工资为银元 20～30 元；自陬溪到汉口，每车排为 2000 两码子，需排工 40 人，每个工人的工资约银元 70 元左右。

关于排工的劳动及被剥削情况，我们曾对瑶光寨进行了专门调查。瑶光包括河边、中寨、上寨和里寨 4 个小寨，以苗族为主要居民，在河边和里寨则是苗侗杂居。瑶光寨位于瑶光河（乌下江）与清水江的汇合处。瑶光河发源于黎平县境，上源的大架、落里、孟彦等地，都是盛产木材的地方。数百年来，木材畅销省外，其运销量是很大的。木材运输以水运为主。瑶光各族人民生长在河边，谙习水性，因山多田少，不足耕种，故多从事水运木材工作，称为排伕或水伕。过去流行着一句话"瑶光人靠河吃饭"，反映了瑶光寨各族人民长久以来，就靠扒排（放运木筏）、扒船（驾船）来维持生活的客观情况。

乌下江两岸的木材，经过清水江，运销长江流域诸城市。沿江分段运输，各有界限，互不逾越。瑶光排伕主要是运输自落里、孟彦至瑶光之乌下江段，以及瑶光至三江的清水江段。在排工中各有专长，有的会扒小河的排，不会扒大河的排；有的会扒大河的排，不会扒小河的排；有的则兼扒大、小河木排。

瑶光扒排的以河边寨最普遍，凡青壮年均参加扒排；里寨次之；中寨最少。就以中寨为例，解放前夕，有 103 户农民（包括富农不包括地主），统计其扒排与务农的情况如下：

阶　级	放排或佣工	放排兼务农	农　业	其　他	合　计
富　农		1		2	3
上中农		4	5		9
中　农		9	9	1	19
贫　农	6	21	12	7	46
雇　农	26				26
合　计	32	35	28	8	103
占总数（%）	31	33.9	27.2	7.9	100

由上表明显看出扒排与阶级结构的关系：雇农缺少土地和其他生产资料，主要靠扒排和当雇工生活；贫农略有土地和部分的生产资料，农业上的收入不能维持生活，大部都要兼事放排，聊补不足，农忙务农，农闲放排，各占一半，中农的土地比贫农多，生产工具也比较完备，一般可以保持自耕自食，勉强过上简朴生活，但田土多在山上，土壤贫瘠，缺乏水源，常受灾荒威胁，仍有半数中农兼事放排。上中农和富农也有一部分在务农之余，参加放排，以求生活更富裕些。

从瑶光诸寨的情况看，其农户约有一半以上都参加放排。这有两个原因：其一是，此地皆高山对河峙立，山多田少，被地主大量占有后，农民的田就更少了，而且多是缺水瘦田，三年两歉收，农民生活毫无保障，必须依靠扒排为生；其二是，放排生涯虽属艰险劳动，但放排工资高于务农所获，对于广大挣扎于饥饿线上的贫苦农民有很大的吸引力。

关于放排工资，在不同的时期不同的销售情况，不同的水势，都会因之而有所增减。如战争频繁，木材滞销，或遇水好便于放排，放排的工资就因之而有不同程度的降低；如商业兴盛，木材畅销，水枯难于运木，放排的工资就因之而有所提高。但在一般情况下，放排的工资大体如下表。

木材愈好，根数愈少，每挂花工（扎排）也愈少，所以放运大钱、两码者，工资略低。而放运分码、小钱者，工资略高。然而实际上，往往是多种规格的木材混合一起，一般取2.2~2.3元的中间数。

货币单位：银元、元

木材等级	每挂根数	每根运价	合 计
分 码	7~8	0.3	2.10~2.40
小 钱	6~7	0.35	2.18~2.45
中 钱	4~5	0.45	1.8~2.25
大 钱	3~4	0.55	1.65~2.20
两 码	2~3	0.7	1.40~2.10

木材从落里、孟彦顺乌下江至与清水江的汇合处，因河窄水流湍急，故只能放运一二两码子的挂子，一般人放一挂，技术最高的排伕可放两挂。汇清水江后，再撬排至三江，每排约有七八挂，技术高的可撬放十二挂的木排。从落里、孟彦至王寨，全程花三个工，每工可得工资八角。虽然排工们的技术各有高低，放运木材的数量各有多少，但是，由于是集体包工，盈亏共负，全部包价按人按日平摊，即令是包工头，也是不能多得的。反映出在民族地区，即商品经济有所发展之后，在劳动分配上仍保留着浓厚的原始平均主义色彩。

放排虽然工资较高，但排伕往返于城镇码头，花销也大。每次放排回家，所得收入已经剩余无几。过不了多少日子，又囊空如洗了。所以沿河一带流行着这样的谚语："篙子下水，老婆夸嘴；篙子上岸，老婆饿饭！""河里找钱，沙坝上用。"反映了排工们生活的贫苦状况。因此，一遇木材滞销，无排可放，排工们断了生活来源，就只有靠借高利贷过活了。所以排工中，绝大多数都遭受着高利贷剥削。

由于木材贸易兴衰无常，木材运输也就时有时无。排工离开扒排，生活就失去保障，只有另寻出路。出路之一是远至黎平、榕江的都柳江流域，旱运木材。属于清水江流域的排伕，至都柳江运木，只能从事旱运，不能从事水运。同样，都柳江流域的排伕，到清水江流域运木，也只有从事旱运，不能从事水运。林区有来自各地的运木旱伕，同寨或同一地的几十人或百把人住在一起集体劳动，在山上搭棚居住，故称为一棚。在1915年左右，上寨的姜思模率本寨及中寨的排伕约一二百人，远去榕江拉木。当时，黎平有大木商顾洪顺，在榕江买了一条溪的山林，去拉木的人有好几千，分住几十棚，各棚的包工头向顾洪顺承包拉木，须先订立包约，有的包拉数年，拉木数以万计。许多人常年居住深山，靠拉木养家糊口。又如在几十年以前，广西大木商曾义昌，在榕江买了一条溪的杉山，旱伕数千人参加拉木，有80多棚。当时瑶光去拉木的有100多人，整整在榕江拉了1年的木。因是灾荒年景，工资特低，年终归来，每人只剩有几元大洋。旱运木材须架箱抬木，是一种既艰苦又危险的劳动，旱伕们把它称作：上烙肩膀皮、下烙脚板皮。但是旱运工资比水运工资低得多，每天工资仅可买 8~10 斤谷子。排伕要是碰到木材贸易全面萧条，清水江流域和都柳江流域均木业衰落，既无水运又无旱运的时候，排伕即告失业，无以为生。被生活所迫，只好数十成群，远至敦寨、新化、隆里等农业生产比较发达的地区打短工，帮人干零工，如栽秧、薅秧、割草、薅茶山、割谷子等。每日工资除吃饭外，仅得谷子二三斤。

在乌下江、清水江放排，常有事故发生，排工们经常受到伤亡的威胁。排伕们这样来描述自己的放木生涯："放排是三面朝水，一面朝天，骑在青龙背上过日子！"乌下江的险滩最有名的是下汪，人们把它称作"水王"，滩长且曲，河床峋嶙乱石，滩水汹涌，浪花飞溅，一梢不准即有打崖（排触石崖）的危险。不精于放排的，至此都停梢不前，转请老排工代放。清水江上自瑶光放排至王寨，沿河屡经险滩，其中常出险情的凶滩，是张花寨和老东两处。张花寨下面的大滩，岩岸陡峭，突出锋棱，形状如钉，故称钉钉岩，回旋的滩水，漩涡如席卷，往往会把木排卷向钉钉岩，木排打岩，排工一坠滩中，即被漩涡卷入水底，极少有生还可能。老东的险滩分两口出水，一为沙口，一为洞口，水大出沙口，水小出洞口，排须放出必按此规律行事。唯其河水不大不小之时，难于辨认河水主流归向何口，如一旦放错，误入歧流，即易发生打岩事故。木材皆络绎连放，如前排打岩，即将出口堵塞，后排相继被阻，互相冲撞，损失更大。清水江上的三转滩、岩乱滩、浪江滩等涨水时的放排，也是很危险的。

根据中寨老排工们的回忆，目睹因打岩而死的排工，也是很多的：

1915 年，姜三保的父亲放排至张花寨大滩，漩涡将排卷向钉钉岩，排触岩石，人被淹死于滩中；

1920 年，龙贵远帮木商从落里放排至瑶光，排在中途打岩，人亦死亡；

1929 年，姜德林从落里放乌下江的木挂，过八里滩时，不幸打岩身死；

1938 年，姚培厚眼见从剑河放下来的几十张苗排，过老东险滩，前排打岩，堵塞了出口，相继而至的众木排堵在滩上，打成堆堆，结果撞死排工二人，受伤的人更多；

1939 年，中寨者有吉的父亲，在乌下江放运木挂，因打岩而死；

1943 年，中寨姜启求的父亲，放排下王寨，途经四里塘附近的滩上，排打当江岩，搁浅在江心，他下水推排，被木头拍入排底，当即淹死在河中；

1947 年，里寨老排工姜长兴的第三个儿子放排至江口因打岩而死；

同年，中寨姜长寿也在岩角湾因打岩身亡；

其他因打岩而死的还有中寨的姜宝庆、龙启林等等。

对于因放排而伤亡的排工，木商不负丝毫责任，也没有任何经济补偿。

排工们用生命和血汗向洪水险滩搏斗，换得的一点工资，还常被木商克扣。如遇洪水冲散木排，工人打捞，商人只供饭吃，不给工资；冲掉的木材，商人也要计码扣除工资。如不是发生大水打岩折木的情况，则以王寨售价在工资内扣去木价。势大的木商往往借口损失木材而大加克扣工人的工资。如 1946 年，中寨有 40 多人为王寨的身为官僚地主的木商王人杰包运一单木材，约有七八百根，耗时月余运抵王寨，因中途打岩折木五根，不过一两码子，王就借口不付工钱，并威胁排工说："你们不服，就去告状吧。你们不告我，我也要告你们，保管你们眉毛上生虱子（言坐牢久了，眉毛上也长虱子）！"排工们慑于他的淫威，只得怀着满腔愤恨，空手回家。

由于扒排是冒着生命的危险，工资又无保证，排工们产生了极度的厌恨情绪。1948 年中寨的周礼盛为贵州省交通部在落里、孟彦放运木排到王寨。他和姜官六一起放排至清水江的三转滩时，逢涨水，排打岩，两人掉入河中，泅水上岸后，犹系念着被冲走的排，姜官六

51

来不及穿上衣服，就赤身裸体地往下追，费了九牛二虎之力，才把木排抢救靠岸，不料当夜又涨水，终于把排冲走了。两人饿着肚子回家，倒贴沿途伙食，负债几十元。周礼盛寒心透顶，从此再不去扒排。又如姜光凡的父亲上悬崖割藤扎排，不料岩石滚下，打断了腿，险些丧命，他治好伤后，自此不再放排，还警告儿子姜光凡以勤于务农为上，不要去冒险扒排。

（二）排工的反抗斗争

放排工人因水急滩险，危险性大，工资很低，生活很苦，所以在历史上曾经多次进行反抗斗争。最早的斗争，可以追溯到乾隆年间和嘉庆年间。

有一块竖立在瑶光的石碑，刊刻了嘉庆七年（1802年）黎平府知府程的布告，少数字不清，兹将全文录后：

> 特授贵州黎平府正堂加五级记录十次又军功加五级记录五次程为晓谕事：职得黎平各处出产木植，民苗类以此为生，乃有沿河地棍藉木植经过，雇佚运放，昂取工价，或藉以冲坏桥梁、场坝为词，勒索银两；或溪河水发，木被冲散，任意捞取，重价勒赎；甚至将木客斧记削除，私行售卖，以至讦讼无休。尝经本府严禁在案。今据木贩龙万才、杨远光、黄顺利、杨万金俱控瑶光寨娄在寄等多索放排工价，擅设江规。本府正堂查讫瑶光以下一带河道，并无桥梁车坝，无从藉端勒索。向来木植运至该处，在该处雇佚转运。自乾隆四十二年排佚工价定章程：瑶光运至卦治每排取工价银四两八分；运至王寨每排取工价银五两六分；运至茅坪每排六两四分，较之四十一年以前每排加增银一分。施行二十余年，相安已久，现在并无加价之事。其在瑶光雇佚运排，向由木贩住歇之店家代雇，并不往该处头人之手，无从多索。诚恐章程不定，或有地棍把持勒诈，或有流民藉端煽惑，客主佚民讦讼，合行出示晓谕。为此示，仰瑶光及沿河民苗等知悉，嗣后木植到境，任其投店雇佚运放，排佚工价沿四十二年所定，不许分厘多索。如木贩有不雇该地人佚放排者，许该民等越辕票报。倘水涨漂散之木捞获，听从客贩认对斧记取回，量出捞木微资，不许勒赎多价，及削去斧记变卖。自示之后，倘敢仍沿前辙，一经访闻或被告发，即严拿到案，责无旁贷……

> 嘉庆七年六月初一日示

从文中可见，乾隆之前即有排佚工资的明确规定。因排佚对工资不满，起而斗争，始有乾隆四十二年为排佚增加工资之举。然因增资甚微，改善不了排佚生活，嘉庆年间斗争复起，这张黎平府的告示，目的就是镇压排佚们的反抗斗争。

光绪年间，在亮河两岸，以侗族为主的排佚又掀起了此起彼伏的反抗斗争。竖立于河畔的块块石碑，镂刻下了侗族人民的斗争历史。

在排佚拦河阻木，要求增加工资的斗争中，光绪十八年（1892年）天柱县同知出示云：

> 钦加同知衔特授镇远府天柱县正堂加三级记录十次曾，为晓谕严禁事：照得案据木商公顺永等，以违示掯勒，恳复旧章等情一案到县。据此，除批示外，合行示谕。为此，示仰商民排佚人等知悉：自示之后，应照黎平府邝、前县龙会定章程放行，均不准稍有增减掯勒，倘敢故违，许即票明，立既严惩不贷，各宜凛遵毋违，特示。右谕通知。

> 光绪十八年四月初三日

放排的侗族农民没有把政府公文放在眼里。光绪二十四年（1898年），彭守敏率领排伕要求增加工资，开展了更加激烈的斗争。黎平府出兵镇压，并发布告示：

> 钦加道衔赏戴花翎署黎平府正堂王，为出示严禁以安商贾事：案据木商周顺泉、左祥泰、薛德昌、关新昌，徐隆盛，唐鉴盛，刘德顺、陈德昌、左启泰等禀称：缘排伕彭守敏等积于茅坪、宰贡等处拦江闹事，以致三帮之安徽、临江、陕西、五勷之德山、开泰、天柱、黔阳、芷江等处客商，徘徊裹足，未敢遽行。尔行江于此，内帮各商虽遭其害，犹尚未烈，至若外帮之大冶、黄州、武汉、全苏等处之客，则不可言状。故蒙镇远府主出示严禁，抄粘呈阅，乃该彭守敏等仍敢肆闹，商等伏思彭守敏等皆天柱人民，据理伊当五勷之人乃不思何以辑睦同勷，竟胆敢于中坏事。商等若不恳请严行示禁，则上下河客路既遭阻滞，难免不另闹争端，不独国深受害无涯，即客商亦受害无底。为此禀乞作主，迅赏出示严禁施行等情到府。据此，除批示：彭守敏等聚众拦江估放，勒索水力，为害客商，业经本府通禀，请饬镇、柱严拿惩办，一俟奉批，即行移文。兹据称上下河客路阻滞，恐另起争端，准如所请，出示严禁，并早移马哨官极力弹压，抄示存查。此案前住本府通禀，并移镇远府天柱县仍照旧规办理，已示谕在案。乃该排伕彭守敏等复敢拦江霸放，聚众生事勒加水力钱文，实属目无法纪，似此扰害，商贾何堪！兹据该商等禀照前情，除业经移请宰贡马哨官弹压外，合当出示晓谕。为此，仰三江总理纲首及上下客商、主家排帮人等知悉：嗣后凡遇木植到江，务须仍照历来旧规，按定各帮应到地方接收，不能捃勒居奇。倘该排伕彭守敏等仍前拦江霸放，聚众生事，勒加水力，准即捆送来案，照例惩办，以儆习顽，该商等亦不得藉此多事，自干并究。其各禀遵毋违。特示！
>
> 右谕通知
>
> 　　实贴亮河晓谕
>
> 　　　　　　　　　　光绪二十四年八月二十二日示

暴力并没有把斗争扑灭，排伕们继续为增加工资进行着不屈不挠的斗争。政府慑于人民的强大力量，不得不作出让步，答应增加排伕们的工资。黎平府在光绪三十四年（1908年）颁发的一张告示，讲述了这一斗争的实况：

> 钦加在任候补道特授黎平府正堂卓异加一级记录十次王为：出示晓谕以杜争竞事。据茅坪、王寨、卦治总理龙道成、王先相、龙常化、王泽红，纲首文名彰、文蔚青、龙均茂等呈称：缘职等前以呈恳定章，永远遵照等情呈恳在案，荷蒙批示：请示定章，尤恐滞碍，务要三江总理纲首公禀，如是等固奉此，理宜遵批，趋赴恩辕面禀一切，无如农忙之时，未便分身。窝思职等地方，自国初以来，轮流当江，一切规模，不敢紊乱。堆放排水伕，近年以来，每每勒索加增伕价。排到未售，该伕等谁号谁放，不由行主自雇，恶极异常。或木植大小一百根撬成小排十挂、向章只用伕二名，今则加至六七名不等。如若另雇，先行号排之伕不惟阻止，动辄手执刀矛，两相争斗，殴打行凶，诚恐酿成巨祸。又恐迟延时日，水泛木流，商人受害。如由该伕勒索加伕，主家所获行用银两入不敷出，何有余资雇人在河下代客照料？是以三寨总理纲首等公用会议：不能论伕之名数，只能照排给钱。如内帮所买之木，每一挂由卦治放至茅坪，水力钱一百文，王寨放至茅坪，每挂给水力钱五十文；外帮所买之木，每挂由卦治放至天柱属之宰贡水力钱一

百三十文，王寨放至宰贡，每挂给钱六十五文；茅坪放至宰贡每挂给钱六十文。业经数月之久，遵议无异，亦无争斗等情。但该伕等乃系三寨农民，贤愚不等，议乃三寨公议，无祖无偏，而三寨排伕不致有伤和好。突于四月二十五、六等日，茅坪排夫齐集百余人，各执刀矛洋炮，在该处将卦治放下之木，概引截止，不准放行，希图加增伕价。而王寨卦治放排之伕，见势猛勇，任凭截阻，不与争斗。当经胡总办得知此情，恐生事端，又恐激成别变，即传三寨首人凭伕等面谕开导：由卦治放至茅坪每挂外加钱二十文，放宰贡外加钱二十文。该伕等彼时遵依无异，将所阻之木即日放行。职等窃恐贪心不足，日久生变，是以不揣冒昧，公恳赏准出示立案，永垂久远而杜后患，商民均感等情到府，并据胡委员来函亦大略相同。据此，除批示：放木力钱论挂不论伕最为公允。现既经三江公议俱禀，又经厘局传齐各纲首开导，代为定价。各木伕亦遵守无异，候即出示晓谕可也。挂发外，合行出示晓谕。为此，示仰三江行户、排伕、商民诸色人等一体如悉：自示之后，所有放木力钱，既已公议增价，务须遵照此公议章程，论排不论伕，照排给钱，该排伕等不得将木停止，另行�捐勒加增。商民，行户人等亦不得紊章短给，倘有故违定章，均予提究不贷。其各禀遵毋违。特示。

右谕通知。

光绪三十四年五月二十七日告示

锦屏县的以侗苗等族为主体的排伕经过持久艰苦的斗争，终于迫使政府、木商和行户同意为排伕增加了工资，在锦屏的历史上写下了光辉的一页。

六、关于捞取漂流木材及赎取问题

解放前，锦屏木材全赖江河之力进行运输。每值雨季，常有洪水暴涨，沿河积木被洪水漂流而下，沿岸居民争相捞取，每年都会频频出现捞木者与木主之间的矛盾，故政府对于捞木与赎木均有定规，关于这方面的规约早有颁行。目前我们找到的最早材料，是嘉庆七年（1802 年）黎平府布告中的记载："或溪河水发，木被冲散，任意捞取，重价勒赎；甚至将木客斧记削除，私行售卖，以至讦讼无休，尝经本府严禁在案。"该布告特别重申："倘水涨漂散之木捞获，听从客贩认对斧记取回，量出捞木微资，不许勒赎多价，及削去斧记变卖"。如若赎价过低，沿河居民必无心捞取；如若赎价过高，又会造成木商的过重损失。如何兼顾双方利益，政府当另有详细具体的规定，可惜当时的规章已经无从寻觅了。现在只能找到民国年间的有关赎木的规章条例。

民国 2 年（1913 年），总办三江木植统征弹压府黄、署理黎平府兼开泰县知事傅、署天柱县知事赵、总办瓮洞厘金兼弹压府上官呈议定赎木章程呈报省民政厅。贵州都督兼民政厅长唐批："据该员等公呈拟章程，尚属妥协，自应准于立案，仰即令饬该木商会刊碑勒石，永远遵行。"

刊刻于石碑上的章程内容是：

（1）满江洪水赎木价：在六丈以上者，依江内篾每两码给赎给二千文，五丈以上给赎钱一千六百文，四丈至三丈者照式递减。

（2）半江洪水赎木价：在六丈以上者，依江内篾每两码给赎线一千文，照式类推。

（3）满江洪水赎木期限半月，半江限十天。逾期不到，准捞户自由变卖，但连期水涨，碍难寻赎，亦不得拘此限期变卖。

以上各条，永远遵行，如敢违抗，一经控告或被查觉，定行提案，治以应得之罪。

中华民国二年十一月十五日

及至民国37年（1948年），锦屏、天柱、剑河三县的参议会，共同研讨制定了《清水江漂流木清赎办法》，报经三县政府同意后，作为政府布告，向三县各族人民公布施行，其全文如下：

锦屏剑河天柱县政府布告

案准

天柱剑河锦屏三县参议会函开：查清水江河狭水急，每年夏季山洪暴发，沿河两岸之木，多被漂流。在昔沿河居民捞获漂流木时，尚能守候木商前往清赎。年来人心愈趋愈坏，竟视漂流木为无主之物，或将捞获木偷卖他人，或锯断自用，或运山溪隐匿，或削原印而盖其印，或削原暗号而另刻新暗号，纵有少数畏法之徒，准予赎取，非争论赎价，即谓赎期已过，甚至演成讼累，种种情弊，实难尽述。本会等目击心伤，爰各推派代表杨昭焯、郑铸成、王子灵、龙德宣等齐集锦屏，议定清水江漂流木清赎办法，迭经本会筹审议通过，相应检同该项办法，函请公布实施，等因准此。查该项办法，既经三县参议会审议通过，自应照案执行，除函复外，令将清水江漂流木清赎办法，令仰清水江沿岸木商捞户一体遵办，切勿有违。

此布

清水江漂流木清赎办法

第一条　本会为维护漂流木之所有权，并防止捞户木商之纠纷起见，定本办法。

第二条　凡捞户捞获漂流木后，应即将木停泊附近水势缓和之处，赓即依照民法第八〇三条之规定，以捞获木数及其斧印暗号报告该地主管保甲长，并于捞获木上书明捞户姓名、住址及捞获木数，如三日内不履行以上两项手续者，所有人得认捞户有窃盗或侵占漂流木之意图，除将捞获木无偿收回外，并得诉请司法机关依窃盗或侵占罪处罚之。

第三条　凡捞户捞获漂流木后，而有下列之不法行为：①以捞获木就地偷卖与人，或赓续下运，意图偷卖远方者；②以捞获木运入山溪中或运岸上不易查（察）觉之地者；③削去所有人斧印或改所有人之暗号者；④擅将捞获木损坏者（如砍去木之尾部锯为数段者）。犯①②③④等项之所为，所有人先将捞获木无偿收回，并得诉请司法机关依窃盗或侵犯罪处罚之。犯④项之行为，除将捞获木无偿收回外，并得诉请司法机关责令捞户赔偿所有人损坏之价金，并依损坏罪处罚之。

第四条　漂流有印之木，所有人须持其斧印，交与捞户查对，符合后即予照赎。

第五条　漂流无印而有暗号之木，所有人事先须取得漂流木材地之乡镇保甲长以书

55

证明其木之暗号字样、木数多少、扯码若干，经捞户验明符合后，始准照赎。

第六条　漂流无印且无暗号之木，所有权已属无法证明，此项木材经捞户捞获后，得自用或卖与他人，无权过问。

第七条　漂流木之赎价，所有人应依照民法第八〇五条之规定，给予捞户木价总额十分之三作报酬。

第八条　前条木价总额，双方如有差异时，得请乡保甲长仲裁之，如所有人认为，仲裁价额过高时，得请捞户照仲裁价额补偿所有人十分之七之价金售其所占部分之木。如捞户认为仲裁价额过低时，得照仲裁价额补所有人十分之七之价金收买其所有部分之木。如捞户无力收买时，得将木码划分捞户占十分之三，所有人占十分之七。如木数过少，不能划分时，得将木卖与他人，所得价金捞户得十分之三，所有人占十分之七。

第九条　漂流木之取赎时期，所有人须于一个月内备款赎取（依据民法第八〇五条第一项之规定取赎期间为六个月，但木为水上之物，期间过长，不易保管，故减为一月），如过期不赎，认为所有人舍弃其主权，捞户得将木自用或卖与他人。

第十条　捞户捞获之木，在有效赎期内，如发生洪水，捞户确已尽其保管之责而木又漂流时，捞户不负赔偿之责。

第十一条　明知为有印有暗号之漂流木，其有效赎期又未届满，即向捞户收买者，经所有人查（察）觉后，得无偿收回其木，并得诉请司法机关依收授赃物罪处罚之。如收买者于收买后，即已将木损坏，所有人除将损坏之木无偿收回外，并得诉请司法机关依收受赃物及损坏罪并合处罚收买人及责其赔偿所有人所受损坏之木价。

第十二条　公务员或乡保甲长对于漂流木不依本办法调解，而向木商或捞户要求期约或收受贿赂致损坏木商或捞户之利益时，被损害人得诉请司法机关依贪污治罪法处罚之。

第十三条　漂流木在清水江流域各支流范围以内者，无论其木着岩成堆或干靠两岸，仍照旧惯例，由所有人雇侠造放各河，两岸之居民不得索要赎费。

第十四条　漂流木所有人除依本办法之合法手续清赎外，不得以暴力强赎或捏造事实诬告等情事。

第十五条　本办法如有未尽事宜，及窒碍难行之处时得由会提议修改之。

第十六条　本办法自经天柱、锦屏、剑河县政府公布之日实行。

中华民国 37 年　　　　月　　　　　　日

天柱县县长张宗枢

剑河县县长吴颂平

署锦屏县县长李紫珊

七、木材流通税（木植税）

政府在锦屏征收木植税或木植捐，始自清雍正年间，张广泗用兵黔东南，推行"改土归流"，在开辟苗疆六厅的同时，在三江设立弹压局征收木税。张广泗鉴于"改土归流"后，黔东南潜在着爆发各族人民反抗斗争的严重危机，出自筹措经费以资镇压斗争的动机，才把征收木税的财政机构，命名为富有鲜明政治色彩的"弹压局"。其后，这一机构名称亦有演变。乾隆时在天柱设立厘金局征收木税，清末在王寨、瓮洞设立厘金局，号称"天下第一关"。民国年间，以搜刮民脂民膏为能事的国民党各级政府，不断加重对木材交易征收木植税。据贵州省档案馆档案 62 全宗 9372 卷之记载：

> 锦屏之木业捐税，根据最近调查，计有下列七种：
>
> 1. 木牙税。此项木牙税，由锦屏县政府经收而转解财政厅，规定条木每百两实毛价抽收九角，筒子及段木每百两木价征收二元四角。
>
> 2. 地方教育木捐。由锦屏县教育经费委员会经收，规定条木每百两实毛价抽六角三分，筒子及段木每百两木价抽收二元。
>
> 3. 地方木捐。由县财务委员会经收，规定条木每百两实毛价约抽五角，筒子及段木每百两抽收二元九角。
>
> 4. 警捐。由县财务委员会经收，规定条木每百两实毛价抽一角二分，筒子及段木免收。
>
> 5. 商会木捐。规定条木每百两实毛价征收九分。
>
> 6. 木业工会捐。规定条木每百两实毛价征收三角。
>
> 7. 营业捐。规定抽收木价之千分之十。
>
> 以上各项捐税，均系由木行代收代纳，依照锦屏木行现行计价方法，实际等于全由山客负担也。

转引自《贵州近代经济史资料选辑》（上）第一卷 340~341 页

我们查阅了锦屏县公安局保存的国民党时期的档案里，还保留有一部分当年征收木植税的材料。

民国初年，政府是通过木行提取木植牙行税的。其办法是：锦屏行户按每两木价提取牙行费用一分五厘，而政府又从木植牙行费用中提取 40% 作为木植牙行税，即相当于木植交易税。根据民国 8 年（1919 年）8 月和 10 月征收木植牙行税的凭单附有说明如下：

关于 7715~8306 号凭单说明：

> 查据各该行户八月份报到正木毛价三十二万一千七百七十一两，以每两毛价应得一分五厘内提四成牙行税，黔币一千九百三十两六钱二分六厘。又据报到椿木、筒木、毛木实价二万七千六百八十四两，以该行每两实行应得四分内抽提四成牙行税黔币四百四十二两九钱四分四厘二，共抽获黔币二千三百七十三两五钱七分。一五折合纸洋三千五百六十两三钱五分五厘。

——摘自锦屏县公安局档案芬特号 2 目录号 2 卷号 321

又关于 8821～9221 号凭单说明：

八年九月份四成木植牙行税课已具文呈解在案。查十月份据各该户报到正木毛价二十三万五千八百一十六两，以该行每两木价应得一分五厘内抽提四成牙行税，黔币一千四百一十四两八钱九分六厘。又据报到椿、筒木实价一万二千六百五十二两，以该行每两应得四分内提抽四成牙行税黔币二百零二两四钱二分，共抽获黔币一千六百一十七两三钱一分六厘。一五折合纸洋二千四百二十五两九钱四分四厘，提一成办公外，余则解库。

——摘自锦屏县公安局档案芬特号 2 目录号 2 卷号 321

从上述材料看出，民国 8 年之前，木行提取木植牙行费用为木价的 1.5%，而政府从中提取的木植税为木价的 0.6%。

根据民国 9 年（1920 年）5 月至 8 月 4 个月的统计，征收木税计黔币 4012.2 元，按税率 0.6% 计算，这 4 个月的木材交易总额为黔币 66.87 万元。（参见锦屏县公安局档案前特号 2 目录号 2 卷号 200）

又据民国 10 年（1921 年）的税收统计，全年征收木税 4493.4 元（黔币），按税率 0.6% 计算，全年的木材交易额为 74.89 万元黔币（参见锦屏县公安局档案前特号 2 目录号 2 卷号 200）

至民国 28 年（1939 年），据档案材料统计，有木植地方捐为 0.24%。其具体记载是：

民国 28 年（1939 年）11 月 1—20 日，对条木 7163 根，桩木 146 根，毛木 1900 根，估价黔币 9971 元，锦屏县地方财务委员会征收木商地方捐 2.4%，商人纳捐款计黔币 239.9 元。

锦屏县商会造呈清水江支干流域各县地方非法征收通过税捐状况表

县别	征税地点	征收税捐机关	税捐名称	税捐率（‰）	所征货物名称	有无票照
天柱县属	瓮洞	天柱县第四区稽征处	营业税	5	百货、布匹	有
	瓮洞	瓮洞初级小学	经费	3	木业	有
	瓮洞	地方财务委员会	地方捐	5	木业	有
	瓮洞	第四区义勇大队部	护送费	木头每个头收 2.6 元，百货每船收 2～3 元（黔币）	木业、百货	有
	远口	第二区营业税稽征处	营业税	木业每个头收 3.5 元（黔币）	土产货物、木材	有
	垒处	垒处小学校	木捐	10	木业	有
	摆洞	摆洞、赤水两河木捐分局	木捐	10	木业	有
锦屏	瑶光	瑶光小学校	木捐	10	木业	有
	小江	小江初级小学校	木捐	5	木业	有

续表

县别	征税地点	征收税捐机关	税捐名称	税捐率（‰）	所征货物名称	有无票照
剑河县属	南加堡	县地方财务委员会	捐款	8	木业	有
	南孟	县财政局	经费	50	木业	有
	南烧	县财政局	经费	50	木业	有
	县城	县财政局	经费	50	木业	有
	八卦	县财政局	经费	50	木业	有
	南孟	柳霁高级小学	经费	小钱每株抽30文，中钱每株百文，大钱每株150文	木业	有
三穗	巴顺	抽收江费巴顺分局	江费	30	木业	有
台拱县属	巴拉河	巴拉河木植经费局	经费	30	木业	有
	施洞口		经费	10	木业	有
	展架		验费	每一株木抽五十文	木业	有
	南公		经费	30	木业	有
施秉麻江八寨	平兆	平兆木植征收所	经费	50	木业	有
	下司	下司保商事务所	经费	每一株木抽洋3分	木业	有
	铁厂	第四区公所	经费	每一株木抽洋3分	木业	有

从民国9年以后，清水江流域产木地区所在各县区纷纷设立关卡，自行征收木植通过税。情况愈演愈烈，木商与林农受苦不堪，成为阻碍木植商业发展的社会因素之一。大致在民国28年至29年期间，锦屏县商会曾经对清水江支干流域各县进行调查指出：

> 自民九后，清水江流域各县无不征收此种通过税，在山木价因而低落，买木商人必须以沿江税捐、运费及木价合并计算成本，盖木价过低，农人种之无利可图，故清水江一带地方业已演成有砍无栽之现象，二十年于兹矣！此项通过税若不通令撤销，将见驰名长江之黔南森林区旋变为童山濯濯之城矣！

根据调查，商会将情况列表说明如下：

对各处非法征收通过税，商会要求"严令制止，依法惩治"，于是在民国29年（1940年），锦屏县地方财务委员会拟定统一征收木税办法，经县长李繁昌批准即付诸施行，该统一征收木税办法的全文如下：

> 省府核定本县地方收入征收之木植捐率原系条木每百株征收国币二角二分五厘，桩木每百株征收国币三角，筒木、毛木各征收国币一角五分。如此办理已历多年，唯是历年收入不敷支出，与预算减少甚巨，地方支出无法维持。如就现在财、教两会以及各地学校征收之捐率而论，计财委会征收过属捐每条木百株征六角五分，桩、筒、毛木抽二

角；又征收保警费，按照木价每百元抽二角四分，教稽会按照木价每百元抽教育捐一元二角六分；瑶光学校每百株征收过属捐一元五角至二元；偶里、平略、稳江、同古、九寨、小江各校每株均收产场捐铜元五十文至一百文。似此名目繁多，捐率重复，自有整理之必要。况各地学校所收捐率既多任意增加，所收捐款未依法报核，实属于商有损，于公无济。兹呈请整理教育经费，为剔除积弊，简单手续起见，特拟定统一征收木捐办法，一方谋充实地方款项之收入，他方谋减轻木商负担之繁重，并便收支稽核，拟定办法实施数项：

（一）凡条木、桩木、筒木、枕木、毛木、枋板，不分大小均按其价值征收5%。

（二）查本年度岁入预算，木捐列为五千四百三十元，财教两会由元月份至四月底止，值此旺月共收二千一百三十七元五角一分，尚未能收足预算之数，益以各地学校之木捐，本县全年恐难达到七千元。但本年为木植好转之时，收入亦只此数。推其故实由于经收人之中饱与夫不肖木之走私有以致之。查本县木业最旺年度，其总价值额约为六十万元，照值百抽五，例则地方木捐可收三万元；木业平常年度，其总价值约三十万元，亦可收木捐一万五千元；木业滞销年度，其总值价额约十万元，亦可收五千元。惟于各种弊窦，必须加以严密防范，则对于上述预计之收入数，不难期其实现。如订一元以下之条木每百根抽四元，二元以上之条木每百根抽八元之例办理，则每根一元零几分，与每根两元抽以相等的木捐，其不平不公莫过于此。故本办法采取从价征捐之原则。

（三）前项木捐教育费占十分之六，财务费十分之三，留十分之一，留作补助费。

（四）前项木捐归卖方负担，由木行代为缴纳，不得涉及买客。

（五）木商应纳木捐，如有隐匿规避或以多报少者，查照征收营业税办法惩处。

签复：自二十九年八月一日起实行。

李繁昌

——摘自锦屏县公安局档案芬特号2目录号2卷号99

这个统一征收木税的办法，实质上就是为了增加地方财政收入，势必削减各校收入，增加木商的负担，虽说明文规定由卖方纳税，但税高则卖价亦高，买方也同样受损，故木商闻讯，纷纷呈词反对，以贵州木业公司筹备处为首的21个公司木号向县政府呈送报告说：

为呈恳体恤商艰，俯予收回增加木捐由：……查锦屏木业在昔每年出口额达银洋二百余万元。自民国十五年以来，受天（柱）、剑（河）等县苛捐复税之痛苦，木业日趋衰落。自七七抗战后，下游一带木材销路断绝，木业亏累不堪，复遇前年大水，将积存之木漂流殆尽。三江行商、山客、水客所受损失价值百余万元，均濒于破产。经农业改进所皮所长作琼前来视察，转呈中央及省府救济，并向各方宣传清水江产木情况，始于去冬渐有木商以外之资本组织公司、庄号于锦屏，使三江木业骤萌复兴之象。不料穗靖路征工兴筑，民众全体动员，商等正欲砍伐或搬运在途之木，立刻陷于停顿，因限于买卖约定期限，远道雇工伐运，而工价增加达二三倍之多，已亏累甚巨；不料穗靖路第四工程分段征桥梁木料，使已搬运下河之木，不敢下放任其鱼肉。乃祸不旋踵，康忠溪、乌下江先后山洪暴发，致滞运河下之木漂流数万株，损失在五万元以上。正苦无法挽救之时，忽奉增征木捐之命，商等不胜惶惑。适王参议先蔚奉命来锦视察，召集座谈会于县党部，三江绅商咸集于征询民财建教保各政之时，企以免除此项增缴木捐为请，除蒙代为转商钧府外，特披沥陈词，恳于收回成命，致教育经费……拟请将商会民国二十六年始行停征之落地百货捐恢复征收，移作教育之用，盖锦屏学校既为各行业共有，则教费一项应由各业共同负担。……

具呈人　贵州木业公司筹备处何郁延、王子灵等二十一个公司木号。

——摘自锦屏县公安局档案芬特号 2 目录号 2 卷号 99

省参议员王先蔚即锦屏侗族，与王子灵等商人及木行均有密切联系，自然应其所求，从中斡旋，但事关县财政根本之计，李繁昌县长终不作让步。又于民国 29 年（1940 年）7 月31 日，由李繁昌代表锦屏县政府明确批示：

……并非本职巧立名目，增加捐款，藉此搜刮，本职对教育整理，自问无负良知。兹以少数人之意思，而欲全盘推翻全县公议所决定之有利教育议案。揆诸情法，均有未合。在本职去留靡定，无关重要。此事稍一不慎，发生未来纠纷，该民等应负绝对责任，本职不再闻问。兹为整理本县教育计，所请收回成命之处，碍难照准。……查落地百货捐，在经省府明令取缔在案，何敢任意征收。

——摘自锦屏县公安局档案芬特号 2 目录号 2 卷号 99

从县长李繁昌的上述强硬措辞来看，木材业商界有贵州木业公司为后盾，除呈文反对之外，很可能在下面大造舆论，并通过省参议员王先蔚弹劾县政府"巧立名目，藉此搜刮"，所以李繁昌坚决表示当不当县长都"无关重要"决不照准，且告诫他们倘若发生纠纷，就要其负绝对责任。李繁昌重申落地百货捐早经取缔决不再征。这一点当然要得到木业以外的各行各业的支持。成衣职业工会理事曾荣昌、建筑业职业工会理事申伯麟，以及商民罗振祥等 76 个商号，分别呈文政府，抵制木业界关于恢复落地百货捐之请。其内容大同小异，兹以曾荣昌代表成衣行业的呈文为例：

查所有百货落地捐早经政府取缔在案。兹据各木商等拟将木植捐着免抽收，另请抽收百货落地捐以资补助。现在本市生计日高，百货昂贵，人民痛苦，不堪言状，以本会人民闻悉之下，纷纷请求转报恳请政府邀免，体念时艰，稍苏民困……职等恳请按照决议抽收木植捐，庶免加累人民痛苦。

处此对峙局势，锦屏木商再次群集呈词，要求更改税率，由贵州木业公司筹备处、王兴顺木号，以及锦屏木商王光灵等 169 人共同签名呈报县政府：

——摘自锦屏县公安局档案芬特号 2 目录号 2 卷号 99

呈为本县财委会拟定统一征收木捐捐率为值百抽五，与钧座所定照原有捐率统一征收之原则不符，应由计算错误所致，可否予以全部更正，或酌量核减之处，敬候是遵由：……惟于财委会所拟定之统一征收捐率为照价值百分之五，与原各捐率之总计相较，差异殊甚，不能不致疑焉。查此间木植原负捐率，其于城区征收者为照价百元征收教育捐一元二角六分，保警捐二角四分，另有财委会每木百株不分大小，附六角五分。

惟诸木之大小平均价值以计，每株约法币三元，是每百元被征二角。总计上列三项为每百元被征一元七角。其余外乡如瑶光、平略、稳洞、归叶、同古、偶里等地均各征有木捐，其捐率虽各有差异，然均按株计征，多者铜元七八十文，少者四五十文。至瑶光所征方式微有不同，乃按木之挂数与其大小为准，每木一挂属分码小码者征五分，中钱一角，大钱则一角五分。其每挂编组株数，属大者通常四至五株，若分（码）小（码）则为六株七株，按其平均价值以计捐率，约每百元征收五角。且出自甲地之木，乙为甲地征捐者，其即不再负担乙地、丙地捐款。其出自乙、丙地等者亦然。故木之于锦属外乡被征捐者，虽多至七八地，然以某一地征捐之后，任经何地何校，无复重征之弊，实则等于仅于一地征捐。今并城区外乡所有木捐而统一征收之，是只能以外乡任何一地之捐率加之于城区所有捐率，决不能以外乡各地所有捐率之总和量加入计算。外各地捐率最高者莫如瑶光，今以瑶光每百元抽五角之率加之于城区所有一元七角，则其统一征收税率为二元二角。今财委会拟为百分之五，相悬何故若是之甚耶？……况查木植为清水江唯一之大宗出口产品，关系沿岸居民之生计甚巨，故值木植贸易昌盛之年，则经济为之活跃；一旦停顿，其生活即呈艰难。锦屏百业之兴衰，几于纯视木贸以为转移。查锦屏木业在昔税捐低微，销额颇巨，年终交易达二百余万元，不幸自十五年内后，受天、剑苛捐之累，锦境又迭有增加，致其销量缩减，即最盛畅之年，至多不过百万，少则二三十万而已。……

——摘自锦屏县公安局档案芬特号2目录号2卷号99

以官僚资本企业贵州木业公司领衔，率领全县城的木商169人，再次向县政府力陈反对统一木税的办法，使县长李繁昌不可小视，于八月二十五日签署意见云："木捐征收标准经上次扩大会议议决，本县原无成见，仰复下次县政府扩大会议提付讨论。"

然而在提付讨论之前，对于统一木税的既定办法，李繁昌仍然坚持付诸施行。档案材料里保存着两张《贵州省锦屏县三十年度和三十一年度调整县地方税木植捐报告表》，兹录于后：

贵州省锦屏县三十年度调整县地方税木植捐报告表

捐税名称	木植捐	木植捐	木植捐	木植捐	木植捐	木植捐	合　计
课税物	杉　木	杉　木	杉　木	杉　木	杉　木	杉　木	
现时单位价格（元）	大杉木 3000/百株	中杉木 1000/百株	小杉木 400/百株	桩木 600/百株	筒木 400/百株	毛木 300/百株	
三十年度税率（元）	150	50	20	30	20	15	
百分比（%）	5	5	5	5	5	5	
三十年度税额（元）	2 480	3 720	2 480	1 240	1 488	992	12 400
二十九年度税额（元）	1 156	1 650	1 160	650	250	210	5 076
备　考				折断之杉木	每截长七尺	周径不满尺	

捐税名称	木植捐	木植捐	木植捐	木植捐	木植捐	木植捐	合　计
课税物	杉　木	杉　木	杉　木	杉　木	杉　木	杉　木	
现时单位价格（元）	大杉木5 000/百株	中杉木2 000/百株	小杉木1 000/百株	桩木1 500/百株	筒木1 800/百株	毛木1 800/百株	
三十一年度税率（元）	250	100	50	75	40	40	
百分比（%）	5	5	5	5	5	5	
三十一年度税额（元）	3 000	4 000	9 000	1 500	1 500	1 000	20 000
三十年度税额（元）	2 480	3 720	2 480	1 240	1 488	992	12 400
备　考				折断之杉木	每截长七尺	周径不满尺	

此表附说明云：

　　查本县木植捐照以往核定，计条木每百根征国币二角二分五厘，桩木每百根征国币三角，筒木、毛木各征国币一角五分。如此核定捐率多失平允。复查木植中以条木为最贵，而条木有分码、小钱、中钱、大钱之分，复有上中下三等之区别。以上等条木论，每根约值价一元至二元，小钱每根二元至三元，中钱（每根）三元至五元，大钱（每根）五元至二十元，两码则有数十元至数百元一根者，若不问大小，照普通每百根征收二角二分五厘之木捐，轻重太悬殊。桩木系断折杉木之称谓，并非其他特殊木植，其价仅及条木十分之五或三分之一，而每根捐率三角，反较条木捐率为重。毛木、筒木核定亦多未合，且各地学校及联保办公处自由征收是项木植捐，捐率既不一律，复纷扰不堪。所以本县木植捐有调整之必要。爰自去年七月份起，将各学校及联保办公处所收木植捐一律取消，综合各处所收捐率，援照剑河值百抽五成例，厘定为百分之五，不问条木、桩木、毛木、筒木以及根数之多少，一律照价征捐，由县府统一征收。例如木植价一百元，应征捐率为五元；一千元则为五十元。如此既可普及公平，复使征收手续简单，便商利民，谨此说明。（上表并说明均抄自原件，原件收存民研所）

除县政府征收地方税木植捐之外，省政府财政厅还规定计价征收千分之十的普通营业税，并加收战时增课营业税一倍。根据锦屏县公安局档案材料记载：

　　自行砍伐木植贩运省外者，自可照估计价值征收千分之十（原为千分之五）普通营业税，并照应纳普通营税额加收战时增课营业税一倍，至征收买方营业税……如系就地买卖者，就应该按商卖出数目（即售方营业总收入款）征收……木业公会方面如照千分之十加增课一倍征收，该公会决不接受……查锦屏商人刁狡奸诈，情形复杂，推进困难，似此情形，直同抗税。绝非由局派二、三职员可资应付。且以榕、锦相距过远，督饬不易，应将榕、锦两县分别划为两区。……据省政府的训令：1.……各木商及木业公司遵照纳税；2. 查贩卖木植营业税率原订章程，系千分之五，本年（1940年）元月修正章程，则改为千分之十，所有锦屏买卖木植营业商人，如系合于本府财税字9081号解释之一者，所有应缴营业税，自应照千分之十征收，再加战时增课营业税千分之十，共为千分之二十。

——摘自锦屏县公安局档案芬特号2目录号2卷号1

木植普通营业税由千分之五增加为千分之十，又加收战时增课营业税千分之十，比原定税率增加了三倍，致使木商们叫苦不迭，有的就设法抗税，在县公安局的档案材料中，有如下几段记载：

（1940年）第三季度普通营业税，因初查册内签注数较原额增加一倍，商民不愿缴纳，征收发生困难……

第三季度普通营业税，职奉文之日，即抄录原令函知商会，又录令布告限三日内派员持据收取。有何煦明、龙文正、李仁康、德庆恒等到处邀求。据云，因该商会呈财政部及省府财厅要求之文，尚未批下，必待批下，方能照缴等语。职答复不允所请，非于一二日收款不可……可见商号习狡，对于本省省府财厅尚不相信，言之可恨。

第七区局函锦屏县府：查移交木植临时营业税八十六元九角，未加战时增课一倍计征，而纳税商人已经他往，无从追收，……仍归贵府负责。

（上诸条均摘自锦屏县公安局档案前特号2目录号2卷号1）

八、木材价格与利润

一般人认为锦屏木业的特点是：本钱大，买价低，运缴大，利润高。以木商李万昌经营的一次木材为例。民国22年（1933年），李万昌在剑河南加乡购买青山砍伐，其木每株平均约有木码五钱，购价每株为银元1元，共砍伐1300余株，总计木码680余两，运到王寨每株合成本5元（包括买价、砍伐、陆地拖运、水上放运以及税款在内），两株合木码一两，每两成本为大洋10元左右（王寨市价为每两18元，则利润为每两8元左右，利润率高达80%左右）。此单木材的成本共折大洋6820元，运到茅坪木坞成排运销洪江，需付运费282元，撬排工资328元，大小缆索费1126元，修头、做篾、锯木等工资474元，木坞、包头费51元，雇排头工10名工资300元，解厢工五名工资75元，筏排工56名工资1200元，关税310元，沿途木坞、清椿、杂费共付50元，总付运缴杂费4196元，其成本共计11 016元。再揪成大排，直放陬市转运汉口。在整个运输途中，每两木码平均放运工资6元，需付4080元；每两缆索费2.16元，需付1468.8元；每两拖轮费2.03元，需付1380元；此段运程共支付费用6929.2元，其总成本为17 945.2元。在汉口出售，每两木价34.8元。全部木材按汉口"篾尺头"计算即出码25%，增为850两木码，共得价款29 580元，除按九五扣行用外，实得28 101元，共获利润10 156元，利润率高达56.59%。

抗日战争时期，货币贬值，米价上涨，青山木价下降，以泰丰木号收购青山价格，再折合成大米，具体情况如下页表。

年　份	1942 年			1943 年			1944 年			1945 年		
项　目	两　码	金额（元）	折米（斤）	两　码	金额（元）	折米（斤）	两　码	金额（元）	折米（斤）	两　码	金额（元）	折米（斤）
数　量	617	58 319		7 692	1 851 500		4 566	2 051 500		456	60 3900	
平均价格		94. 52		240. 7			449. 3			1318. 6		
			80			48			36			22

从上表看出，自 1942 年至 1945 年的 4 年时间里，以纸币计算，则木材上涨了 13 倍，若折合成米计算，则木材下降了 73%。

抗战胜利后，沿江各城镇的木材价格为：王寨每码子的木材单价最低的银元 7.8 元，最高的 20 元左右，一般的 10 元左右；陬溪一般木材单位为 40 多元；汉口一般木材单位为 100～110 元；南京一般木材单价为 130～140 元。

关于木商经营木业所获利润以及对运输工人的剥削程度，很难做出精确的计算。我们在这里仅调查一例，略加说明。

民国 29 年（1940 年），瑶光的姚培厚帮天柱木商运木至汉口出售。这批木材计 105 两码子。木材产地有剑河、黎平、锦屏，为了计算方便，把这批木材完全作为在锦屏大加购买的，其购买、运输、销售情况如下：

这批木材属中等，大约 4 根 1 两码子，总计 105 两码子，计有 420 根。

山价每根 0.5 元，合计山价 210 元；

砍价每根 1.5 角，合计砍价 630 元；

木材距河边的陆地运程较远，每根旱运需工两个，以每工 0.6 元计算，则每根合运费 1.2 元，总计运费 504 元；

水运木材从大加至落里，运价每根为 0.5 元，合计运价 210 元；

从罗里至王寨，每两码子木材的运费为 2 元，合计运费 210 元；

从王寨运至汉口合为一段总运程计算，一般的运木包价为每两码子木材 20 元。但这次途中连遭风险，两次拆排重扎，误时耗工较多，最后计算运价，高于原价，即每两码子木材的运费合 27 元，全部运费为 2835 元。

售木时适逢木材价格下跌，木材不易脱手，几经周折，才销售完毕。比一般情况下的单价低，即一般情况每两码子 70 元，这次却只卖了 50 元。105 两码子加上出码数量，大约折合 140 两码子，全部售价 7000 元。

总售额中扣除山价、砍价和诸段运费，则获利 2968 元。大约为其全部投资额的 1.38 倍。

但是，这次木商所获的利润，决不能代表一般的情况。第一，因遭风险，运费比原定工资有所增加，即从每码 20 元，上升为 27 元；第二，正逢木材下跌，且人地生疏而被压价，单价从 70 元下降到 50 元，如果不遭受此意外情况，正常条件下，则木商获得的利润更高，对工人的剥削更重。

若按每两码子运费 20 元计，则王寨至汉口的运费为 2100 元。若按每两码子售价 70 元计，则木材的总售价为9800元。而木商所获利润，则将增至6503元。因此，木商所得利润为其全部投资3297元的两倍。而木商对工人的剥削量，占工人所创造的全部价值的68%。

在木材销售过程中，围木计码，逐地增值，木商从中获利很大。其主要方法是计算"篾尺头"各地不同。廖耀南同志以其解放前经营木商的亲历提供情况云：据一般经验，1000株杉木中圆周长度1尺到1尺4寸者，约为65%，依照计量标准，在此限度内圆周长度增长5分加码子5分，则围量这650株杉木时，篾头每短5分即增加码子3两2钱5分。1尺4寸5分到1尺5寸者约为25.5%，依照计量标准，在此限度内，圆周增长5分加码子1分，则围量这255株杉木时，篾头每短5分，即增加码子2两5钱5分；1尺5寸5分到1尺8寸者约为8%，在此限度内，圆周增长5分，加码子1分5厘，则围量达80株杉木时，篾头每短5分，则增加码子1两2钱；1尺8寸5分到2尺5寸者约为1%，在此限度内，圆周增长5分，加码子2分5厘，则围量这10株杉木时，篾头每短五分加码子2钱5分；2尺5寸5分到3尺者约为0.5%，在此限度内，圆周增长5分，加码子5分，则围量这5株杉木时，篾头每短5分，即增加码子2钱5分。总计1000株杉木，在围量时篾头每短5分，即增加码子7两5钱，平均每株增加码子7.5厘。围量起点的计算大有文章。杉木的圆周长度自树兜以上愈高愈短，据一般经验，自树兜每上量5寸，则减短圆周2分；反之，自树梢而下，每下量5寸，即增长圆周2分。依照上述标准按平均每株每增长圆周长度5分加码子7厘5分计算，则每株增加码子3厘，1000株杉木共增加3两。依照上述标准计算，1000株杉木在产地出售，只有码子90两；运至锦屏出售则有100两零5钱；运至靖县出售，则有码子106两5钱；运至洪江出售，则有码子124两5钱；运至陬溪出售，则有码子135两；运至汉口出售，则有码子139两；运至南京出售，则有码子139两5钱。不计产销差价，单是折算码子，若至南京出售，则无条件地获利40%左右。

锦屏地区的社会生产，历史上就以林业生产为主，在商品经济发展的领域里也以木材商品为主。由于法币不断贬值，其反映价值的价格无较稳定的常值。根据今锦屏县财政局李同志对1930年至1936年间关于大米、元条木、桐籽、五倍子等几个主要产品的比值，统计下表所示。

1930—1936年及1951年大米、元条木、桐籽、五倍子的价格比较

年份\价格	每百市斤大米折合银元	每百市斤元条木折合银元	每百市斤桐籽折合银元	每百市斤五倍子折合银元
1930年	4.057元	9.570元	4.830元	21.305元
1931年	2.821元	10.226元	4.533元	19.714元
1932年	2.397元	10.396元	3.152元	17.797元
1933年	3.051元	10.302元	3.024元	17.457元
1934年	3.306元	9.691元	3.269元	14.620元
1935年	3.351元	9.087元	4.226元	14.333元
1936年	4.180元	10.198元	3.803元	14.000元
1951年	86700元（折合旧人民币）	209407元（折合旧人民币）	58600元（折合旧人民币）	168800元（折合旧人民币）

九、木材交易中的货币与期票

明代，以白银为本位的货币制度最终确立。货币的统一，推动了明至清前期商品经济大力发展和国民经济全面发展。"三帮"、"五勷"的商人群体，一旦发现盛产优质建材的清水江流域林区，大可牟利，便通过白银货币，把这边远民族地区作为他们牟利致富的"新大陆"。他们甚至不惜使用冲铅堕销的低潮银色对少数民族林农和山客进行疯狂掠夺，给林区人民造成重大的经济损失。

我们搜集到一张道光七年（1827年）七月十五日山客李荣魁等呈请政府禁革低潮银的文稿抄件，是一则反映锦屏侗族地区货币经济史的宝贵文献资料，特将全文抄录于下：

> 具恳禀生员李荣魁、乐定帮，民石声尧、张荣魁、王安太、徐秀芳等，为恳赏示禁以除银弊以安商民事。情因生等清水河上通都匀，下达楚省，生等黎平、镇远、都匀三府地方，山多田少，赖蓄杉木以度民生，国朝雍正张巡宪校立归总木市在于黎属茅坪、王寨、卦治，三江值年，停客买卖，上下商贩及湖南委员采办皇木，均止该所，成规已久。下河客商分作三帮、五勷买木，三帮者即安徽、江西、陕西三省，五勷者系常德府、德山、河佛、洪江、托口。历来买木纹银九五折扣平用，九六比兑。近因人心不古，下河客商在东家借出资本足色实纹银，来至湖南德山、浦市、洪江、托口等处，将银倾铸冲铅堕销低潮银色，至平九三四兑账，欺哄上河山贩。山贩获此低潮，入山难买。至嘉庆年间，所使七八赆银色加价购买，上河愚苗只图获利，殊被暗枪。生等山贩相隔窎远，难于齐议，伊等得步更进，不唯常使七八赆银色，而平九三四兑，敢胆起利心相串。道光三四年来，更使不堪银色，仅五二三赆平比，止议九零一兑，银低平轻，有名无实。富者难纳官粮，贫者难买日食。目睹心伤。三江买卖不下数百万金生理，银色亏其大半，平轻少得十余万金，遭害匪轻。欲指客民告究，则三帮五勷不下千人，均用低潮一色，难以枚举。无奈山贩集议，惟有礼请示禁，例赴黎平呈请，何敢越扣，奈三江所停客商，概属他商客民，上年在前府禀禁，恶习难除，是以蚁生等于昨赴枉府主行辕禀明，蒙谕，叩恳随将低潮银色呈验，恳恩电阅，是否合情赏准，定立银色平比章程，赏示弹压，勒石永禁，三江主家不许低色毛银入江兑账，以除恶习，以安商民，则下游一带军民商苗子孙沾恩万代矣！为此恳乞大人阁前赏准作主，给示施行。

李荣魁等于七月十五日呈禀贵州巡抚，次日抚衙即批转黎平府云：

> 藩宪初批：查黎平府一带，买卖木植，历年已久，银木平色，必有一定章程，如客商人等，故意使用潮银，短扣平头，尔等山贩岂肯收受，不与争较，若以久行之旧章，一旦欲增色加平，客商亦未肯依，所禀是否属实，仰黎平府确切查明向年成规，秉公定断，总期贸易平允，两得其平，庶可行之久远，永绝讼端，文到限一月内具详，勿得偏处。原禀抄录并发。该生等即自赴黎平府听候查讯可也。

黎平府奉示查实之后，于道光七年（1827年）十一月出示布告云：

护理贵州黎平府候补州正堂加五级纪录七次严。为严禁行使低潮银色，轻平短兑，以照旧章而除积弊事：案奉布政使司祈批，据生员李荣魁等，具禀三江地方贩买木植客商，行用冲铅低潮银两，短扣平头一案。查商贾买卖，以银色之高下，定物价之多寡，原可听从其便，然以冲铅低潮等银，揽（掺）和行使，有干例禁。况轻平短兑，尤属不成交易。兹经本署府当堂讯断，查照十三年前署府成示定旧章详明，藩宪立案，合行出示谕禁。为此示。仰茅坪、王寨三江及沿河府县商贩人等知悉：嗣后买卖木植银两，其色总须九五以上其平，九六比兑，倘有仍使冲铅低潮银色，平用轻兑，一经查出，或被控告，定即照例究治。庶商民山贩，两得其平。自有一定章程，而讼端自息矣。各宜禀遵毋违，特示。

早在嘉庆年间（1796—1820年）之前，就有商人使用低潮银色，引起当地山客和林农的反对，所以嘉庆十三年（1808年）黎平府颁发章程，规定"买木纹银九五折扣平用，九六比兑"。然而时过境迁，木商旧性复萌，又不断以冲铅低潮银色充斥市场，而且变本加厉。由九三四兑发展为九〇一兑，由七八赶银色，降成五二三赶银色。使用冲铅低潮银色是一个普遍现象。三帮、五勷的上千商人，莫不弄虚作假，冲铅作弊，使黎平、镇远、都匀的各族人民均受其害。经过山客李荣魁等的积极活动，终于争得政府的支持，明令严禁。

这是一则研究黔东南少数民族地区商品货币经济的重要文献资料。早在清道光年间即已普遍使用白银的事实反映出木材商业已经相当繁荣。木商除了利用各地经济发展的不平衡，民族地区信息不灵，木材再无别的出路，而惯用贱买贵卖进行剥削外，还以冲铅堕销掺假的卑劣手段，降低银色和平比兑率。因含铅量增加，银色由九五成降至五二三成，因铅比银重，兑比率由九六比兑降至九〇一比兑，完全暴露了商业资本对少数民族商人和林农的欺诈和掠夺。

白银是重金属，对于长途贩运周期较长的木材商业，既运输不便，又易造成资金积压。于是在汉口和洪江的钱庄所发行的汉票和洪兑，便取代白银流通于清水江市场。下河木商到锦屏买木，一般都把现金存入汉口钱庄，领取"汉票"，至洪江后，再将汉票换成洪兑。也有运货至洪江卖成洪兑，至锦屏后主要使用洪兑购买木材。也有直接运货至锦屏进行以"搭货兑账"方式进行木材交易的，即在讲生意时商定搭几成货物。锦屏商人获得洪兑后，须以此向洪江进货，洪江商人又以汉票向武汉进货，形成了以兑票为简便形式的密切相连的商品流通环节。使用洪兑汉票，减少了现金解运的许多麻烦和风险，所以商人乐意使用。

商人最感兴趣的是利用洪兑和汉票进行投机牟利。其活动方式有下列几种：

甲：木商持洪兑、汉票至锦屏后，需换成现金与山客进行木材交易。商人只消按兑票面价值的91%～95%付款即可，故转手之间，获利5%～9%。

乙：锦屏商人可以整进零付的方式或先进后付的赊购方式购进汉票、洪兑，以此方式购进兑票时，要给木商加价一二成。对木商来说，采购木植需在锦屏停留一段时间，先从交相的高利贷剥削获取利益，对锦屏商人来说，则趁机扩充资金，到洪江进货，待销售赚钱后，再结清洪兑汉票的欠债。这样一来，锦屏的商人可以从无本到有本，从小本到大本，扩大了商品经营范围，促进了商业的发展。这种方式在1920年以前较为流行，如史恒如就是依靠赊销洪兑汉票经商，发展成拥有几十万元资本的大商人的。以后，一般与行户有关系的商人，也高价收贸兑票，采办货物。一方面，木商转账给林农或山客，到商号支付；一方面，商号故意拖延，逼迫以货物抵账。既推销商品，又抬高价格，林农无法处理手中货物，只好压价转卖给商人，以换取现金。这种对林农和小木商的巧取豪夺，群众称之为"剥皮兑"。

丙：还有另一种"剥皮税"，即木商与汉口商号建立关系，打着商号的招牌发放兑票，规定兑现期限，以较高的比例数额支付兑票。实际是发出空头兑票买木，所定期限，恰扣合为一次木材远途运销的期限，达到卖木后再支付现金的目的。这种定期兑票，表面上定价略低，具有较大的诱惑力，不少小商人和林农往往上当。最终还是奸商们买空获利。此类兑票在抗日战争胜利后最为流行。

民国时期钞票与硬币兼行，时兴时废，币制混乱。民国15年（1926年），锦屏市场通用的货币有袁头光洋、大清银币、湖北杂洋、四川汉字杂洋及新半块、云南新老板及新老半块、广东洋、江南洋、北洋龙板，还使用外币如墨西哥鹰洋、越南搬庄、澳洲花边等（辑自锦屏县公安局档案芬2目2卷37）。民国16年（1927年）全省发行"中行国币"，"以一半截销毁，一半盖章发行"，俗称"半截票"（摘自锦屏县公安局档案芬2目2卷309）。

民国24年（1935年），曾强制流通新滇纸币。据贵州绥靖公署通令：

> 为通令事，查云南富新滇银行所发行之新滇纸币，信用昭著。此次滇省部队奉令入黔剿匪，所携带该行新滇币在黔省内应一律收授使用，不得拒绝……
>
> 主任　薛岳
>
> 通令各区、局照布告周知
>
> 锦屏县县长　邱锦章
>
> 省府军部规定：此项钞票一元可兑新半元两枚，两张一元之钞可兑大洋一元，令商民一律行使。
>
> ——摘自锦屏县公安局档案芬特号2目录号2卷号28

因时值红军长征道经贵州，国民党调集军队围剿红军，皆使用农行钞票。国民党下令在黔省一律通行使用。贵州省政府训令锦屏县政府：

> 案奉军事委员会委员长行营济字55号训令开：案据中国农民银行呈称，"本行遵令于重庆、贵阳、长沙等地方筹设分行，业已派员前往积极筹备。在此期间已有中央剿匪军队，以及由陕入川之各师旅，多携本行钞卷，运途上列各地或其以外之各县份应用，诚恐当地民众未及周知，钞卷流通或有窒滞，拟请准予令行四川黔湘之省政府，发给布告，并通饬一体知照，凡本行钞卷流通所至之地，应一律收用。一面通电各军知照，以利流通"等情。据此，查此呈各节，应予照准，除指令并分行外，合行令仰该省政府发给布告，并通饬所属一体知照，凡该行钞卷流通所至之地应一律收用。再该行系由前豫、鄂、皖、赣四省农民银行更改今名，并仰转饬遵照，等因，奉此，除分令外，令行合仰该县长即便布告人民，一体遵照使用。此令。
>
> 民国二十四年五月三十日
>
> 主席　吴
>
> 仰各界民人一体遵照使用，切切此布。
>
> 县长　邱
>
> 摘自锦屏县公安局档案特芬号2
>
> 目录号2卷号28

民国 28 年（1939 年），锦屏县政府下令通用法币，禁用硬币。明文规定法币 1 元与银元一元等值，均折合铜元 6 千文，强迫人民将所有银元和铜元按比值限期兑换成法币，严禁硬币在市面使用。但一则由于法币最低票面为 1 元，无角分等辅币，故全用法币是不便的；再则法币已趋向贬值，如民国 29 年（1940 年）在王寨市场法币 1 元只换铜元 5 千文，茅坪市面换 4 千文，边沙换 2.5 千至 2.6 千文，固本及鳖鱼嘴换 2.1 千至 2.2 千文，人民是不信任法币的。（综合自锦屏县公安局档案芬特号 2 目录号 2 卷号 160 的有关资料）。

政府虽然严禁硬币，而硬币依然畅通；政府虽然强调法币，而法币却日益贬值不受人民信用。据《农业经济特殊问题调查》记载：

> 问题：法币低落，社会金融不能流通。
>
> 起因：清江、亮江两岸，贫民均以淘沙金为生，而淘金人皆爱吸收生洋及铜元，本县复以交通不便，杂币滥币充斥市面，人民因之更不信仰。
>
> 现状：生洋价值日涨，法币价值日益低落，现在生洋每元换法币 2.2 元，生洋换铜元每元可换 9 千，法币仅换 4 千。
>
> 影响：市面贸易，5 元 10 元法币日见其多，辅币铜元日见减少，恒见市面携 5 元法币不能换掉 1 元者；或而携 1 元之法币而不能兑换铜元及辅币者，行使颇感困难。
>
> 录策：呈请省政府派员组织合作社，请四行派员收买沙金以期统制。
>
> 摘自锦屏县公安局档案芬特号 2 目号 2 卷号 160。

十、民国时期经营木材贸易的主要商号

（一）华中木业股份有限公司湘黔桂边区第二采办处

民国 25 年（1936 年）赵一新任锦屏县县长。次年 7 月书呈建设厅并转省长薛岳，请派员组织木业公司：

> 案据华中木材公司湘黔桂边区第二采办处主任罗钜勋呈称，为呈报事，窃据勋等集资组设华中木材公司湘黔桂边区第二采办处。业经由华中公司呈请湖南省建设厅批准，转呈中央实验部登记发给执照，准予承办枕木电杆及整批木材，颁发图记开办在案，兹以铁道需材孔急，乃于湘黔桂边区组设第二采办处，钜经奉到驻邵采办总处五月一日委任书开："兹委任罗钜勋为湘黔桂边区第二采办处主任，并颁发图记一颗，文曰：华中木材有限股份公司湘黔桂边区第二采办处之图记，等因，奉此。……据此，查本省锦屏、黎平、剑河、天柱四县为产木名区，地接港边，河流直下，向为本省木业经营繁荣之所。现值湘黔铁道需用枕木，极为大宗，湘省组织公司采办，形成垄断，产区权利丧失，殊为可惜。拟恳由本省建设厅派员到锦组织地方木业公司，并由县政府协助办理，易于有成，俾产区权利，不致丧失，为外商所垄断。是否之处，理合具文呈请鉴核，指令只遵"。饬办下厅，查该公司名为湘黔桂边区第二采办处，内容如何不得而知。径以

经湘建与批准等情呈请出示保护，是否属实，亦未可信。本省锦屏、剑河一带实为产木名区，为谋木材调节及将来供给湘黔铁路枕木与一切建筑材料起见，似未便悉由外省商人任意采购，致滋垄断。该县长所请组设地方木业公司一节，尚属可行，一切手续亦自应遵照公司条例办理。至所需资本，是否饬由当地人民自由认定，抑或政府先认若干股以资倡导之处，本厅未敢擅专，望合益祈鉴核，提会讨论。

谨呈

主席薛（岳）

——摘自贵州省档案馆

农林 60 全宗 8564 卷

载《贵州近代经济史资料选集》

（上）第一卷第 337～338 页

（二）贵州木业公司

贵州木业公司是贵州企业公司设立于锦屏专事经营木材的分支机构。贵州企业公司是官僚资本在贵州的一个垄断组织，在其总资本中，中国、交通、农民三大银行的投资即占68%。1939 年贵州企业公司在锦屏建立贵州木业公司，该公司董事会附设在贵州企业公司内，由贵州企业公司董事、贵阳市市长何辑五（何应钦之弟）任董事长。木业公司拥有资本钞票 100 万元（比值略低于银元），名为官商合股，实则商股只有 3 万元，97% 是企业公司投资，谷正伦也入股金 1 万元。至 1943 年，重庆新华银行向贵州木业公司投资，约占公司总资额的 20%。1948 年，锦屏商股 9000 元退出公司，企业公司又补投资 9000 元。木业公司业务概由贵州企业公司主管并领导，木业公司的经营财务账目，须向公司呈送月报，每半年，即 6 月和 12 月则须呈送半年和全年报表，人事大权也集中于企业公司，经理、股长等职均由企业公司任命。从隶属关系、资本构成和人事安排等方面看，贵州木业公司具有官僚资本企业的性质。

贵州木业公司的人事几经变动。1940 年冬，贵州企业公司派黄治平、周黍园 2 人至锦屏进行筹备工作。次年春贵州木业公司正式成立。公司设经理、副经理各 1 人，下设业务股、总务股、技术股和会计股。第一任经理黄治平、副经理胡敬修。黄治平是湖南长沙人，经历不详。胡敬修原为农民银行职员会计师，精于会计，故在公司兼会计主任。业务股由周黍园负责，总务股由刘宿新负责（周、刘皆湖南人，官宦出身），技术股由周志昭负责，周曾在北京大学学农林技术。锦屏侗族王泽绶任业务股的管事，下属工作人员也多为锦屏天柱的侗族。有关木业买卖业务，统由王泽绶经营。1944 年木业公司裁减人员，公司留胡敬修任经理兼业务股长。蔡行达任会计主任，业务员王海平（侗族）任木坞管事，还留下胡行修、刘亭九、黄金德、黄美书看管公司财产。当时抗日烽火燃遍中国大地，木业停顿，故仅以少数人留守管理。1946 年，胡敬修、蔡行达、胡行修等辞职，新委任谭沛霖为经理（谭是交大教授、留美，获哥伦比亚大学博士），文宏祥（侗族）为副经理，周家翙为会计主任，刘理霖为会计员，王海平为业务股长，刘勖为总务股长，刘亭元等人为木坞管事。1947 年冬又增补文蔚锡、文蔚染为业务股副股长，黄孝、杨荣贵为会计员，从整个上中层职员的组成看，贵州企业公司主要是启用当地熟悉木业的侗族人士，以便乘抗日胜利后的形势，让木业公司东山再起。1948 年冬，公司又裁减人员，只留下经理潭沛霖，副经理文宏祥，业务股长王海平，会计股长周家翊，业务员王世毓，学徒龙本宣，以及厨工1人，共7人。

木业公司成立之初，寄希望于锦屏之商股，向公司投资的当地地方实力人物王子灵、王先南、王泽绶（上述诸人皆侗族）以及龙全盛、龙齐芝都是公司成员，业务活动及计划安排都尊重并采纳锦屏商股人士的意见，还把业务大权委于王泽绶，而王泽绶则利用职权大肆贪污，以饱私囊。他与王子灵、湖南商股代表刘勖相互勾结，偷砍公司在小江区域内的杉山四块，被公司发觉，对锦屏商股也就不再相信了。商股失宠，又见公司不景气，于是纷纷退股。

木业公司经营的主要项目是从事木材贸易。公司成立于抗日战争时期，正值锦屏木业受战争影响而陷于停顿状态。水客绝迹，本地木商也裹足不前，纵有将木材运至洪江、陬市等城镇，却销售无路，被堆存冻结于木坞码头。一向靠经营木业为生的三江人民，生活失去保障，陷入困境，占有山林的侗、苗等族人民，被迫出卖青山以维持生计。木业公司乘人之危，贱价收购木植。若按正确售价，一两码子木材可售大洋二十七八元，最低也要售十五六元。而公司的收购价则遽降至每两码子木材二三元。当时木业公司制订了一个木材收购计划，准备购买青山和平水木材各八万两码子。

贵州木业公司与过去各商帮经营木材贸易相比较，经营方法有所不同。除了同样向山客收购平水木材外，还彻底打破行规的限制，径直派人到各林区购买青山，待价伐卖。公司采购人员到林区后，始则提价收购，排挤作为山客的小木商。一经击败竞争对手之后，转以压价收购，故林农与山客均受其害。公司还对一些每况愈下的山客进行贷款，接受贷款的山客除按月付息外，凡木材运至三江者，必先卖给公司，通过借贷，将一批山客束缚在公司的经营范围之内。

木业公司收买青山的重点在乌下江流域的林区。此外在茅坪至三门塘，也收买有产量约五六千两码子的青山，其主要分布地区是：清浪对门的加里冲、大坝、小坝、钩刀弯、平度溪、大了溪、地冲溪、茅坪的高滩、黄哨山坡脚、马鞍山，宰贡的屋背，三门塘的屋背，以及亮江口、牛圈洞、平景等地。全部青山约2万两码子。

公司收购平水木材多于购买青山。收购木材的重点仍在乌下江流域，其次是县城附近。由于战争影响，木材完全失去销路，公司所收木材，一部分堆积于茅坪，一部分堆积于湖南托口，历五六年而日渐腐烂。直到抗日战争胜利后，于1946年将一批木材运至陬市售卖，由于木材腐朽较多，不易推销，只好低价出售。1947年将积存于茅坪的木材700余两码子运销汉口。1949年先运销1000两码子的木材于汉口后，当第二批木材运至汉口销售时，货至常德，则已解放大西南，只好将木材在常德出售，买进物资存放于洪江，后运回锦屏移交给人民政府。

贵州木业公司的另一个重要经营项目是兴办潘寨林场，虽然终以失败告终，但它毕竟是锦屏林业发展史上的第一个林场。

1941年，木业公司成立不久，即由周志昭负责设计和经办潘寨林场。

当时划定的林场范围是：东起岩板坡、江苏坳，西抵卦治村的下料秦亮坡，南至河，北至平盖梁、十二盘，从东到西约六华里，从南到北约1华里，地跨今卦治乡和三江镇。

林场占地：对门坡为群众开垦的荒地，被公司全部无偿占用；林场向卦治租用土地五百余亩，订立契约，租期29年。公司租用此土地10年之久，租金分文未付；只有四方山一幅荒地是向龙干才买的。林场有官僚企业为其后台，且公司又与锦屏地方势力沆瀣一气，大肆霸占民地，用以兴办林场。

林场有固定农工20多人，大部分是湖南人，只有5人为本地侗族。他们是吴大进、龙均焯、杨秀云、龙普开和龙宜之。农工分住两棚，每棚设工头1人，负责指挥生产，发放工资，仍须参加劳动。农工工资不等，除吃饭之外，月工资15～30元。如吴大进和龙均焯的月工资为24元。

林场大量雇用短工，一般有100多人，生产忙时，多至二三百人，几乎全是当地的侗族和苗族，只个别人是汉族，即多数是来自王寨、赤溪坪、潘寨的侗族，一部分是来自排洞的苗族。短工中，妇女占一半以上。林场不供给短工伙食，工资按日计算，每天工资五角。

林场主要经营经济作物，以植桐为主，种烟叶次之，还种有几百亩蓝靛。还计划种植油茶，由于公司经理周治平病故，人事变动，此计划终未实现。

林场生产的桐籽，因锦屏没有榨油作坊，只好装运至洪江销售原料。林场设有烤房3间，以烤制烟叶，运往湖南出售。

木业公司以其80％以上的资金购买青山和木材，而以百分之十几的资金兴办潘寨林场。公司因木材长年积压，资金不能周转，费用却要照常支付，形成坐吃山空的局面。抗日战争胜利后，虽然木材销路逐渐畅通，然木材历经堆积数年，优材已腐成劣货，售以低价后，也得不偿失。故公司存在10年，未尝有兴盛之日，愈到后来，亏损日增，更呈一蹶不振之势。至1949年，这个官僚企业也随着蒋家王朝的覆灭而宣告结束。

（三）华中木号

华中木号系韩文元创办。韩文元又名云涛，曾在国民党任补充兵第32补训练处处长兼四川乐山县警备司令、郑州绥靖公署副参谋长，解放前夕任川鄂边区绥靖公署副主任。其兄韩文焕是国民党四川省保安司令部司令。

早在北伐时期有天柱人杨永益追随王天培北伐，在军中任军需。王天培被杀后，他便拐余款逃离军队，经商于上海。致富后，于抗战时回到重庆。他与韩文元相处甚善，建议韩趁木价低廉到锦屏天柱收购青山，待时变卖牟利。韩同意，请杨托家乡可靠的人助其经营。杨永益即函托其弟杨永煜代办。于是在1931年华中木号就在天柱县远口乡开始购买青山。1942年至1945年间，便逐步向锦屏推进，以低价共买青山约45 000两码子，买平水木材约千余两码子。

自1941年至抗日战争胜利，华中木号的主要负责人是潘长裕。他是韩文元的部下，曾追随韩多年。业务的主要经办人是杨永煜。由于潘长裕乘机自肥，韩文元不放心，乃于1945年，派韩文泰任经理，潘文裕任副经理，韩文元的部下韩金科任会计。业务人员有罗廷标、龙咸满、龙耀桥。韩文泰照样中饱私囊，韩文元又于1948年冬另派其亲信老部下、中校副官主任周治军任华中木号经理，潘长裕与韩文泰任副经理，杨文煜仍然负责业务。周治军与潘长裕互不相容，矛盾激化，又打又闹，搞得乌烟瘴气。华中木号在国民党统治趋于彻底崩溃，内部矛盾重重的情势下，被迫于1948年停业。周治军临走时，执行韩文元的旨意，将存放于茅坪的400多两码子木材和30余块青山，托文宏祥代管。

文宏祥曾往乐山投靠韩文元，共处3年。韩考察文宏祥对他十分忠实，曾于1945年托其带黄金十五两回锦屏交与潘长裕。潘、文之间钩心斗角，文便于秋天返回重庆，在乐山一带经商，后回贵阳，接任贵州木业公司副经理之职。故1948年华中木号停业后，韩文元托其代管。

解放后，华中木号所余财产被人民政府作为官僚资本没收。据锦屏县人民委员会锦财字（56）第46号文件云：

卦治乡人民委员会：

查你乡龙立锦种于该支之杉山，龙立才种于小规料火焰田之杉山，文蔚根兑换武岗之杉山，均于解放前凭杨永煜卖与伪华中木号代理人潘长裕和兑换潘置菴一脚的二十四挑田，我会于九月四日派员前往了解查实潘得买与兑换之杉山均为属实。查该潘长裕所买之杉山，系代华中木号在锦进行青山收购，而华中木号是伪官僚资本家韩文焕（系省保安司令）、韩文元等弟兄出资在锦开设的木号。

据此情况，对潘长裕代官僚资本家（即伪华中木号）在你乡购买的上述三块杉山，依法应预没收，由政府管理，特此通知。

锦屏县人民委员会
1956年9月10日

（四）森大木号

森大木号是贵阳益强公司的分支机构。益强公司主要是民族资本家戴蕴珊、周绍阳的企业。森大木号于1942年设于锦屏，负责人为游芝升，以锦屏行户王亚恒为采办，大量收购青山和平水木材。益强公司资本大，营业范围广，在长江流域各大城市都设有庄号，行情信息灵通。因此，锦屏市场金融方面都与森大木号打交道。

（五）泰丰木号

汉口泰丰木号锦屏分号是安顺民族资本家帅灿章的庄号，于民国31年（1942年）成立。总负责人是姜勋，下属管理人员有杨永煜、茅坪人；龙秀海、平略人；王家清，天柱人。泰丰主要在锦屏天柱购买青山。收购青山时，在契约上曾使用过若干名姓。如彭光辉、胡克培、戴恂福、唐有德、张平谦、唐佐农、林福利等。

泰丰在收购青山时，主要是通过当地的地主和木商来开展业务。当时参与的地主有龙堪福、龙安昌、王先烈、杨兴国、李正炳、李正泽、龙灿章、杨平章、吴炳生、龙承仁、吴玉衡、龙敬卿、文蔚光、龙本德、龙康福，富农龙承德，以及木商王绘五、刘增藩、龙承飞、罗汉章、龙安桢。

关于泰丰购买青山的情况，从留存下来的账目中，记录着卖青山的山主、地名、数量、购买时间及砍伐时间，兹列表统计于后：

泰丰木号在锦屏收买杉山统计表

卖主	时间	地名	数量（码）	金额（法币：元）	单位（元）	伐售时间
杨秀芬等	1942.11	稳洞	120	4 984	40.67	1948
梁自材	1942.11	茅坪	22	1 849	84.05	
杨宏兴	1942.11	寨地	40	2 548	63.70	
王绘五	1942.12	王寨	30	3 280	109.33	
龙安祯	1942.12	茅坪	70	8 080	115.45	1947
锦屏县中	1942.12	茅坪	67	10 080	150.45	
欧良宣	1942.12	大腮	22	2 342	106.45	1948
龙常智	1942.12	茅坪	150	15 948	106.32	1948
龙常荣	1942.12	袍带溪（今属茅坪）	45	4 768	105.96	
龙安烈	1942.12	茅坪	10	798	79.80	
龙安骥	1942.12	茅坪	25	2 208	88.32	1948
龙常智	1942.12	茅坪	16	1 538	96.13	1948
潘宗炳	1943.1	天柱县清浪	56	8 380	149.64	
杨东林	1943.1	茅坪	200	12 592	62.96	1947
文起炤	1943.1	天柱县垒处	77	7 639	99.20	1949
杨明昌	1943.1	大腮	66	8 048	121.94	
龙芝林	1943.1	茅坪	30	1 798	59.93	
王绘五	1943.1	王寨	23	2 368	102.96	1948
许长寿	1943.1	王寨	80	8 280	103.50	1948
龙安华	1943.1	茅坪	16	1 348	84.25	
杨天银	1943.3	瓦厂	30	3 288	109.60	
龙志懋	1943.3	茅坪	65	12 698	195.35	
张德海	1943.3	大腮	52	7 818	150.35	

卖 主	时 间	地 名	数量（码）	金额（法币：元）	单位（元）	伐售时间
许长寿	1943.3	归腮（今属三江镇）	34	3 488	102.59	
许长寿	1943.4	寨 地	42	6 558	156.44	
龙乾彬	1943.4	小 江	44	7 488	170.18	
龙作砺	1943.4	小 江	75	17 008	226.78	
欧良培	1943.4	大 腮	15	2 248	149.87	
龙常智龙耀贵	1943.4	茅 坪	80	28 880	298.50	1947
姚俊杰	1943.5	平金（属茅坪镇）	30	3 780	126.00	
杨龙氏	1943.5	小 江	14	2 108	150.57	1948
许通焕	1943.5	银洞（属茅坪镇）	70	14 928	213.26	
龙济芝	1943.5	茅 坪	12	2 280	190	
伍永泰	1943.5	雄 干	50	7 508	150.16	1948
龙蔚煊等	1943.5	卦 治	42	8 630	205.48	
龙立德	1943.6	卦 治	63	3 280	52.06	
陶再金	1943.6	兴隆（属三江镇）	65	11 080	170.46	
段荣昌	1943.6	兴 隆	30	4 304	143.47	1947
永昌隆	1943.6	卦 治	42	8 630	205.48	
龙立和等	1943.6	卦 治	63	22 880	363.17	1948
文超炤	1943.6	大官滩（今属平略乡）	12	1 480	123.33	
龙承仁	1943.6	平 略	50	12 080	241.60	1948
龙彦辉等	1943.6	平 略	50	12 080	241.60	
文蔚光	1943.6	卦 治	25	5 628	225.12	1948
龙集勋	1943.6	卦 治	82	20 988	255.95	
龙承德	1943.6	平 略	20	1 408	70.40	1947
龙常仕	1943.6	天柱宰贡	120	28 998	241.65	
龙王衡	1943.6	平 略	60	5 780	96.33	1947
龙承仁	1943.6	平 略		3 288		1947
王天锡	1943.6	茅 坪	66	10 000	151.52	1947
龙光杰	1943.6	天柱县清浪	92	15 180	165.00	
龙德宣等	1943.7	彰 化	80	26 880	336.00	
刘中校等	1943.7	天柱县垒处	314	88 280	281.15	
王炳洲	1943.7	天柱县清浪	86	29 980	348.60	

续表

卖　主	时　间	地　　名	数量（码）	金额（法币：元）	单位（元）	伐售时间
杨兴国	1943.7	南　堆	28	7 608	271.71	1947
吴世咸等	1943.7	南堆（今属平略乡）	15	2 768	184.53	1947
李华赐等	1943.7	南　堆	共312	18 180	111.99	
彭仁禄等	1943.7	南　堆		5 880		
彭必显等	1943.7	南　堆		10 880		
王谢氏	1943.7	天柱县抱塘	20	5 180	259	
刘天钰等	1943.7	抱　塘	80	20 280	353.50	
吴三妹	1943.7	八洋（属平略乡）	25	7 480	299.20	
吴开邦	1943.7	八　泽	25	7 280	291.20	
吴开德	1943.7	八　洋	25	7 728	309.12	
龙承彩	1943.7	干　洞	46	2 963	149.63	1947
吴世咸等	1943.7	干　洞	与龙承彩共有合计46两码子	1 738		1947
龙灿章	1943.7	干　洞	与龙承彩、吴世咸等共有	2 182		1947
王先应等	1943.7	平　金	42	7 080	168.57	
龙康富等	1943.7	茅　坪	48	11 080	230.83	1948
龙本祥等	1943.8	平　略	20	5 080	254	1947
杨天国	1943.8	枫木冲（今属三江区大同乡）	43	13 088	304.37	
王枝密	1943.8	天柱县垒处	240	88 180	367.42	
吴家柱	1943.8	垒　处	55	18 980	345.09	
王泽修	1943.8	垒　处	100	26 480	264.80	
王承朵	1943.8	卦　治	140	31 280	223.43	
李华榜等	1943.8	南　堆		4 080		
李四妹等	1943.8	南　堆		5 880		
龙宜贵	1943.8	赤溪坪	56	19 528	348.71	1948
杨通明	1943.8	八　洋	80	8 980	112.25	
文起贡	1943.8	八　洋	120	14 008	116.73	
唐先哲	1943.8	大　同	100	38 080	380.80	1948
黄绍发	1943.8	茅　坪	15	4 280	285.33	
罗汉章等	1943.8	茅　坪	110	21 088	191.71	1948

卖主	时间	地名	数量（码）	金额（法币：元）	单位（元）	伐售时间
龙杨氏	1943.8	干洞		1 258		1947
龙景益等	1943.8	卦治	105	29 134	277.47	
龙立沛等	1943.8	卦治	64	18 280	285.63	
陶再金	1943.8	兴隆（属三江镇）	9	1 400	155.56	
许长寿	1943.8	枫木冲	25	8 080	323.20	
李正炳等	1943.9	南堆	6	1 380	27.60	1947
杨平章等	1943.9	卦治	50	15 880	317.60	1948
龙彦显	1943.9	八洋	33	4 280	129.70	
王镜秋	1943.9	枫木冲	25	8 128	325.12	
杨志高等	1943.9	八洋	14	2 808	200.57	1948
龙王衡等	1943.9	南堆	12	3 368	280.67	1947
文宏祥	1943.9	卦治	45	5 780	128.44	
黄金焕	1943.9	八洋	28	5 080	181.43	
姜永清等	1943.9	八洋	80	15 480	193.50	
王先泮	1943.9	八洋	50	5 080	101.60	
龙昭烈	1943.9	天柱县杨溪	160	72 008	450.05	
王志高	1943.9	平略	44	5 380	122.27	
杨天祥	1943.9	大同	40	19 080	477.00	
龙昭洛	1943.9	天柱	110	44 480	404.36	
李正炳等	1943.9	留纪（属平略乡）	45	8 948	198.84	
杨希广等	1943.10	大同	40	14 080	352.00	
龙九思	1943.10	茅坪	70	24 880	355.43	
罗正祥	1943.10	茅坪	20	7 280	364.00	
欧大盛	1943.10	天柱	54	10 880	201.48	
姚礼善	1943.10	蒋溪	65	15 680	241.63	
龙和翠	1943.10	茅坪	60	21 208	353.47	
杨廷榜等	1943.11	稳江	28	11 788	421.00	
李登志	1943.11	南堆	12	2 380	198.33	1947
杨通贡等	1943.11	大同	60	24 808	413.46	
莫承德	1943.11	排洞（今属三江镇）	50	26 480	529.60	
王龙氏	1943.11	平略	43	6 080	141.40	

续表

卖 主	时 间	地 名	数量（码）	金额（法币：元）	单位（元）	伐售时间
李相卿	1943.11	天柱杨豆溪	170	41 280	242.82	
邓先维	1943.11	茅 坪	130	66 880	514.46	
王承泽	1943.11	天 柱	24	4 580	190.83	
龙彦美	1943.11	平 略	50	14 288	285.76	1947
龙木德	1943.11	平 略	24	4 080	170.00	1947
杨学怀	1943.11	平 略	50	11 808	236.16	1948
龙敬卿等	1943.12	八 洋	198	28 480	143.84	
潘宇灿	1943.12	八 洋	66	11 176	169.38	1948
潘泳笙	1943.12	天柱宰贡	70	28 880	412.57	
王先平	1943.12	三江镇	32	5 580	174.38	
龙承飞	1943.12	干 洞	30	4 480	149.33	1947
张安民	1943.12	大 同	54	17 680	327.41	
李华赐	1943.12	南 堆	100	23 880	238.80	1947
刘绳斌	1943.12	天 柱	52	22 280	428.46	
龙承德等	1943.12	干 洞	12	1 880	156.67	
王天锡	1943.12	瑶 光	1000	200 000	200.00	
王先烈	1943.12	茅 坪	23	7 280	316.52	1947
刘天钰	1944.1	天 柱	128	12 280	95.94	
王泽修	1944.1	天 柱	145	21 080	145.38	
龙安昌	1944.1	茅 坪	24	8 480	353.33	1947
龙云贵	1944.1	卦 治	35	10 680	305.14	
王绘五等	1944.1	大 同	51	18 800	368.63	1948
王泽岭	1944.1	天 柱	180	64 280	357.11	
龙敬卿	1944.1	平 略	31	3 280		1947
龙成飞	1944.1	平 略	87	13 800	158.62	
王天锡	1944.3	南包溪	1 000	300 000	300.00	
王天锡	1944.3	南包溪	1 000	350 000	350.00	
王天锡	1944.3	天柱清浪	800	300 000	375.00	1947
刘纯章	1944.9	天柱坌处	90	62 800	697.78	
王泽沛	1944.9	天柱坌处	158	86 280	546.08	
王泽樫	1944.9	天柱抱塘	60	34 800	580.00	

卖 主	时 间	地 名	数量（码）	金额（法币：元）	单位（元）	伐售时间
王泽谓	1944.9	天柱坌处	70	45 800	654.29	
王泽魁	1944.9	归腮	45	14 280	317.33	
王泽坤	1944.9	天柱三门塘	140	71 800	512.86	
吴家柱	1944.9	天柱抱塘	70	42 800	611.43	
潘德镒	1944.11	天柱坌处	70	39 800	568.57	
王泽修	1944.11	天柱坌处	80	40 800	510.00	
刘增标	1944.11	天柱坌处	25	11 080	443.20	
王泽铨	1944.11	天柱盘家田	84	40 800	485.71	
王声相	1944.11	天柱坌处	290	165 800	571.72	
王卜佐	1944.11	天柱坌处	70	35 900	769.29	
刘家明	1944.11	天柱坌处	104	67 680	650.77	
刘家明	1944.11	天柱坌处	150	71 280	475.20	
王正栋	1944.11	天柱坌处	与王卜佐共有	17 950		
刘纯章	1944.12	天柱坌处	65	32 000	492.30	
龙治根	1944.12	茅坪	110	56 680	515.27	
刘家珍	1945.1	天柱坌处	170	83 080	488.71	
龙常仕	1945.3	茅坪	90	90 080	1 000.89	1948
龙安荣	1945.5	茅坪	63	69 480	1 102.86	
王世芬	1945.5	天柱	13	20 480	1 575.38	
王志成	1945.7	枫木冲	18	29 080	1 615.56	
杨天祥	1945.7	枫木冲	12	23 540	1 961.67	
李完元	1945.7	袍带溪	15	34 800	2 320.00	

　　仅民国31年（1942年）11月和12月两月就在锦屏的稳洞、茅坪、寨地、王寨、大腮等地，购买了杨秀芬等12户人家的617码杉山，平均单价法币（下同）94.52元，合计58 319元。民国32年，又在锦屏的茅坪、大腮、王寨、瓦厂、归腮、寨地、小江、雄干、卦治、兴隆、大官滩、平略、彰化、南堆、八洋、干洞、平金、枫木冲、赤溪坪、大同、兴化、蒋溪、稳江、排洞、三江、瑶光及天柱的清浪、坌处、宰贡、抱塘、杨溪、杨豆溪等地，购买了潘宗炳、龙光杰等119户人家的7800码杉山，平均单价235.78元，合计1 839 072元。民国33年，除继续在锦屏的茅坪、卦治、大同、平略、南包溪、归腮等地外，主要在天柱的坌处、清浪、抱塘、三门塘、盘家田等地，购买了龙安昌、刘天钰等29户人家的5162码杉山，平均单价396.36元，合计2 046 010元。民国34年1至7月，又在两县一些地区继续购买了刘家珍、龙常仕等8户人家的445码杉山，平均单价1285.44元，

合计 572 020 元。4 年中泰丰购买青山的总数量为 14 024 两码子，共支付价款 4 515 421 元。如果把锦屏与天柱分县计算，则泰丰在锦屏县购买青山 132 块，折合木材 8348 两码子。付价款 3 028 376 元；在天柱县购买青山 37 块，折合木材 4670 两码子，约为在锦屏县购买青山数量的 56%。付价款 1 487 045 元，约为在锦屏县所付青山价款总数的 48.9%。上述史实说明，自明代至解放前夕，木商在清水江经营木业，始终是以锦屏为其商业活动中心。

泰丰在锦屏购买青山，主要集中在以锦屏县城为中心的沿河两岸的侗族地区或侗、苗杂居地区，而苗族地区则是比较少的。据对上表的核对，其青山所在地主要是在锦屏县的三江镇、三江区和平略区。如在三江区的小江、王寨、赤溪坪、归腮、大腮、瓦厂、兴隆、袍带溪、大同和平略区的南堆、留化等地收买的青山，即是侗族地区；在三江区的茅坪、平金、卦治、枫木冲、稳江、银洞、赛地和平略区的归遂溪、大官滩、平略、彰化等地收购的青山，即是侗、苗、汉杂居区；在三江区的排洞、平略区的八洋和启蒙区的瑶光等地收买的青山则是苗族地区。

根据上述材料，统计出泰丰历年收购青山的数量、支付山价金额和每两码子单价如下表：

年 份	数量单位（码）	金额单位（元）	平均单价单位（元）
1942	617	58 319	94.52
1943	7 800	1 839 072	235.78
1944	5 162	2 046 010	396.36
1945	445	572 020	1285.44
合 计	14 024	4 515 421	

泰丰在锦屏、天柱收购青山，前后共跨 4 个年度。开始的 1942 年仅年底两个月时间，最末的 1945 年仅前 7 个月时间，收购的青山数量均较少，前者为 617 两码子，后者仅有 445 两码子。这反映了泰丰在锦屏经营收购青山的起步阶段和尾声阶段的发展状况。而 1943 年和 1944 年正是泰丰收购青山的兴旺时期。1943 年共收购青山 7800 两码子，1944 年收购青山 5163 两码子，合计 12 962 两码子，占其收购青山总数量的 92.43%。两年收购青山共付价款 3 885 082 元，占其付青山价款总金额 4 515 421 元的 86%。

从上表中 4 年收购青山单价来看，呈逐年上升的趋势。1943 年 11 月和 12 月收购青山的平均每码木材价格为 94.5 元，1943 年的平均价格为 235.7 元，1944 年平均价格为 396.3 元，1945 年的平均价格为 1285.4 元，若以 1945 年的平均价格与前面各年相比较，则比 1944 年的平均价格增长了 2.24 倍，比 1943 年增长 4.45 倍，比 1942 年增长 12.6 倍，造成巨大差距的原因一是通货膨胀，货币不断贬值；二是抗战中期，木材销路中断，木材贸易停顿，青山价格剧跌，而 1945 年已临到胜利前夕，木材市场可望恢复，青山价格也就骤然回升。

但是，除了收购青山的年均单价悬殊很大之外，就是在一个月之内的差价也很明显，而且后低于前的逆差情况也比比皆是。以 1943 年 6 月为例，泰丰购买龙立德在卦治的青山折合 63 两码子的木材，单价为 52.06 元。而购买龙立和在卦治的青山单价却高达 363.17 元。在上一个月购买龙跃贵在茅坪的青山，也是高达 298.5 元。造成这类差价的原因又是依质论价的结果。杉木因其大、小、长、短不同，而区分为"分码"、"小钱"、"中钱"、"大钱"、"大七钱"和"两码"等6种规格。凡圆周长度1尺到1尺5寸、纵长度达3丈者为"分码"；凡圆周长度1尺5寸5分到1尺6寸5分，纵长度达3丈6尺者为"小钱"；凡圆周长度1尺7寸到2尺2寸，纵长度达4丈者为"中钱"；凡圆周长度2尺2寸5分到2尺6寸5分，纵长度达4丈6尺者为"大钱"；凡圆周长度2尺7寸到2尺9寸5分，纵长度达5丈2尺者为"大钱"；凡圆周长度3尺以上，纵长度达5丈6尺至6丈者为"两码"；若一株即有2两码子，纵长度又达6丈以上者为"双两码"。依等依质论价，逐次上升。若围长合格而纵长不达标者，则以"脚木"处理；此外，杉木还须树身壮实无空头，树身光润无空槽、火剪，自树梢5尺以下无节疤，树身笔直无弯曲，树蔸与树梢大小相称，不呈现蒜头形状及腐朽、破烂等。否则，即使纵长度达到规定标准，仍以脚木处理，价格锐减。

前面一直提到杉木以"码子"为计量单位，这里顺便交代清楚"码子"的计算方法。其主要方法是按圆周长度从1尺起依次递增：不足1尺者谓之"皮蒿"，价格极低；凡圆周1尺计为码子3分，以上每增长5分，加码子5厘，到1尺4寸为止（1尺4寸为码子7分）；凡圆周1尺4寸5分到1尺5寸计码子9分，每增长5分加码子1分；凡圆周5尺5寸5分到2尺5寸（2尺5寸者计码子5钱3分），每增长5分，加码子1分5厘；凡圆周2尺5寸5分到3尺（3尺者计码子1两零3分），每增长5分增加码子5分；凡圆周3尺零5分到3尺4寸（3尺4寸者计码子2两零3分，即双两码），每增长5分，加码子1钱；凡圆周3尺4寸5分以上者，因如此巨树，近代稀有，卖方不愿围量，必须按根议价，每株单价有高达千元以上者。

码子的计量工具是以篾制成，宽约1分，长约6尺，具体计量时，自产地至南京，各地的围量起点与折算码子的规定均各不相同：

产地卖平水：篾尺为1寸头，即圆周1尺1寸为1尺，围量起点为平"水眼"（即树头穿横木扎排的扎眼）以上9尺，按"九二"折计算码子，即100两码子只算92两。

锦屏：篾尺为7分头，即周围1尺零7分算1尺，平"水眼"以上8尺处围量，"九二"折计算码子；

靖县：篾尺为7分头，平"水眼"以上7尺处围量，"九二"折计码；

洪江：篾尺为5分头，即圆周1尺零6分算1尺，平水眼以上5尺处围量，按"九五"折计码；

陬溪：篾尺无头，即有1尺算1尺，平水眼以上5尺围量，按"九八"折计码；

汉口与南京：均篾尺无头，齐树蔸五尺以上处围量，其不同处是汉口按九九折计码，南京则按"九九·五"折计码。

总之，运销木材，愈往下游则计量计头愈少或无头，围量处距水眼愈近，而打折扣愈小，故对从事长途的水客愈有利。然因木材规格多样，计量复杂，迄今尚难将码子折合为今之立方米的计量单位。

第四编　魁胆侗寨解放前的林业生产和林农生活

一、林业生产与农业生产的关系

魁胆是一个100多户侗家聚居的山寨，位于锦屏县城之西南，相距16千米，处在清水江支流小江河的右侧，相距8千米。寨旁溪涧潺潺，梯田叠叠，周围苍山翠岭，绵延起伏。山为土山，历年叶烂草腐，土层深厚而富有机质，土壤湿润而肥沃。气候温和（年平均温度15℃），雨量充沛（年平均降水量1200毫米），适宜林木和农作物生长。勤劳智慧的侗族人民在这块美丽富饶的山区垦田种地，拓山造林，伐运杉木，在近两百年间，逐渐发展为农、林业结合的山区。

在生产发展过程中，林业生产虽然逐渐显示出比较重要的优势，但农业在整个社会生产中仍然居主导地位。

解放前，魁胆有住户141家543人，农业上以种水田为主，计有水田约400亩，平均每户占有水田2.8亩，平均每人0.74亩。养牛62头，平均每牛耕田6.5亩。犁耙等主要农具，凡中农以上者，家皆一套，在部分贫农中，亦有两家合备一套的。农民有挖板田泡水过冬的习惯，三犁两耙，放畜肥两次，平均亩产438斤。

魁胆山区水田的生产情况，与贵州少数民族居住的其他山区比较，耕作较为精细。这与下述情况有关：

首先，由于山高，坡陡，田少，无扩大水田面积之可能，相对而言，劳动力、肥料和生产工具较为充足，有条件耕作得精细些。同时，农民为了在有限的水田上，争取收获较多的粮食，以解决赖以生存的基本口粮，耕作比较认真细致。

其次，从阶级构成和租佃关系看，全寨只有1户破产地主，2户富农，共占田29亩，占全寨水田的7.6%。他们与贫下中农之间，极少租佃关系。田多自耕，农民不承受地租剥削，生产热情较高。这是农业生产搞得较好的重要原因。

再次，民族间的文化交流，促进了社会生产力的发展。"苗木"畅销沿江沿海一带，外省木商络绎而至，木材贸易盛极一时。这对邻省湖南的一些身受残酷剥削无以为生的农民产生了诱人的魅力。不少人溯江而上，迁居清水江畔，和苗、侗人民一起开山育林，以谋生计。在离魁胆不远的文斗寨，我们曾收集到一批清代乾隆至道光年间的林地租佃契约，一部分佃户就是新迁来的湘籍农民。他们一方面从苗侗人民那里学会了栽杉育林的生产技术，另一方面，也把先进的农业生产技术带到了清水江流域。

然而，田少人多，正常年景也不能保障温饱，魁胆侗族人民只得另辟途径，兼营林业生产，进行林粮间作，向山地索取粮食。

魁胆侗族林农经营林业的生产技术也是比较科学的。整个生产过程，大体包括下述诸环节：

开荒备地：春砍草木，烧灰作肥，四月垦地，种植小米。秋后翻地过冬，初春碎土整地，准备栽杉。

育苗栽树：深挖地，细碎土，整理苗床，春时播种。出苗后，勤锄草，追灰肥，匀去弱苗，留壮苗备用。栽树时，在山上沿等高线打窝，窝距6尺，苗身要直，复土要碎，松紧适度。距苗1尺的上端，竖一木桩，作为标志，并防止下坠土石损伤幼苗。

林粮间作：栽树后，于林地苗行间，间种包谷两季。注意行距，勿使包谷须根伸入杉苗窝内。中耕包谷，亦为杉苗松土，加复表土于根部。秋收包谷，将茎叶积于杉苗上侧，腐烂为肥。

抚育管理：苗长两岁，高四五尺，不宜种粮。第三四年里，四月锄草，七月松地，覆盖表土。此后幼苗郁闭，每年修枝一次，并薅除杂树野藤。

采伐运输：精心培植下，杉树十八年即可成材，名"十八杉"。伐后陆运至江岸，再水运往长江流域。魁胆农民是植树者，也是伐木工，又是陆运木材的"旱伕"。

在一个以农为主的封建社会里，魁胆山区的林业生产能发展到这般水平，在国内的其他林区也是不可多见的。这与下述条件有关：

（1）林粮间作，林农以获取粮食为目的。这是魁胆林业生产发展的前提。

据本寨人回忆，侗族祖先迁到魁胆开山拓土，繁衍生息，已历22代，约五六百年。魁胆寨旁，坡度较缓，土质肥沃，溪水川流，宜于农业生产，故被侗族先民选作定居之地。初时人口较少，以种田为生，后来人口增殖，口粮不敷，便开山拓土，种植杂粮。迄至两百年左右才开山造林，林粮间作。

受着自然经济支配的魁胆农民，由于林业生产周期性长，获利于木材是缓不济急。如果口粮不能解决，农民是无心从事林业生产的。何况当时政府只顾对农民敲骨吸髓，对经济地区农民所需口粮，根本不予过问。农民口粮不济，要发展林业生产，当然是不可能的。好在林粮间作，造林可获三年杂粮，加上杉树成材比一般林木少需大半时间，售林和运木都将给林农带来一些利益，聊补无米之炊，这在一定程度上提高了农民兼营林业生产的积极性。

（2）侗族人民的勤劳智慧和魁胆的良好自然条件相结合是林业生产发展的最基本因素。

如何缩短林木生产周期，是我国林业科学中的重要研究课题。然而，早在两百多年前，侗、苗人民以自己的高度智慧和丰富经验，在富丽的山区，培育成了"十八杉"，比一般林木的50年左右成材期，整整缩短了2/3。而且这种杉树并不因其生长快速而结构粗松，质地脆劣，相反，它坚而耐腐，韧而不脆，是世所珍贵的优质建材。它在市场上颇富竞争力，销路广，售量大，获利多，在一定程度上把农民的视线吸引到发展林业生产的轨道上来。

（3）在铁道和公路等现代运输业发展起来之前，清水江的水道运输为木材外销提供了客观条件。

世界上有不少蕴藏量丰富的原始森林，往往因无运输条件，长期沉眠在崇山峻岭间，不能给人类造福。假如没有横贯黔东南的清水江沟通长江大动脉，即使林海无垠，优质杉材也无法运销各地，林木的再生产和扩大再生产就无必要和可能。正是这条风光旖旎，秀丽如画的清水江，哺育了勤劳勇敢的侗、苗人民，孕育了两族的灿烂文化，当然也为发展清水江流域的林业生产和木材贸易作出了历史贡献。

二、林地的租佃关系和林农遭受的沉重剥削

和农业上租佃关系较少的情况比较，魁胆林地上的租佃关系则较普遍，且剥削沉重。由于本寨地主、富农占有山地不多，基本采取雇工自营的方式，很少出租，所以无地或少地的雇农与贫下中农，只有向寨外地主租种林地。建立租佃关系一般要有四年过程。头年佃户开山种小米，山上原有零星树木及副产品，均属地主所有。次年栽树。第三年育林，均间种包谷。连续三年所获杂粮归佃户所有。第四年幼林进入郁闭状态，不再间种粮食，主佃同薅，签订合同，确定杉树的分成，一般是主佃平分，也有主六佃四的。

延时签订合同，系地主为了勒索林农玩弄的花招。他们利用食不果腹的林农迫切要求租山种粮以资应急的心情，拖延至幼林郁闭后才签订合同，他们往往拒不执行主佃同薅的义务，强迫林农单独薅修，否则就不签订合同。有的地主则千方百计地不签订合同，为以后贱价强买青山或霸占林木作好准备。

关于解放前魁胆林地上的租佃关系，我们曾对 22 户农家进行抽样调查，各阶级占有林地、自种和租种山林以及出卖青山的情况，有如下表：

阶　　级	户　数（户）	造 林 块 数		卖青山块数（块）
		自栽（株）	佃栽（株）	
富　农	1	8		
中　农	2	9		
下中农	4	21	6	7
贫　农	12	42	45	43
雇　农	3		11	5
合　计	22	80	62	55

从上表的统计看出，雇农和贫下中农，因无田地或少田地，只有向地主租山造林。在营造的 142 块林地中，佃栽的 62 块，占造林总块数的 42%。在幼林成长期间，林农为饥寒所迫，往往贱价出卖青山。在上述统计中，出卖青山达 55 块，占造林总数的 40% 左右。然而这个数字远远不能反映实际情况，未出卖的青山，仅仅因为林农已获解放，生活有了保障，才把杉林保留下来。实际上，翻开魁胆解放前的林业史，雇农和贫下中农能将杉林保持到成材出售的，有如凤毛麟角。被迫出卖青山是林农无法逃脱的悲惨命运。

关于林地的地租率，即地主在单位面积的剥削量与林地单位面积产量的百分比，计算比较复杂，这是由于杉林生产的下述特点造成的：

（1）杉树成长时间长，最短需要 18 年。造林耗工主要集中在头 4 年，第 5 年后，只要稍加管理就行了。在这耗工量越来越少的阶段，杉树积材越来越多，所以林农出卖青山，受剥削特别重。

（2）在租佃关系发生后的头 3 年为林粮间作，林农付出的劳动，既是种植杉木，又是生产粮食。林农租山栽树旨在收获粮食维持生活，要想在杉树上取利，如系出卖青山，那是微乎其微的；如待成材出售，又缓不济急。地主出租林地，是为了从杉树上攫取暴利。他们不仅占有按合同规定分成的杉木，甚至还要强买或霸占佃户应得的青山。

根据上述特点，魁胆的林地地租率可以分作三种类型计算：

第一类：林农能待至长成"十八杉"后出卖的，为数极少。如贫农王清云于 1917 年，佃种山地一块，约 10 亩，主佃平分，得幼杉 600 株。1935 年售给商人王亚恒。

计算这类林地地租率的公式如下：

$$亩林地租率 = \frac{单位面积剥削量}{单位面积产量}$$

$$= \frac{18 杉 \times 0.5}{第一年小米 + 第二三年包谷 + 18 杉} \cdots\cdots 公式 \text{I}$$

第二类：佃林农为贫困所迫，低价出卖青山，极其普遍。此雇农王先朵 1922 年租山栽杉约 400 株，5 年后将均分所得部分卖给山主，得二吊小钱（约折合大洋半元）。10 多年后，山主再售给木商，得大洋 30 元，获利高达 60 倍。又如下中农王清福，向地主龙向甬租山造林 30 多年，计 20 多坡，约 20 000 余株，除解放后入社的 2000 多株外，均在解放前作青山卖掉。其中一块是 1920 年租种的，共有 1000 多株，13 年后，王清福将均分所得部分卖给富农彭永生，大洋 16 元。1948 年彭砍得木材 100 多两码子，运销锦屏，每两码子的木材售价大洋 25 元，共卖得大洋 2500 元，扣除水陆两段运费，牟利甚巨。

计算这类林地地租率的公式如下：

$$亩林地租率 = \frac{单位面积剥削量}{单位面积产量}$$

$$= \frac{18 杉 - 佃户卖青山价}{小米 + 包谷 + 18 杉} \cdots\cdots 公式 \text{II}$$

第三类：林农所种杉树全被山主强占，此类事例屡见不鲜。如贫农王先朵于 1920 年向地主租种三块林地，因不识字，未写合同，后被地主将杉林全部鲸吞。

计算这类林地地租率的公式如下：

$$亩林地租率 = \frac{单位面积剥削量}{单位面积产量}$$

$$= \frac{18 杉}{小米 + 包谷 + 18 杉} \cdots\cdots 公式 \text{III}$$

上述各类实例，未能全部包含计算林地租率所需之有关项目，不能付诸运算。为了运算方便，只能根据调查材料，按一般情况，对每亩林地产值估计如下，为了统一计量，均折合稻谷。

粮产量：第一年小米 100 斤，第二年包谷 120 斤，第三年包谷 100 斤，共计 320 斤。杂粮与稻谷价略等。

出卖青山 5 年杉折合稻谷 50 斤。卖青山价格起伏甚大。它与杉龄长短，运输难易，长势好坏，林农需钱缓急均有关系。

18 杉售价折合稻谷 500 斤。售价无衡值，以距河远近，拉木难易，质量好坏，供求量大小而悬殊。这里仅取一份：每元大洋 10 株，每亩 100 株，合计大洋 10 元，每元折合稻谷 50 斤。

杉树分成均以对分计算。

引用各类公式运算如下：

$$按公式 I，租率 = \frac{500 \times 0.5}{320 + 500} = \frac{250}{820} = 30.5\%$$

$$按公式 II，租率 = \frac{500 - 50}{320 + 500} = \frac{450}{820} = 56\%$$

$$按公式 III，租率 = \frac{500}{320 + 500} = \frac{500}{820} = 61\%$$

上面计算出的亩林地租率只能是近似值，一般租率为60%左右，它尚未完全揭示出林农身受的沉重剥削。在贵州，农民向地主租山拓土，因披荆斩棘，倍加艰苦，故约定俗成，开荒三年，不交地租。若以此为例，则第一类的租率应为50%，第三类的租率应为100%，第三类的租率应为：$\frac{18杉 - 佃户卖青山价}{18杉} = \frac{500 - 50}{500} = 90\%$ 同时，在整个木材贸易的流程中，山客（多是本地木商）将木材运至锦屏售与水客（多是外地木商），水客再运销长江沿岸诸城镇，售价愈来愈高，利润愈来愈大。在商人攫取的巨额利润中都包含着林农所创造的价值。

三、木材的旱运和"旱伕"遭受的沉重剥削

木材从产地用人力单根地运至河边，谓之旱运，从事旱运的劳动者，谓之"旱伕"。将木材撬排扎筏，沿江运往外地，谓之水运。从事水运的劳动者，谓之"水伕"。生长山区的魁胆林农，惯于爬山，不习水性，多从事旱运。

杉木修长硕大，短者三四丈，长者五六丈。旱伕们以原始运输工具，自崇山峻岭，越过悬崖险壑，踏着草丛荆棘，把它搬运到河边。他们的劳动是何等艰辛。

旱伕运木，根据不同地形，因势利导，采用了4种不同的运输形式。

（1）抬木。冈峦起伏，坎坷不平，多赖肩抬。杉木修长，不易转弯，须开辟路径。爬坡下岭，耗工最多，也最艰难。

（2）滑运。运程如是陡坡，便沿坡掘槽，成简易滑道，杉木顺槽滑下，颇为省力。

（3）漂运。山高谷深，常有溪涧沿谷而流，值春夏雨季，山洪暴涨，便可漂运单木，省力快速，旱伕常积木溪边，待水而放。溪水小时，也可分段筑堤，蓄水漂运。

（4）架箱。这是旱运中的一种重要形式，分平箱、陡箱和高箱三种。

架箱于平地者为平箱。狭谷中之窄长平地或干涸溪沟，宜于架设平箱。

架箱于陡坡者为陡箱。运木至陡坡处，如坡底为巉岩乱石，不宜滑运，便取架箱。先于坡上设立若干木架，架身由低渐次升高，以减小坡度。陡箱运木，趋势朝下，十分危险，易生事故。

架箱于两山之间者为高箱。运木如遇两山夹峙的沟壑阻隔，要将数以千百计的杉木放下拉上，徒耗人力，乃从沟底建立10多丈高的支架，架设高箱运木过沟。

所谓架箱，有如铁路，首尾相连的杉木两列，以6尺为距，平行铺设于路基或支架上，形似轨道。每距5尺，横置拳大细木，近乎枕木。在转弯处因木长而重，搬运困难，需增设木轨四、六、八列不等。每对杉木组成的箱面，叫做一板，长约3丈，每50板约有1里。

架箱短者一二里，长者一二十里。

拉木的工具简单，主要是木杠和钉牛。钉牛系一带环粗铁钉。环上系粗绳。将杉木直卧枕木中间，钉牛钉入树首，绳系于杠，两人负杠拖木，沿木轨行进。枕木涂有用木花泡水而成的润滑剂，减少摩擦力。架箱拉木比抬木倍加省力。

旱伕负重奔走于架箱的单木上，窄滑难行，非熟练者不能胜任。拉木系以接力式集体协作，第一组拉至百公尺左右，为第二组替换，依次更换，循序渐进。

旱运木材是如此的艰险繁重，必须强劳动力才能担任。所以旱伕都是 20～50 岁的体壮农民。包运木材，动辄成百上千，开路架箱，非集体劳动不能进行，所以旱伕运木都是数十乃至百人一伙。适应集体劳动形式的需要，产生了"包工头"。其职责是向木商承包运木，议价好坏，关系本伙旱伕的经济收入，须精明强干，公正而长于计划的人担任。魁胆的包工头，与旱伕同工同酬，无特殊权益。

关于木材旱运，1963 年，我们曾经对魁胆当时年满 35 岁以上的男子，逐个地调查统计了他们在 1945—1949 年间的拉木情况，有如下表：

阶　　级	人　　数		拉　木　时　间						
	总人数	旱伕	九个月以上	七至八个月	六个月	四至五个月	二至三个月	一个月	不足一月
富　　农	1	1							1
富裕中农	1	1					1		
中　　农	9	9			1	1	5	2	
下　中　农	28	27	1	1	7	10	7	1	
贫　　农	55	54	13	7	9	20	4	1	
雇　　农	6	5	5						
其　　他	1	1	1						
合　　计	101	98	20	8	17	31	17	4	1

上表表明，全寨 35 岁以上的男子共 101 人，参加拉木 98 人，占总人数的 97%。未拉木的 3 人，各有原因：彭永木是木匠，农闲从事手工业劳动；王海求是跛子，不能抬木；王岩朵身材矮小，体质孱弱，生性胆怯，不宜拉木。可见从事旱运木材是很普遍的，它与各阶级的经济生活有着不同程度的联系。

在参加拉木的 98 人中，按其阶级构成分析，有中农 9 人，占拉木总人数的 9%，下中农 27 人，占总人数的 28%，贫农 54 人，占总人数的 55%，雇农 5 人，占总人数的 5%。中农下中农、贫农、雇农合计 95 人，占拉木总人数的 97%。广大的劳苦农民是旱伕队伍的主力军。

旱伕因其阶级不同，拉木时间也各有差异。雇农 5 人，拉木皆在 9 个月以上；贫农 54 人，拉木半年以上者 29 人，占贫农拉木总人数的 53.7%，如加上拉木 4—5 个月的共 49 人，占贫农拉木总人数的 90.7%；中农拉木两个月者较多；富裕中农只拉木个把月；富农拉木则不足 1 月。各阶级参加拉木的时间，恰好与他们的阶级地位和生活状况成反比。阶级地位愈高，生活愈富裕，参加拉木的时间愈短；阶级地位愈低，生活愈贫困，参加拉木的时间愈长。雇农一无所有，须经年拉木，或给地主帮工，方能勉强维持最低生活。贫下中农有少量土地，处在半饥饿状态，须拉木半年左右，一家方可勉强糊口。中农比贫下中农田多，自耕自食，自给自足，拉木两个来月，权作人情送礼或生活上的零星开支。富裕中农的生活略有余裕，拉木个把月，无非为了多挣一点余钱剩米罢了。至于富农，肥田沃土，丰衣足食，对于这种又累又苦，危险性又大的劳动，是不屑染手的，不过是偶然拉几天而已。

旱伕运木，继续增加了木材的价值，木商从中牟取暴利，加重对旱伕剥削。如 1935 年，锦屏地主王亚恒，在魁胆溪买林农王云清的一块成材山林，约 600 株，大洋 10 元，伐运工资约大洋 100 元，运至河边后，共售价 360 元。按照下列公式，我们来计算一下木商对旱伕的剥削率：

$$木商对旱伕的剥削率 = \frac{木商取得的利润}{旱伕拉木创造的价值}$$

旱伕拉木创造的价值为旱运后木材售价减去山林售价，即 360 元 – 10 元 = 350 元（包含着林农创造的价值，为方便计算，乃合二为一）。

木商获利为木材售价减去山价和拉木工资，即 360 元 – 10 元 – 100 元 = 250 元。

$$故木商对旱伕的剥削率为 \frac{250}{350} = 71\%$$

拉木工资往往悬殊很大，不仅受木材贸易兴衰的影响，还因为包工头在承包时，对木材的大小，路程的远近，运输的难易，若估计出入，工资就随之升降。魁胆包工头王光富回忆他在解放前承包拉木的实践中，利弊情况都曾有过，总的说来是利少弊多。

1948 年，王光富在平井包运 100 多株杉木，距河约半里，估计每工拉 1 根。他约了 12 个旱伕，另寻捷径，每工拉木 3 根，提高工资 2 倍。

王光富在卦治弯包运 1000 多株杉木，议价时对翻山估计不足，工资比预计降了许多，4 次要求增加工资，均被木商拒绝，大家宁愿白干 10 多天，散伙了事。

王光富在平略向"亚恒"承包运木，协议时，"亚恒"以小木打样，待去运木时，已换成了从上游放下的大木，旱伕受骗吃亏，木商又拒绝增加工资，便纷纷散伙。"亚恒"老板诬告王光富破坏合同，把他抓去坐牢。

尤为悲惨的是旱伕的生命安全毫无保障。拉木沉重艰险，时有伤亡发生，商人地主是绝对不管旱伕死活的。1929 年 8 月，王世恩给地主文起蛟拉木，在格溪滚箱而死，文起蛟漠然视之，不给分文补助。故谚语云："钱在高岩，不苦不来。""养崽不要学，越重越加索。"挣扎在饥饿线上的林农，为了生存，不得不去从事在死神威胁下的拉木重活。那些拉木索子，象征着剥削者套在林农颈上的绳索，越来越多，越拉越紧，林农已经是再也透不过气来了。

四、从社会收入透视林农生活

魁胆侗族林农以坚忍不拔和吃苦耐劳的精神世代从事育林和拉木劳动。他们的血汗为每一棵杉木创造了价值。此价值一经在商品流通过程用货币形式表现出来的时候，绝大部分代表价值的钞票，都纷纷落入地主、商人以至买办资产阶级的手中。作为木材价值的创造者，却被他们敲骨吸髓般地剥削一空，永远是一贫如洗的农民。我们从整个侗寨社会收入所表示的数据上，可以揭示出林农生活贫困化的基本面貌。

魁胆的社会收入与社会生产相适应，主要是耕地、林地和拉木三项收入。魁胆农家还普遍从事手工纺织和饲养家禽家畜，有的还在山林里拾一点油桐、油茶或五倍子之类的林副产品，不过收入甚微。我们在计算社会收入时将其略去，无损实质，仍将正确反映出各阶级的基本经济情况。

现将魁胆侗寨解放前的耕地收入、林地收入和拉木收入列表统计于下：

单位：谷斤

项　　目	阶　级	地主	富农	中农	下中农	贫农	雇农	总收入	占总数（%）
耕地收入单位	产值	3 100	14 000	38 446	82 200	34 500	160	172 406	52
	占总数（%）	100	80	83	68	29	0.7		
林地收入单位	产值		3 244	2 942	10 936	28 623	6 336	52 081	16
	占总数（%）		19	6	9	28	24		
拉木收入单位	产值		200	5 184	28 225	56 078	16 200	105 887	32
	占总数（%）		1	11	23	47	71.3		
阶级收入小计	数额	3 100	17 444	46 572	121 361	119 201	22 696	330 374	100
	占总数（%）	100	100	100	100	100	100		

在魁胆的社会收入中，三项主要收入的比重为：耕地收入占52%，林地收入占16%，拉木收入占32%。以耕地收入居首，拉木收入次之，林地收入最少。

为什么魁胆林农造林多而收入少呢？林农栽杉育林为社会创造了大量社会财富，但是在地主残酷剥削下，林农为生活所迫，多以低价出卖幼林，故只见林农栽杉，不见林农卖木。个别林农偶有育林成材者，但山高路险，运输困难，须先投资，才能运往锦屏出售，此非林农力所能及者，最终仍然要出卖成材青山。由于买青山的多是外地的地主商人，利益几乎尽为所有，故魁胆的林地收入甚少。林地收入和拉木收入的总和占社会收入的48%，比耕地收入低了4%，说明魁胆以农业生产为主。

在整个社会收入中，虽则以农业收入为主，然而若以阶级而论，在各阶级的收入中，三项收入的比重又各有不同的情况。富农和中农的耕地收入，占其阶级收入的80%以上，说明他们占有土地较多，以从事农业生产为主。雇农和贫农的拉木收入，各占本阶级收入的47%和71%，说明他们占田少，甚至没有田地，以从事拉木为主。贫雇农靠拉木为生，拉木又非都有保证，木材贸易兴衰交迭，拉木随之增减无常。若运输梗阻，木材滞销，木商裹足，贸易萧条，贫雇农无木可拉，生活无着。往往浪迹他乡，佣工度日，过着牛马般生活。所以说贫雇农是农村中受压迫最深、生活最苦的阶级。

根据雇农和贫下中农的收入情况，看出他们的生活是很贫困的。以三项收入总计，下中农每人平均收入折合大米493斤，贫农每人平均收入折合大米257斤，雇农每人平均收入折合大米353斤。每人每年的衣食住行、疾病婚丧、交税纳粮，全仰赖于这三四百斤大米，往往弄得衣不蔽体，食不果腹，只有喝稀饭，吃芒巴，嚼野菜，过着半年糠菜半年粮的悲惨生活。

为了反映雇农和贫下中农的生活状况，我们作了一些典型户调查，计有雇农1户，贫农2户，下中农3户（见下页统计表）。

从表中6户典型户在6个不同年份的调查统计看，雇农和贫下中农是有一半年景入不敷出的。但这不能反映出他们生活贫困的深度和广度。因为统计年份都是木材贸易的正常年代，甚至是兴旺年代，他们的拉木收入是比较多的。然而在抗日战争时期，木材积压，贸易萧条，靠拉木为生的雇农和贫下中农，把钉牛杠子束置一隅，无木可拉，除了忍饥受冻，有的就不顾后果地求助于高利贷者。贫农王源流于1943年借下料地主龙保吉稻谷200斤，年利率百分之百。至1946年，本加利，利滚利，本利累积共1600斤。地主凶狠逼债，王源流无力偿付，只好典卖田产，偿清"阎王债"。表上所示的收支平衡或略有盈余，都是在农民勒紧裤带，紧缩开支，以菜代粮的艰苦生活基础上获得的较好表象。如雇农王先朵在1928年曾出现收支相对平衡，似乎还勉强过得去。但具体分析一下，他年度总收入为大米690斤，四口之家，每人平均还不到180斤大米，单吃饭也维持不了半年生活。怎么办？借债吗？太穷了，没有偿还能力。除了忍饥挨饿，最大限度地压缩开支外，便只有贱价出卖劳动力。王先朵的哥哥给地主当长工，一年除吃饭外，工钱13吊小钱，折合稻谷约150斤。其姐打猪草换米，或帮人春米混碗饭吃。王先朵除拉木外，靠做短工来养活妹妹。一家人就这样在饥饿线上挣扎。揭开这些数字上略显平衡的表象，却是一出人类劳动者严酷的悲剧！

五、阻碍林业生产发展的诸因素

魁胆有适宜发展林业生产的良好自然条件和水运之利，可谓得天独厚，又有勤劳而富于生产经验的侗族林农，这就为林业生产的发展创造了基本条件。历史上这些条件都曾经发挥过积极的作用，林业生产呈现出繁荣景象。然而在国民党统治时期，林业生产日益走向衰落，解放前林地收入在农家总收入中仅占16%。林业生产由盛转衰，原因何在？

第一，封建的生产关系成为林业生产发展的严重桎梏。

林农向地主租山栽树，被迫出卖青山，遭受的剥削率在60%以上。林农充当旱佚运木，历尽艰辛，遭受商人的削削率在70%以上。林农用血汗，甚至用生命换来的微薄收入，连维持生产者本身的再生产都不可能，哪有余力去进行林业上的再生产和扩大再生产呢？根据前面6户林农的调查，整个社会支出折合大米15 396斤，其中林农的生活支出折合大米13 020斤，占总支出的84%，生产支出折合大米1372斤，占总支出的8.9%。生产支出包括农、林、副的各项支出在内，而且以农业支出为主，相形见绌，林业生产支出简直是微不足道的，除简单铁制工具的更新外，几乎再没有别的物化劳动。这种生产力低的状况，反映出林业生产每况愈下的总趋势。

林业生产走向衰败的趋势，在下中农王清福的历史上演变得很清楚。王清福造林30余年，多将幼林出售，收入极少。他生平只卖过一次成材树木，他把数十棵杉木运到小江河边时，被恶霸龙文耀全部抢走。解放前几年，王清福在林业生产上濒临绝境，只好砍柴、烧炭以谋生计。他说："越到后来，越不想栽杉，栽杉养不活人呀！"

农家收支统计

年份	姓名	成分	人口（人）	收入（元）					支出（元）				收支比较
				林地	耕地	拉木	合计	每人平均	生产	生活	其他	合计	
1927	王实标	贫农	8	700	1 050	780	2 530	316	174	2 410		2 584	-54
1928	王先朵	雇农	4	36		654	690	164	55	635		690	平
1930	王石顺	下中农	5	120	1 652	928	2 700	540	343	1940	15	2 298	402
1933	王清福	下中农	6	1 556	288	864	2 708	451	390	2218	989	3 597	-897
1945	王必选	贫农	8	1 148	1 140	1 160	3 448	431	260	3 317		3 577	-126
1948	王清福	下中农	9	144		2 592	2 736	304	150	2 500		2 650	86
合计				3 704	4 130	6978	14 812	380	1 372	13 020	1 004	15 396	-58
比重（%）				25	29	46	100		8.9	84	7.1		

生产关系与生产力之间的矛盾反映在阶级关系上，表现为被剥削者与剥削者之间的阶级斗争。魁胆旱伕曾经对地主商人展开了无数次反抗。

1946年，旱伕给地主王泽茂拉木。运毕，王泽茂无端扣发工资，群情激愤，拥进王家，进行说理斗争。王泽茂迫于千夫所指，补发了工资。

1947年，旱伕给稳江地主杨秀清拉木。竣工后，杨秀清悍然拒发工资，旱伕们怒不可遏，手提木杠钉牛，冲进杨家，将钉牛钉在房柱上，质问杨秀清："你发不发工资，只要你说个'不'字，我们就把房子拉倒！"杨秀清见众怒难平，只好发放工资。

在此伏彼起的反抗斗争中，虽有一些斗争获得局部性胜利，但不能根本解决生产关系与生产力之间的尖锐矛盾。如果封建的剥削制度不改变，这种矛盾必然继续存在和发展，林业生产必将继续走向衰落，林农生活也要更加贫困和痛苦。

第二，占支配地位的自然经济阻碍着林业生产的发展。

商品经济的增长必将打破自然经济的壁垒，而自然经济的藩篱，也要阻碍商品经济的发展。栽植杉树并不是一种为了自给自用的产品，而是为了提供社会需要，为了出卖而生产的产品，属于商品生产范畴。但是作为商品的杉木，却不能给林农增加多少收入。如1949年魁胆出售木材总共380立方米，一半是寨外地主占有的山林，本寨树木都作青山出卖，实际收入很低，约可折合稻谷6326斤，占社会收入的2%。如此微小的收入，根本无助于解决林农生活，他们对于林业生产当然就没有兴趣了。

拉木虽然占社会收入的32%，但林农在通货膨胀的威胁下，加上拉木旨在解决口粮问题，工资多以谷米计算，货币关系较少，所以没有起到促进商品交换的作用。

适应林农收入少，生活水平低的状况，自给自足的自然经济居于支配地位。农业上自耕自食；纺织业上自纺自织，自染自用；蔬菜种于园圃，禽畜饲于屋侧。以松油柴照明，采自山上；用树枝作燃料，砍于林间。住宅以木建筑，杉皮盖顶，不用砖瓦铁钉。生产工具除购少量铁器外，其他尽由自制。在整个社会生活中，货币关系无足轻重，寨内没有专业商人。凡此一切，都保持着中国农村在封建社会里自给自足的俭朴生活面貌。魁胆林农尽其所有，尚难维持这种自给自足的简单生活，对于林业这样一种不能带来多少利益，且需历时很长方可见效的商品生产，自然漠然视之了。

第三，买办资本的垄断，官僚资本的掠夺，加重了对林农的剥削，阻碍了林业生产的发展。

1895年中日甲午战争之后，日本帝国主义加紧侵略中国。日本三菱三井财团通过汉口"街通衡"钱庄，豢养"花帮"等作为他们的买办势力，直接深入贵州的锦屏、天柱，垄断木材贸易，掠夺各族人民的财富。"花帮"采购木材的数量，最盛年分高达10万两码子左右，约占清水江流域木材销量的60％。在木材贸易繁荣的面纱之下，掩盖着林农因受地主、商人和官僚买办势力的层层剥削而越来越贫困的生活。

抗日战争期间，在锦屏经营木材贸易的有贵州木业公司、华中木号、森大木号和泰丰木号。前两者属官僚买办资本，以极其残暴的手段掠夺各族人民。贵州木业公司是贵州企业公司的分公司，它是在伪省主席吴鼎昌的主持下，由何应钦之弟、贵阳市市长何辑五兴办的官僚买办企业。日寇侵占华东、华中和中南地区之后，长江运输阻断，木材贸易停顿，在清水江畔，木材山积，在两岸林区，伐倒的杉树星罗棋布，皆无人问津。贵州木业公司乘机压价90％左右强买青山，收购木材，共计十余万两码子，大发国难财。不仅林农遭灾，连民族商业资本，也被其大鱼吃小鱼，肆意鲸吞。锦屏的林业生产和木材贸易惨遭浩劫。

第四，天灾频临，林农破产，林业生产随之衰落。

魁胆是一个侗族聚居的自然村寨，解放前有141户，历史上最多达200来户。重重叠叠的木房，错落在林木葱郁的山坡上。住宅系杉木作架，杉板为墙，杉皮盖顶。房屋之间，首尾相接，依次紧邻。年长月久，皮干木燥，极易酿成火灾。在解放前的几十年里，曾经发生过3次大火灾。1929年的大火灾，使全寨200来家化为灰烬。受灾农民或则携家挈眷，流落异乡，或则典田卖地，重建家园。灾后，魁胆从200来户减至100来户。1926年大旱灾，颗粒不收。魁胆本来就人穷财薄，常年是半年糠菜半年粮，一遇灾荒，只有挖芒巴，采野菜，剥树皮，掘草根，维系奄奄一息的生命。许多人无法生存，只有离乡背井，四处逃荒。天灾人祸，接踵而至，林农生活更加贫困。处在火坑中的林农，经营林业生产，是远水难救近火，生产积极性已经消磨殆尽了。

第五，军阀、国民党的统治，加深了林农的灾难，阻碍了林业生产的发展。

在军阀、国民党的统治之下，捐税如毛，林农不胜其苦。1926年魁胆大旱，饿殍遍野。地主王彦科投靠锦屏的军阀团长龙青云，当了局长。他奉命回乡，向魁胆九寨征派军款大洋300元。总甲王世杰拒绝征收说："百姓都快饿死了，哪来钱交军款！"王彦科大怒，将王世杰捆绑吊打，扣押不放。魁胆及九寨侗族闻风而动，救出王世杰，抓捕王彦科，架起柴垛，置王彦科于柴上，放火烧死了恶贯满盈的王彦科。

国民党的苛政猛于虎。单说抓兵，就使人谈兵色变，凡乡保丁所到之处，扰得鸡飞狗跳，人畜不宁。魁胆旱伕多是气足力壮的林农，正是抓兵对象。但人民既不堪"国军"的非人待遇，更不愿给国民党派充当炮灰，纷纷逃避兵役。旱伕们有时躲避不及，只好迎面拼斗。如王佑求等60多名旱伕在大凉亭拉木时，一群乡保丁进山抓兵，旱伕手抢木扛，迎头痛击，打得乡保丁抱头鼠窜，狼狈而逃。

但是，烧死了王彦科，击溃了乡保丁，却改变不了国民党派的穷凶极恶与胡作非为。他们照样抓兵派款，鱼肉人民。致使林农家园残破，生产凋敝，民不聊生。因此，要彻底解放生产力，改变各族人民的悲惨命运，必须推翻不合理的封建压迫剥削制度。1949年中华人民共和国的成立，顺应了历史的必然，完成了这一重大历史使命，魁胆人民同全国人民一样，从此站起来了！

附:锦屏县魁胆村解放前各阶层占有土地山林比较表

项目／阶层	户数(户)	人口(人) 男	女	合计	占有土地 自耕田 面积	产量	自耕土 面积	产量	出租田 面积	产量	合计 面积	产量	佃耕田 面积	产量	占有山林 杉 面积	山 株数
地主	1	4	5	9	7	2 700	2	400			9	3 100			15	1 500
富农	2	4	7	11	22	13 000	5	1 000	5	3 100	32	17 100			300	23 000
小土地出租	2	2	6	8	7	4 000	3	600	13	7 000	23	11 600			62	5 100
富裕中农	2	6	5	11	14	8 000	3	600			17	8 600			32	2 600
中农	12	25	28	53	78	34 446	20	4 000			98	38 446			2 000	172 000
下中农	45	68	74	142	182	73 200	45	9 000			227	82 200	13	7 000	220	27 000
贫农	63	120	132	252	67	26 500	40	8 000			107	34 500	15	8 100	250	31 500
雇农	12	24	21	45											15	19 200
其他	2	8	4	12	5	3 200	2	400			7	3 600			300	24 000
合计	141	261	282	543	382	165 046	120	24 000	18	10 100	520	199 146	28	15 100	3 194	305 900

第五编　手工业与官办手工业

一、木器手工业

锦屏县城的手工木业，根据我们在木器生产合作社的调查，其发展历史可以追溯到解放前30多年，兹分诸问题叙述于后。

（一）手工木业的兴起

1916—1921年间，锦屏木材贸易兴盛，王寨早已成为全县的经济中心。县治由铜鼓迁徙到了王寨，王寨成了全县的政治和经济的中心。县署衙门及福建会馆、两湖会馆相继兴建。本地缺乏建筑工人，于是邻省湖南的泥水工、木工、石工等建筑工人远道而来。这是解放前建筑工人最多的年代。建筑工人中，木工占的比例最大。如孙有清承包修建湖南会馆，雇用建筑工人约70人。李丙元是个脱产老板，雇有两三个掌墨师及三四十个工人。除修建房屋外，还有圆木工，专事打桶做盆，也有小木工，制作一般用具，合计大约有业主13人，木工60人左右，其中，以建筑业最兴旺。

（二）木工作坊的发展

1927年，锦屏县城开设木店的有8家，一般作坊都粗具规模。其中以刘范佑和孙义和的规模较大。雇工生产，每店经常雇用工人两个。值冬时的生产旺季，雇工则多至5人。每店的营业总额约1000元。资本约100元。业主参与生产，是主要技工。

此外还有孙有明、张义升、曾玉太、易某及陈某等6户从事木制手工业，都属个体小生产者。平时带有学徒，生产旺季也雇零工。各家资本在50元左右，全年营业额500~600元。最少的400元。产品以桌、椅、床、凳、柜、桶、盆为主，用以供应乡镇居民的生活消费资料。

（三）油桶手工业的勃兴

1941年，黔东南地区的桐油产量遽增，由剑河、台江、天柱、黎平等地会集于锦屏，再运销省外国外。运输桐油需要大量油桶，因此出现以制作油桶为主的阮开士经营的作坊。年度生产额大约值银元4000元，资本约为银元500元，雇工常年为4~5个，此年特别兴旺，雇工达8人。阮开士成了木器制作业中最大的作坊主。其次，陈松生和孙殿发也经营有小作坊。陈松生以生产小木器为主，孙殿发以承包建筑为主。皆有雇工，孙殿发的雇工多达6~7人。两家的生产总额约3000~4000元，两家的资本约200元。再次，丁良保、孙玉泰、孙德交、陈

95

有志、张义兴也独立经营木器店，多为个体小生产者，全年生产总额约 4800 元，资本共有 310 元，其中资本 50 元的有 5 家，资本 20 元的有 3 家。总计木器店共有 11 家，雇用经常性工人 17 人，临时工 30 人，年度生产总额为银元 14 800 元，资本 1010 元。

（四）手工木业的生产水平

木业工人基本上是由湖南迁来。他们主要是迫于生计，不得不远出谋生。一部分工人来自洪江、芷江、邵阳等城镇；一部分来自农村。大部分是由锦屏业主前去雇请而来，雇请时，先预付两个月工资作安家费；少数人是生活无着落，流浪上来做工的。木工来到锦屏后，有的安家开业，成为此地的手工业者，职业和居住都比较稳定；有的是某工程招收来的工人，竣工后即返故乡，流动性大。所以在 1916—1924 年之间，锦屏建筑工程不断，工人数量最多。30 多年来，开木店的在 10 家左右，固定性工人也在 20 人以上。

来锦屏的木工，很少教本地人学艺。有名的雕工陈松生 1921 年至王寨，除中断两三年外，直到解放，都在锦屏开业。30 多年间，只带过两个徒弟。本地青年在木业和商业兴盛的年代，多愿从事育林、放排及扒船，易于解决眼前困难。学艺约需三四年，不能挣钱养家活口；另外，个体生产者的保守性，表现为地域上的狭隘观念，湘籍师傅多不愿将手艺传与外人。

木工中的分工是不细致的，只有圆木工、小木工、油漆工、建筑工和雕刻工 5 个工种。工人虽有专艺，但由于生产规模狭小，生产落后，工人数量少，因此一个工人往往兼做几个工序。如在雕刻中技艺最高的工人孙有清和陈松生，除雕刻外，也兼做粗工。

在木业中，已出现作坊组织，但生产设备粗简，生产规模狭小，扩大再生产的能力薄弱。开设一个小作坊，只需要一间小木房作为生产间，作坊主只自置一套工具，供用给徒弟一套工具。一个雕工的工具值银元 2 元。雇请帮工则帮工自带工具。因此一般的作坊投资于生产资料和生产设备上的资金还不到银元 20 元。不变支出的比例很小，正反映出生产力低下和生产规模狭小。一般作坊雇工一二人进行协作生产，只在生产旺季略有增加。在锦屏最大的作坊的资本总额在 500 元左右，一般资金在 100 元左右。作坊主并不重视为扩大再生产而积累资金，获利后即用于购买土地或经营商业，最大的作坊主阮开士购买的土地可收产量 100 多挑，合 8000 多斤，并经营下河木商。又如孙有清在 1929 年左右，购杉山，约有七八百株杉树，可伐木 100 多立方米。陈松生也在老家购买田产，搭股经营木业。作坊主把资本转向购地与经商，妨碍了手工业作坊的扩大，不能发展成手工工场。

一个普通工人，一天生产 7～10 小时，能生产出价值 1 元多的商品。一个雇佣工人，技术熟练，每日可得工资 5 角，不足以养活五口之家，必须兼营农业，方能维持全家生活。工人因贫困也无志于改进生产。

（五）手工业中的雇佣关系

在手工业中，雇佣关系已经比较普遍，一般手工作坊经常雇有一两个工人，值生产旺季增雇至四五人。最大的阮开士作坊，兴盛时则雇有七八个工人。在建筑业中，雇工更有多至六七十人的情况。作坊主大的如阮开士、李丙元则已脱离生产，靠剥削工人的剩余劳动过着富裕生活。一般的小作坊主都参加生产，都是熟练工人，具有劳动者的身份。然而，他们有厂房，有资本，雇请工人生产，有剥削，与工人之间存在着雇佣关系。

作坊主对工人的剥削程度，兹举出具体产品来加以计算。

如油桶：1941 年左右，阮开士经营木器作坊，制作大量油桶，雇佣工人进行生产，基本上采取的是计件工资制，其详细规定如下：

①工人制造一对油桶，折合一个工；

②一个工的工资大约分 5 角、4 角、3 角三等，平均工资为 4 角；

③供给工人伙食，每天约吃 1 角钱，如每月工人生产油桶总数没有达到 58 个（休息两天扣除 4 个，这两天照样供应伙食），则按桶计日，还要扣除多吃的伙食。如一月只生产了 40 个油桶，折合 20 个工，加上一月的两天休息，则业主只供应 22 天的伙食，最后要扣除 8 天的伙食费共计 8 角。相反，如工人超产，超产部分只给工钱，不补给计日算工而工天增加后的每工天应得的伙食费。

现在以一个中等技术工人为例，根据其每天的产值、成本、利润来看看他受剥削的情况。

每日生产两个油桶，平均售价 1 元，需付工人工资 4 角，伙食费 1 角，可变支出共 5 角。一对油桶需付木料费 2 角，铁丝及工具折旧费 5 分，不变支出为 2 角 5 分。则可变支出与不变支出合计 7 角 5 分。

售价 1 元减去总支出 7 角 5 分，剩余 2 角 5 分，尽归业主所有，即工人所创造的价值中被业主剥削去了 25%。

如果以熟练工人为例，每日可生产 3 个油桶，平均售价 1 元 5 角。工资仍按每工生产 2 个桶计算，折合一个半工每工 5 角，则工资为 7 角 5 分加上伙食费 1 角，可变支出为 8 角 5 分。3 个油桶需付木料费 3 角，铁丝工具折旧费 8 分，则不变支出为 3 角 8 分。可变支出与不变支出合计为 1 元 2 角 3 分。售价 1 元 5 角，减去总支出 1 元 2 角 3 分，业主获利 2 角 7 分。则剥削量占总值的 18%。可见中等技术工人比熟练工人受剥削更重。

再以三等技术工人为例。每日生产一个半桶，平均售价 7 角 5，工资按上述标准计算，不到一个劳动日的生产定额。原定三等工每日工资 3 角，按比例降为 2 角 2 分 5，伙食费也按比例扣除，只供伙食费 7 分 5 厘，则可变支出为 3 角。一个半桶需付木材费用 1 角 5 分，付铁丝、工具折旧费 4 分，则不变支出为 1 角 9 分。总支出为 4 角 9 分。售价减去总支出后业主获利 2 角 6 分，其剥削率达 35% 可见非技术工人受剥削的程度更深。

但从绝对值来看工人技术愈熟练，创造价值愈大，业主获利更多，对业主更为有利。

再如椅子，根据小业主陈松生的自述，在他的作坊里，生产一张普通的雕花椅子，共需 5 个工，即刨工 2 个，雕工 2 个，漆工 1 个，其原料杉木为成本 2 角，楠木 3 角，漆费和工具折旧费 2 角，不变支出合计 8 角。所雇佣的皆熟练工人，每日工资 5 角，伙食费 1 角，可变支出每日为 6 角，五日合计为 3 元，不变与可变支出合计 3 元 8 角。售价每只椅子 5 元，减去总支出，余 1 元 2 角归业主所有，占总值的 24%。

作坊主带有学徒者，沿袭旧制，学三帮四，即学师三年，谢师一年，皆无工资。只给少许零用钱。如陆鸿喜学徒 3 年，共得 30 吊钱。陈松生当学徒时，每年仅有 18 吊钱。陈松生在开店期间，曾先后带过两个徒弟，学徒至第三四年，也是一个技术较低的生产者，其创造的劳动价值，除吃饭和每年穿一两套粗布衣服外，几乎全部归业主所有。

（六）手工木业中的工会组织

1929 年，在手工木业和建筑业中，成立了建筑工会，这是一个压迫手工工人的组织机构。当时钱进衡派人修碉堡，每天只给 1 角到 2 角的工资，工人不愿去，他即派蔡官生班长来抓工人，工人事先已分散躲开了。钱进衡去向县党部书记反映后，县党部采取软办法，召集工人开会，成立了建筑工会，以便统治工人，和工人商量工资时，工人态度强硬，最后迫使钱进衡以日工资 5 角包给工人修建碉堡。

担任过工会主席的有曾荣昌、阮太安、张兴义、孙伯龄、阮开士、丁礼庆等人。

工会对工人的限制较多，工人必须入会才准许做工，入会时首先交 1 元银元的会费，以后按月交 100 文钱。工会主席实际上就是一个把头，对工人具有强制性的剥削。丁庆礼当工会主席时，所有建筑概由他承包，他人不得插手。包工是一个工 1 元，他向工人点工，每工最高工资 8 角，最低是 3 角，以 5 角的工资最多，转手之间即在工人身上赚去 50% 左右。县府楼、游芝升的住宅，都是他包的。

（七）木器产品的供销情况

从木器产品的种类来看，大致可分为两类、一类是供应地主、官僚、商人的高级消费品，如雕花的楠木椅、雕花床、楠木箱，精致的嫁妆，雕刻画廊绣阁、飞檐彩壁等；另一类是供应一般居民的日用木器，如一般的桌、椅、箱、柜、床、桶、盆等。在这两类产品的数量上，后者最多，约占 80%，前者较少，约占 20%。

从木器产品的供销范围内看，供应一般居民的日用木器，销售于锦屏县城周围。唯油桶随着桐油销路扩大，远运各地，供应地主官僚商人的高级木器，则原料供应地和产品销地都较远。如所需的高级木材紫楠木，远从黎平运来，这种木材不能浸水，多靠肩扛，故其成本高，1 张椅子的楠木成本即需 3 元大洋，比同量的杉木成本高出 15 倍。而做成雕花楠木椅共需 20 个工，其中刨工 3 个，雕工 16 个，漆工 1 个，比一般椅子所需工量多了 3 倍，其售价为大洋 20 元，也比一般椅子的售价高出 3 倍。这类高级消费品，曾被遵义、贵定、天柱等地的个别官僚前来购买。

一般木店是采取自产自销的形式，但也接受订货，即先交总价的 50% 作为定钱，按期交货时付清总价。此外，也做上门工，在建筑房屋和制作大批嫁妆方面为普遍。上门包修房子，至竣工时往往需要数月半载。上门点工或包工做嫁妆，往往需要一两个月。上门打零星木器的情况是没有的。另有一种特殊情况是上门雕菩萨和神主牌，每天工资 1 元大洋，高于一般工资。

（八）木业工人的生活状况

在旧社会，受剥削的工人，生活是非常贫困、痛苦的。如木工夏登顺，技术熟练，帮阮开士打油桶，每天工资 5 角，每月平均做工 24 天，收入 12 元。一家 5 口，如按每人每天 1 角的伙食费计算，则只够吃饭。把穿的用的、医药费、捐款等计算在内，每月最少还差 6 元，这就靠家里人兼事农业来弥补。夏登顺除了在作坊生产外，所有空余时间都投入农业生产，每年可收入麦子 100 斤，黄豆 50 斤，红苕两三千斤，肥猪 1 头 100 多斤，以及棉花蔬菜等。这样方能勉强维持生活。

木器业中的手工工人中，有做工几十年都讨不起老婆的。陆鸿喜年过花甲，还是孑然一身，从未成家。据统计成不起家的单身工人，约占工人总数的 10% 以上。

有的老工人，贫困潦倒一生，死后衣衾棺木一无所有。如彭老 50 岁开始做工，做到 60 多岁死后，全靠同行的阶级弟兄化板板来埋葬。据统计，这种情况的工人要占 20% 以上。

二、缝纫业

（一）缝纫业发展概况

锦屏缝纫业在 1913 年前属于手工操作阶段。此时期手工工人在锦屏县城开店经营来料加工业务的缝纫店大约有近 10 家。多数缝纫工人是做上门工。他们跑乡串户，为顾客上门做衣服。

1914 年，戴瑞华（一说周文祺）从湖南带来了 3 部缝纫机，缝纫业进入机工阶段。至 1918 年从事缝纫略有积蓄的人，有能力的就单独购买缝纫机，能力差的就合伙买缝纫机，县城的缝纫机发展至 7 部，然而，手工操作仍处于主要地位。

据统计，1935 年，在锦屏从事缝纫业的有罗本利、周文祺、谢老七、童志成、王金山、孙老九、邓应秋、刘俊才、曾老八、贺勇才、黄云龙、黄广生、邓祥生、王泽云、朱子明、尹贵元、夏老三、林景葭、左永球、李贵生、曾祥发、莫国声、谢义全、罗福顺、宁庆和、曾荣昌、颜松高、胡宪等 28 家缝纫店。其中，不经常请帮工或仅带 1 个学徒的占半数，有 5 户不断在农村做上门工。

我们曾对锦屏县城的 13 户缝纫店做了调查统计，各店雇用帮工学徒的人数，占有机器部数，来料加工或成品出售，以及全年总收入的情况，有如下表。

1947 年，锦屏县城有缝纫店 18 家，其中，以彭科福开设的缝纫店最大，有缝纫机 2 部，雇工 3 人，学徒 1 人，彭科福参加生产。一般缝纫店都是自己劳动经营，仅在旺季活路多时，才雇请工人。全行业共有工人 30 多人。

1935 年 13 户缝纫店的营业情况

姓　名	帮工（人）	学徒（人）	缝纫机（台）	经营形式	全年总收入（元）
曾荣昌	3	1	1	来料加工	1 632
宁庆和	1	2	2	来料加工	2 000
黄广顺	2	0	1		1 500
王泽云	4	1	1	来料加工	1 200
周文祺	2	1	1	来料加工	600
王金山	1	1	1	成品出售	800
尹贵元	0	1	1	来料加工	300
童志成	4	0	1	来料加工	1 000
颜松高	0	1	1	来料加工	500
贺才勇	1	0	1	来料加工	1 000
曾长贵	0	0	1	来料加工	600
罗本利	2	1	1	来料加工	1 000
夏义兴	0	0	1	来料加工	300
合　计	20	10	14		12 332

（二）使用缝纫机带来的变化

缝纫机进入锦屏的缝纫行业后，给业主带来了更大的利润，有利于扩大经营规模，加深对工人的剥削。

从劳动生产率来看，使用缝纫机生产比手工生产提高1倍多。1个普通手工裁缝，整天劳动，起早贪晚，只能缝成1套布便服，改用缝纫机，1天便可以缝制2套以上，而且质量优于手工活，颇受顾客欢迎。营业额和利润率显著提高后，雇年工和月工的增多了。

据统计，1937年使用机子后，一个技工年工资和加工收入如下表：

技工水平	年工资额（元）	年度加工总收入（元）
上等	120（银元）	320
中等	96	280
下等	60	220

业主在支付工人的工资后，还要支付生产费用，一般缝纫店需付伙食费40元，房租28元，工具折旧10元，针线12元，其他费用6元，合计96元。

其年利润量和年剥削率如下：

年工资量（元）	年利润量（元）	年剥削率（％）
120	104	87
96	105	109
60	81	135

缝纫机逐渐增加后，业主开店设案，专事来料加工，经营方式趋于固定。而从事户外作业的上门工随之相对减少。但因缝纫业集中于县城，广大农村是广阔天地，请裁缝的人多，做上门工的仍然不断。特别是地主做细料，不放心在店里做，宁愿多花钱，请缝纫工人把车子抬去其家做的。

业主经营缝纫业积累一定的资金后，往往兼营木业和绸布业。如黄广生手艺好，又善于拉拢顾客，营业情况良好，获利较多，兼营绸布业，使用大小不同的6把尺子，用欺骗顾客的手段赚钱。戴瑞华把缝纫机出租，主要经商。朱连顺请人开缝纫店，自己兼营皮革店，宁庆和则兼做鸦片生意。

（三）缝纫工人的工资状况

锦屏的第一代缝纫工人，多数来自湖南，少数来自江西。随着缝纫业的发展，才出现了本地的七八个缝纫车工，其中侗族3人，苗族2人，但没有当业主开店的。

缝纫工人的工资分三种情况：

（1）外出工资，俗称上门工，是消费者请生产者到家加工后，直接付给的工资。辛亥革命前普遍流行。工资按日计算，吃主人家的饭，计日工资银元3角。

（2）业主雇工工资：缝纫机传入之前，店主即主要生产者，一般不雇工人，只在旺季雇日工或月工。使用缝纫机之后，店主开始雇佣年工，从事专业生产，工资根据技术水平不同而有高低之分。最好的为"当家师傅，年工资120元以上，中等技术水平的年工资为100元上下，技术差的年工资60元左右。"店主雇年工先要订合同折子，以后凭折子记账，领取工资。日工资一般在三四角之间，雇日工的很少。

（3）分成工资：抗日战争期间，由于生活不安定，年工资也无法保证，便采取业主与工人之间按比例提取加工费的分成工资。根据轩辕会的规定，业主与工人按六四分成，即业主占60%，工人占40%。若工人技术差的可按三七分成，即业主得70%，工人得30%。在旺季，业主要拉拢技术高的工人，也要暗地里实行对分的。

不论哪一种工资形式，雇工均吃店主的饭，每日三餐，每月两次牙祭，每次牙祭半斤肉。伙食费每月约3元。

在国民党统治下，通货膨胀，货币贬值，来料加工收费改成收米，工人工资也有支付食米的，每日可得10~15斤米。

学徒工学艺3年，谢师1年，基本没有工资，学艺期间要为店主打柴挑水，做家务活。店主每年供给伙食，两套衣服，还给一点剃头钱、零花钱。

缝纫行业的业主基本上是不脱离生产的劳动者，但随着资金的积累，少数业主便游离于劳动生产之外，以残酷手段对雇佣工人进行剥削与掠夺。业主曾荣昌就是一个典型代表。

从20世纪三四十年代，曾荣昌一直是盘踞在锦屏缝纫行业中的恶霸，工人们对他十分痛恨，称之为"饿老虎"。他对工人的剥削特别重。试以1937年他经营缝纫业的收支及剥削情况为例：全年来料加工总收入约1632元，其支出项目有：付3个雇工的工资156元，付伙食费96元，付机器折旧费10元，付原材料55元，付房租80元，共支出397元。收支相抵后曾荣昌净赚1235元。

$$其剥削率 = \frac{剥削量（利润）}{工资 + 伙食费} = \frac{1235}{156 + 96} \times 100\% = 490\%$$

曾荣昌对工人的剥削，竟达工人实际收入的将近5倍，严重侵占了工人的必要劳动。其剥削手段多种多样。他曾为轩辕公会理事长，与封建势力相勾结，控制整个缝纫行业。如政府缝制保警队衣服300多套，他禁止别的缝纫店接货，连取得投标缝制权的林积盛，也只好弃权让步。雇工受其残酷剥削，若离开该店，无人再敢雇用，若要摆脱失业的威胁，就只有屈服在他淫威之下干下去。他还经常克扣工人工资，克扣工人伙食费，若有反抗，就施行毒打，有1个工人就是被他打伤后，无钱治疗，终于死亡。

三、淘金业与官僚资本企业抢购黄金

1936年抗日战争爆发以后，锦屏木材贸易停顿，市场萧条，沿江林农生活受到巨大影响，各族人民曾一度淘取沙金，补助生活。水金、银洞、大同、稳江、中林、鳌市、三板溪等地群众，都三五成群，相继淘取沙金。有的一天得二三厘，有的一天得八九厘，个别得一颗重一钱左右，也有不少人一无所得。起初将淘到的金子到城里卖给商店，后来有商号与洪江联系，也来人经营收购金沙业务。后来农民逐步积累淘金经验，产量逐步上升，有的人买沿岸田地挖方打井，设"金床"，置"金盆"，一二十人一伙合为小厂，日夜挖淘。鳌市则挖洞采金，洞金产量较沙金高，出金后，派专人到锦屏售卖。当时锦屏商户兼营沙金收兑的日益增多。同时有些洪江投机商亦派人前来收兑。收金获利颇巨，终于吸引了官僚资本进入锦屏收购。

民国28年（1939）元月27日大业贸易股份有限公司洪江分公司派杨子仪到锦收兑黄金。八月份，中、中、交、农四行收金办事处以成绩欠佳而被停业。同时转告经济部采金局沅桃区采金处，要其成立"天、锦收购金类办事处"，前往收购黄金。采金局曾通令锦屏县政府，令其好好保护，不得走私，待日后收购。沅陵中央银行又令大业公司继续收购。

县长李繁苍等与贵州的富黔公司金琴斋勾结，令怡丰盐号为其收购。从10月29日起至11月27日止，共收沙金55两1钱4厘，熔成金条54两3钱，付钞2万2千零20元5角5分。并且把金子隐蔽不报。后来因利害冲突，大业公司以商人走私之罪名向省政府控告怡丰盐号云："贵阳金客来锦暗盘，市价上升，近来涨至400元，以至收金大减。"省府发来训令，李繁苍只得发出布告，明确在采金局来之前，由大业公司收购。

民国29年3月4日采金局到达锦屏，采金局实力强大，拥有警卫武装。他们立即通知大业公司："本处已成立天、锦两处金类收购处，所有办事人员已于昨日抵县，即日开始办公。在本处未到以前，所有贵公司收之金类，依财政部公布之取缔收售金类办法，应请即特交由本处兑换法币。以后如有再发现私存或收购金类，即当照章处分。"这样一来，大业公司和采金局又因分赃不均，不断向四大银行、省府、县府互控不休。至到民国29年3月26日，才来了四行收金处检查员进行调解："查大业与采金队同为合法代兑处，彼此不应妨碍业务，双方各备符号发给收金员佩戴，以资鉴别。"大业公司见无大利可图，于年底撤离锦屏。

采金局在锦期间，成立了"经济部采金局沅桃区采金处会漠滨采金厂"，又设"天锦善民采金处"，专开金矿，但都因利益不大，年底相继离去。民国30年2月又来了"新华公司锦屏县收金代兑所"，不到半年，也因金量少而难收大利，终于撤走了。

四、锦屏县优待出征抗敌军人家属习艺厂

抗日战争期间，锦屏县各族劳动人民纷纷被征当兵，军人家属的生活十分困难。在县长李繁苍的倡议和领导下，于1940年5月成立了"锦屏县优待出征抗敌军人家属工厂"，亦称"抗属习艺厂"。

（一）习艺厂章程

关于该厂的性质和情况，充分反映在《锦屏县优待出征抗敌军人家属工厂章程》之中。章程摘录如下：

第一章 总 则

第一条 本章程根据呈准锦屏县政府核定计划规定之。

第二条 本厂直隶锦屏县政府，受其监督指挥。

第四条 本厂经费由锦屏县政府筹给之。

第七条　本厂工作时间定为八小时。

第二章　组　织

第八条　本厂设厂长一人综理厂务。

第九条　本厂分设事务、技术两处分掌事务技术职务。

第十条　事务处设主任一人，受厂长之监督指挥，综理本厂事务，事务员三人办理本厂事务。

第十一条　技术处设主任一人，受厂长之监督指挥，综理本厂工务，每科设技术一人，分掌各科工务。

第十二条　本厂各科得设助理员若干人，藉以增加生产。

第十三条　本厂主任、事务员由厂长遴选呈请锦屏县政府任用，助理由厂长聘用。

第十五条　厂长、主任、事务员、技术员、工役，均由厂供给宿食薪给，随依本县生活程度呈请锦屏县政府核给之，助理员则以出货多少，分别给予工津。

第三章　学　生

第十九条　本县征属、非征属学生，入厂宿食由厂供给。

第二十条　外县学生膳费自备，并缴纳保证金一百元，学习期满退还之。

第二十三条　学生学习期间定为一年，能以出货成绩达到各科规定之数目者，虽未满一年者亦准毕业。

第二十五条　学生学习期满，考查成绩及格，即为服务期间。

第二十七条　服务期间征属及小学毕业生定为半年，非小学毕业定为一年。

第二十九年　服务期间得照出货津贴助理员之半薪。

第五章　结　算

第三十六条　本厂年终结算，除开支外，所有盈余得以左列百分法之规定分配之：

①以百分之五十加入本厂资本金；

②以百分之三十为全县军属慰问金，交锦屏县政府分配行使之；

③以百分之二十为本厂职员酬劳奖励金办法，以本厂职员任职之等级分配之。

第六章　附　则

第三十七条　本厂职员学生制服视厂有盈余依据呈准计划每人每年发给一套。

（二）习艺厂民国32年度业务计划

这里有一份《贵州省锦屏县优待出征军人家属习艺厂三十二年业务计划书》，反映了该厂的设备、资金、生产能力及销路等情况：

织布科：有木织布机10部，毛布机3部，纱带机1部，职工人数15人。其织布原料主要是利用本厂以及民间手纺棉纱，不敷时，就地采购之。全年的产品量为：每1织布机可日出布1匹，年可出布3600匹，可出毛巾600打，纱带120斤。全年营业资金预算金额为：以上列成品计算，每1匹布需纱2斤，共需纱7200斤，毛巾每打需纱1斤半，共需纱1400斤①。又加纱带用纱，合计年需纱8220斤。每斤纱价70元计之，则需洋61万余资金，以

---

① 毛巾每打需纱1斤半，共需纱应为900斤，原书统计1400斤有误，以至资金统计有误。在此保留原貌，仅供作者参考。编辑注。

每3个月周转一次，需洋15万余元。该货销路：批发重安、下司、贵阳及本县商店。其有先期订货者不下十余家，成货实为供不应求。该科现有营业资金5.4万元，预算不敷资金9.6万元。

染色科：有土靛染缸7个，职工4人。其原料系利用本县土靛及栲子，供应有余。全年产量以现有染缸年可染布7200~10 000匹。预计全年需营业资金额为：以上列成品计算，染布1匹需靛1斤半，共需靛10 800~15 000斤，每斤以价4元5角计之，共需洋48 600~67 500元资金，以每3个月周转一次，该洋12 100余元。主要销售于本县各市场商店及民间。该科现有资金3000元，预算不敷资金9100元。

制伞科：置有制伞器具3套，职工5人。制伞所需原料主要是利用本县竹子及湖南纸料。全年产量以现有人工5个，日可出伞8把，年产量2880把。预算全年生产需用资金为：以上列成品计算，每一把伞需成本6元5角，共需洋18 720元资金，以每3个月周转一次，需资金4680元。此伞销售黎平、剑河、天柱及本县。该科现有资金2500元，尚不敷资金2180元。

粉面科：置有石磨2副，面机1部，职工4人，其原料主要利用本县冬季生产的小麦，供应有余。全年的面粉产量，以日出面粉100余斤计，则年产3.6万斤至4万斤。预计全年生产所需资金为：以上列出货计算，小麦价每斤需洋2元5角，年需资金9万元，以每三月周转一次，则需资金22 500元。该产品销售黎平、剑河、及本县。该科有资金8000元，不足资金14 500元。

缝纫科：置有缝纫机2部，职工4人。其生产任务主要是利用本厂所织布匹加工成服，或承接外货加工。日可成衣4套，年产量可达成衣15 000套。预算全年所需生产资金为：以上列制货计算，每一套衣服需棉线洋12元，年需18 000元资金，以每3个月周转一次，需资金4500元。主要为本县党政军学及社会各界加工或缝制成服。该科现有资金2500元，尚缺资金2000元。

纺纱科：设置有七七纺纱机5部及棉麻纺纱机1部。有本厂职工6人，还有民间手工代纺者220余人。主要利用本县所产棉花，可供发展。全年产量以上列机械及民工代纺日可纺纱20斤，年产量7200斤。预计全年所需资金为：以上列出纱计算，每斤棉价40元，全年共需资金288 000元，以3个月周转一次，则需资金72 000元。该科主要是供应本厂织布的需要，尚具潜力，每年可纺12 000斤纱。现有资金22 000元，尚缺资金5万元。

织袜科：设置有织机7部，职工5人，其织袜原料是利用本厂及民间土细纱，也采用一部分洋纱。年产量为：日可织袜5打，年产1800打。预计全年所需资金为：以上列成品计算，每打需纱1斤半，共需纱2700斤，每斤纱价70元，全年共需资金189 000元，按每3个月周转一次，实需资金47 300元。所产棉袜批发重安、下司、贵阳及本县各商店。该科有资金18 000元，尚缺资金29 300元。

（三）习艺厂民国32年度概况报告书

1943年习艺厂厂长王泽杭写了一份总结报告，原名《贵州省锦屏县优待出征抗敌军人家属工厂三十二年概况报告书》，比较全面地反映了该厂的面貌。兹将有关内容抄录如下：

（一）宗旨：本厂以优待出征军人家属习艺，倡导工业，增加国产，并以切合现代工厂学校化，推行政府生产教育及利役政之目的为宗旨。

（二）成立年月：民国二十九年五月。

（三）沿革：创办人锦屏县县长李繁苍，第一任厂长王梓膏，副厂长王敬斋；三十年二月一日厂长改由龙康济继任；现任厂长王泽杭于三十年十月十六日到任。

（四）经费：开办基金3000元，经常费由三江镇食盐公卖分店收入纯利项下及本厂营业部收入。并县政府临时补助，现有资金约50余万元。

（五）组织：本厂设厂长1人综理厂务，设事务处办理事务，设技术处办理工务。

（六）职员：厂长1人，事务主任1人，事务员3人，技术主任1人，织布、染色、缝纫、制伞、制面粉等科共设技术员3人，助理员5人，共计职员14人。

（七）学生：现有第三、四期学生，织布科15人，染色科3人，缝纫科3人，制伞科2人，制面科2人，共计男生10人，女生15人，总计学生25人。

（八）生产机械：七七纺纱机7部，棉麻纺纱机1部，木织布机20部，毛巾机2部，纱带机1部，织袜机8部，染色缸7个，缝纫机1部，制面机1部，制伞器具3套，碾磨1副，弹花机1部。

（九）出品：月可产布300匹，毛巾20打，纱带11斤，染布600匹，制伞200把，制衣90套，制面粉3000斤。

（十）岁入预算：

甲、三江食盐公卖店毛利93 840元；

乙、营业部收益16 000万元；

丙、县政府临时补助费不定；

共计253 840元。

（十一）岁出预算：

甲、薪工伙食125 070元；

乙、公杂费4620元；

丙、修整设备费2880元；

丁、事业费10 400元；

共计142 970元。

（十二）改进计划

甲、基本：呈请中中交农四银行联合办事处借款40万元，以为周转；

乙、纺纱：本厂所置之七七纺纱机出品欠佳，亟待改良。现推行民间妇女手纺纱后，质量均好，今后只求棉花数量增加，以资供应，扩而充之。四乡产纱，除可供厂之外，并可推销他地。

丙、织布：本厂产布供不应求，一俟基金增加，即扩充木机，如能力所及，进而购置铁机及提花机，以广出品。

丁、染色：本厂现为土靛染色，出产尚佳，今后更拟聘请高等技师，就本地土产颜料，研究国产化学染料。

戊、纺纱：本厂七七纺纱机出货粗松，产量有限，折耗太多，前经停纺。今拟采购铁木纺纱机，并聘专门技术员于三十三年复工。

己、织袜：本厂织袜因土纱粗细不匀不合适用，前经暂停，今拟专买铁机纺纱于三十三年复工。

（四）兴办习艺厂的意义

抗属习艺厂兴办了数年，困难重重，终于破产了。但兴办优抚习艺厂的意义似可从下述几方面加以肯定：

第一，抗日战争是关系到民族兴亡、国家成败的全民族的伟大战争，锦屏县政府在财政困难的情况下，兴办工业，优抚抗战军人家属，是对抗日战争的有力支持，是爱国主义的具体表现。在全国范围内，是国民党拥军优属的首创形式。厂长王泽杭在一份报告中写道：

> 窃本县习艺厂之设立，原为出征军人眷属有所习艺，并谋予以实际优待……溯自二十九年五月起，迄今三年有寄，业务扩展，因之增加员工日众，约计现有资本较初成立时增至百倍。前此军政部驻镇师管区及有行政各机关视察人员前来参观，极蒙赞誉，并谓优待征属办法，国内以广西办理最善，然亦无此能普遍能切合之组织，殊宜呈请通令仿行。邻近各县除亦纷派遣人员前来参观外，并求予以报名在厂学习。限于县有组织，未能照收。

第二，在贵州省的少数民族地区历来经济文化十分落后，锦屏县政府兴办习艺厂，即是在一个侗族苗族为主的边远县份，提倡科学，推行技术，兴办工厂，发展经济。习艺厂在锦屏县历史上的经济地位是不应抹杀的。

第三，组织少数民族进行纺纱生产，对发展农村的副业经济有一定的作用。锦屏县的侗族苗族妇女自幼勤于纺织，但囿于自种（棉）、自纺、自织、自用的自然经济范畴，完全不带商品生产性质。习艺厂成立之后，织布科、织袜科都需要棉纱做原料。而纺纱科所安装的5部七七纺纱机，生产的棉纱粗松，不合适用，且产量有限，折耗太多，成本太高。只好将其停产。如何保证织布、织袜的原料供应，只好因地制宜，组织了220多少数民族妇女开展家庭纺纱业，源源不断地供给生产所需的合格棉纱。农村的商品经济得到了一定的发展。

第四，通过习艺厂招收学生，培养技术力量，有利于发展少数民族工业。少数民族地区以农业生产为主体，工业基础微不足道。习艺厂采取生产与学习相结合的方针，重要的社会效益之一，就是为少数民族地区培养工业技术力量。这对于发展民族地区的工业和商品经济是有效益的。厂长王泽杭向县政府提交了一份报告说：

> 据本厂织布科助理员姜甲翠、何五英报告称："窃生等家寒难供，恳准给假出厂，以维家计事。窃生……承亲友相助，筹集小资，组织机房……呈恳准于长假回家。"
>
> 民国三十二年五月十八日

县长李繁苍阅后批示：所请照准。

第五，在抗日爱国的精神鼓舞下，全厂职工克勤克俭，艰苦创业。厂长王泽杭曾在一份报告中写道：

> 窃厂长受任之初，资金微弱，厂用之大，实有入不敷出，是以低微待遇，维持现状而已。即以现时本厂薪资伙食而论，厂长月仅支薪160元，主任月支140元，事务员及技术员月支120元，工役月支40～50元，此种微薄薪给所得上不足以养父母，下不足

以蓄妻小。至于学生方面劳苦终日，亦仅两餐淡饭了事。此与其他机关人员及此间雇佣比较，实为至低至微！

究竟低到什么程度，微到什么程度？当时习艺厂所生产出售的纸伞，成本为6.5元，而收购的棉花每斤值40元。比较厂长的工资不过4斤棉花，25把纸伞。工役月薪不过1斤棉花而已。

在极其艰苦的条件之下，全厂职工学生都能忠于职守，积极工作。厂长王泽杭请提请嘉奖有关人员云：

（一）查染科技术员廖自清，自入厂以来，该科工作吃力较甚，虽有严寒酷暑之下工作，亦不遑分昼夜，稍暇之时，又能向各商店罗致生意，该科收益故多。此皆由于该员忠于职守所致。只以生活高涨，请求加薪，前来拟请自九月份起每月支薪200元。该科学生吴运忠亦能异常努力，共同艰苦，拟请饬令奖励。

（二）查事务员王名咸办事谨慎，颇忠职务，拟请自九月起每月支薪140元。

（三）查本科助理员姜纯纲对于本职尚能努力，拟请饬令奖励。

从现存材料看，王泽杭是一个有事业心和有责任心的厂长。他奖惩分明，管理有序，是做出了一定成绩的。但习艺厂的最终归宿还是免不了破产倒闭。除了抗日战争连连失败，危及整个大西南，地方民族工业微力难支，是其失败的最主要原因之外，就习艺厂本身而言，也存在导致败局的若干弊端。

（五）习艺厂失败的原因

第一，资金严重不足，开办基金3000元，实在是太少了。习艺厂一开始就是建立在薄弱不堪的基础之上。常年就靠三江食盐公卖店的八九万毛利继续生产。至于县政府虽然同意给予照时补助费，但在县财政空前紧张的情况下，哪能兑现？甚至欠了习艺厂的款也拖延难付。且看一张催收政府欠款的报告：

查本厂承制钧府本年夏季保警队公务员及公役等服装之费，只交下12 000元外，尚欠53 000余元，为数之大，几占本厂资金1/2而强，其余则在存货上项服装之数，迄今月余，未经发下，所有存货当兹荒月，无法推销，全部资金搁置实无款以进货。尤以近两月来，盐项零售之补助，被其剥夺侵销，收入锐减。复因湖北战事紧张，又值雨季水涨之时，木植贸易停滞，不能稍有活动拉借……事关厂之振靡，再恳钧长转饬于短期内将所结欠服装之费53 000余元如数发下。

民国三十二年五月三十一日

根据民国32年习艺厂业务计划书所提供的数据，其资金乏匮的情况如下表：

习艺厂1943年需要生产资金31.3080万元，现有资金11万元，尚缺少资金20.308万元。即不足资金64.86%。为了维持当年的生产，王泽杭认为："本厂业务系以现有机械人工计之。唯以物价日趋高涨，原有营业资金11万元，已不足够分配，只得拟照不敷之数，申请借款20万元以为辅助。"

贵州省锦屏县优待出征军人家属习艺厂 1943 年的资金情况

生产部门	需资金数（元）	现有资金（元）	不足资金（元）
织布科	150 000	54 000	96 000
染色科	12 100	3 000	9 100
制伞科	4 680	2 500	2 180
粉面科	22 500	8 000	14 500
缝纫科	4 500	2 500	2 000
纺纱科	72 000	2 000	50 000
织袜科	47 300	18 000	29 300
合　计	313 080	110 000	203 080

第二，机器设备粗劣，影响生产。习艺厂以织布为骨干生产。但供应其原料纺纱科，购买 5 台七七纺纱机，都因质量太差，生产效果不良，所产棉纱价高质劣，不适合纺布、织袜、织毛巾、织纱带，使有机的工业生产发生严重脱节现象，不能保证生产的正常进行。

第三，国民党滥抓壮丁，削弱了习艺厂的生产骨干力量。

习艺厂有一份报告内容如下：

> 查学生龙文求系属天柱籍于本年二月到厂学习制面，当时因此工作劳苦，本县无人学此劳苦工作之技艺。今既被其本乡抽中该生服役……恳祈免予送府拨交，准其自行回籍入营服役…

在另一份报告中又云：

> ……查迄来厂内员工，除纺织、缝纫、织袜等部为妇女所能习作外，其他染布、制面、制伞各部之男工以及办事之男职员，纷来请假，续请至再至三，隐有率逃之势，经厂长详加考察，则皆因其原住村寨之保甲人等，饬同兵役抽签，甚至密不通知，由保甲代为抽送，故伊等怵于厂方无法维护，而出于此……特请钧长曲察，弹其弊而谋其利……计厂内上项男工及办事人员等……统计不过四五十人（不及半数），担任工作实为重大。盖依本厂组织规定，凡征属入厂工作，除供给其食宿外，每年盈余又抽 30%，予以普遍之优待，今如因重要业务，以无男工工作而陷于停顿，岂非断绝或减少各征属生活之所需！故拟请钧长饬各乡镇保甲，凡已在厂内工作之各男职员工，不必参同兵役之抽签，予以缓征……
>
> 民国三十二年九月十四日

第四，工资低微，物价高涨，职工生活贫苦，相继要求离厂。厂长王泽杭向县政府反映：

> 近来生活高涨，日复一日。而本厂生活依然如故。因是员工耐性日非，屡向厂长辞职……故有径向钧府陈述请辞……本厂员工处此苦况难支情形，唯有恳请钧长提高待遇，安定人心。

工厂处境艰难，工人生活贫困，劳动福利极差。一旦工人生病，也难照顾医治，于是人心思散，工厂前途危矣！这里有一张工厂的通知：

> 查近来夏秋之交，天候不常，疾病滋生，本厂学生患者计有：伞科龙康喜、龙康前、布科文兰英、文映仙、文起姣、吴素真、朱贤凤等名，均为沉重，因卫生院无药之故……饬其各自照料转家……一俟病愈之时，饬其转厂。

抗日战争胜利前夕，祖国大好河山仅剩西南一隅，战争阴云密布，国亡家破的危局迫在眼前。哪能顾及区区的习艺厂。它终于在内外交困中倒闭了！

五、锦屏企业股份有限公司

抗日战争胜利后，以贵州木业公司为首的官僚资本和商业资本相继离开锦屏，转移到外地区。地方官僚资本在国民党省政府的支持下遂乘机而起，掠夺财富。这个地方官僚资本企业，即是在战后成立的"锦屏企业股份有限公司"。

民国 36 年（1947 年）贵州省政府训令：

> 查本省三十六年度全省行政会议决议案第一五八号，为筹购机器，在建设新贵州号召下，以机器代替人力……内列各县市局应斟酌当地环境，采官督商办或官商合办方式筹建企业公司，大量购备轻重工业机械及办理农场。……
>
> 中华民国三十六年四月五日

锦屏县政府接此训令后，当即召集县参议会作出决议，成立锦屏县企业股份有限公司筹备处，其筹备委员有：

王子灵（参议长）	龙德宣（省参议员）
汤希俊（审判官）	俞泽民（干事长）
潘光岩（书记长）	王仁杰（镇长）
游芝升	王亚衡
陈兴志（参议员）	文蔚根（常务理事）
王先兰（主任）	曾荣昌（理事长）
龙文正	黄胜生
王梓膏	王泽绥（理事长）
潘德钦（理事长）	龙立祥（校长）
杨家发（参议员）	龙运涛（议长）

筹备处拟定的《锦屏企业有限公司章程》明确以发展轻工业及加强运销为宗旨。采官商合营方式办理。官股即各乡镇之公股。股本总额 1.28 亿元，分为 1280 股，每股 10 万元，官商各占一半，限一次交清。以记名式投股，周年股息六分，无盈利不得以股本支付。

官股的具体分配是由各乡销售积谷交纳，兹将锦屏各乡销售积谷的粮价款和入股的金额统计如下：

乡　名	售积谷款（万元）	入股金额（万元）	超股金额（万元）
平　略	1 000	550	450
隆　里	1 300	650	650
新　化	1 300	650	650
大　同	1 400	700	700
瑶　光	1 370	585	785
偶　里	1 100	550	550
敦　寨	1 530	765	765
九　寨	1 800	900	900
启　蒙	1 500	750	750
中　林	1 000	650	350
固　本	900	450	450
同　古	2 655. 71	600	2 055. 71
平　茶	1 600	800	800
合　计	18 455. 71	8 600	9 855. 71

　　锦屏林区存在着严重的历史性缺粮问题，每年都有饥饿逃荒现象。为了备粮度荒，各乡群众均筹集有积谷。现在锦屏各级政府上下勾结，将积谷卖光，充作股份，无异于对各族人民的公开抢劫。然而，全县销售积谷得 18 455.71 万元，实购股份才 8600 万元，尚有 9855.71 万元又到何处去了呢？解放战争中，国民党推行参议会制，贩卖假民主以欺骗群众。锦屏县要修建参议会址，正好趁火打劫，又在所余积谷价款中，强行向各方摊收修建县参议会代金 4060 多万元。锦屏县 13 个乡承担的代金情况如下：

乡　名	积谷款余额（万元）	代金额（万元）	尚余金额（万元）
平　略	450	130	320
隆　里	650	288	362
新　化	650	288	362
大　同	700	432	268
瑶　光	785	259. 2	525. 8
偶　里	550	168	382
敦　寨	765	384	381
九　寨	900	528	372
启　蒙	750	480	270
中　林	350	336	14
固　本	450	162. 4	287. 6
同　古	2. 055. 71	288	1 767. 71
平　茶	800	432	368
合　计	9 855. 71	4 175. 6	5 680. 11

全县各族人民的积谷被强行出售，缴纳企业股金和修建参议会的代金之后，尚余5680.11万元，无形中落进了各级官吏的私囊里。

在锦屏企业股份有限公司冠冕堂皇的规划里，明文开办电灯部、碾米部、榨油部、锯木部、木业运销部、生产部。其中心是办电厂以解决各生产部门需要的动力能源。公司派副经理游芝茂专负其责。他搞了一年多，成效又怎样呢？

游芝茂去贵阳采购电机设备，花天酒地过了半年多，写信给公司说：购发电机尚差1500万元，希急速汇款。县政府把此款加派在各族人民身上。游芝茂向华西行订货，第一次报交1.6515亿元，账单上实有1.444 289 5亿元，长报了2007.2105万元。他经办器材有年，罕见器材运至，即令运到一点，也与实数不符。如票面上50加仑机油，实收15加仑；票面上2000米铜线，实收铜线600米。钱和物的差额被游芝茂中饱私囊了。

在锦屏县城架设街灯。三江镇6个保的侗、苗、汉各族人民又被摊派了2569万元的架设费。开灯几个月，镇上人民不仅出了5489.1840万元的电费，还被公司借口器材损耗，又向群众加派了2531万元的维修费。

透过公司遗留下来的一页账目，可以窥见官僚们的贪污等情况。这页账目记载着自1947年10月至1948年10月的开支账目：

支付项目	付款金额
材　　料	736 677 400 元
机器设备	4 527 800 元
坐材器具	4 257 400 元
木炭费用	105 427 300 元
办公费用	16 485 900 元
油类费用	248 728 000 元
膳食费用	577 040 700 元
员工薪资	240 701 600 元
房　　租	1 444 500 元
暂付款项	1 162 063 400 元
其他费用	208 708 400 元
现　　金	16 447 600 元
合　　计	2 722 510 000 元

从上述开支表明，这个标榜为"发展生产"的企业公司，投资于生产设备的费用，究竟有多少呢？计购置材料、机器设备、坐材设备、木炭油类等五项生产支出共4.996 179亿元，占总支出27.2251亿元的18.35%。在这笔生产支出中，油类费用就占去一半。从上面购油票的差额推知，油类费用多有虚报，真实的生产费用不会超过15%。

与生产费用相反的情况是公司的消费开支极其庞大。以膳食、房租、员工薪资、办公用费等项合计22.228 921亿元，占总支出的81.65%。其中的暂付款项，竟达11亿多元，占总支出的41％。暂付款是笔糊涂账。结算账目者不得不承认："账目未清，故难计算损益"。账目不清是无可掩饰的，损益也是十分明白的：受损的是锦屏县各族人民，受益的则是骑在人民头上的一群官僚地主当权派。

公司的全部股金经官僚们贪污挥霍之后，至1948年下半年，仅余现金1644.76万元约可敷公司一年房租费。这样，锦屏企业股份有限公司只办了一年余，就在国民党政权濒临于风雨飘摇的危局中，终于宣告破产了。

第六编　商　业

锦屏县在清水江连接洞庭、长江的水上运输之利，以杉为主的森林资源开发较早，促使这个侗族苗族地区的商品经济比贵州其他民族地区较为发达。木材作为其主要的商品生产和外销资源，已在前面作了全面系统的阐述，不再重复。这里，主要是汇集锦屏县近代除木材以外的其他商品生产和流通的调查资料。

一、全县集市情况

（一）《锦屏县屠宰牲畜调查表》所反映的商业情况

从县公安局的档案中查得一张解放前锦屏县知事张××呈送上级的关于《锦屏县屠宰牲畜情况调查表》，可惜年月损毁，它记载了全县集镇乡场的赶集时间，人数及屠宰牲畜情况，材料较确凿，全录于后：

三江镇（王寨），为县城所在，每月逢五和十赶场，场期赶场人数在一千至三千人以上，非场期逐日有四五百人至一千人以上。屠宰猪肉案八张，全场共宰猪五只，有一张肉案宰一只猪者，有二张合宰一只猪者，间或也有三四张案合宰一只猪者，每年以元、二、四、五、六、七月为枯，三、八、九、十、十一、十二月为旺。每月普通屠宰猪九十只，每月因冠婚丧祭宰猪二只，每年年节宰猪八十只。还有牛肉案一张，春夏季均无屠宰，秋冬季逢场期宰牛一头或二头不等，间或亦有宰牛二三头或四五头的。

茅坪场，属一区，每月逢一、六为场期，赶场人数在五六百人至二千人以上。场期屠宰猪肉案二张，一案一只猪，全场宰猪二只，每月宰猪八只。每年二、四、五、六、七、八月为枯，元、三、九、十、十一、十二月为旺。另外，每月因冠婚丧祭宰猪一只，每年年节宰猪三十只。

平略场，属一区。每月逢三、八为场期，赶场人数三四百人至二千人以上，设猪案二张，平均每场宰猪一只，每月宰猪六只。二、四、五、六、七、八为屠宰枯月，元、三、九、十、十一、十二为旺月。另外，每月因冠婚丧葬宰猪一只，每年年节宰猪十只。

偶里场，属一区。场期无定期，逐日开市，设肉案一张，二日宰猪一只，或三、五日宰猪一只，每月宰猪六只。二、四、五、六、七、八月为枯月，元、三、九、十、十一、十二等月为旺月。另外，每月因冠婚丧祭宰猪一只，每年年节宰猪五只。

卦治场，属一区。赶场无定期，逐日开市，赶场人数在一百至四百人以上。设猪案一张，或五六日宰猪一只，或七日宰猪一只，每月宰猪三只，二、四、五、六、七、八等月为旺月，元、三、九、十、十一、十二等月为枯月。另外，每月因冠婚丧祭宰猪一只，每年年节宰猪五只。

大腮场，属二区。每月逢二、七为场期，赶场人数在二百人至五百人以上。设肉案二张，每逢宰猪一只。二、四、五、六、七、八等月为枯月，元、三、九、十、十一、十二等月为旺月。另外，每月因冠婚丧祭宰猪一只，每年年节宰猪五只。

稳洞场，属二区。每月逢一、六为场期，赶场人数二百人至六百人。设猪案二张，每场宰猪一只。二、四、五、六、七、八等月为枯月，元、三、九、十、十一、十二月为旺月。另外，每月因冠婚丧祭宰猪一只，每年年节宰猪五只。

花桥场，属二区，每月逢二、七为场期，赶场人数在四百人至一千人以上。设肉案四张，每张宰猪二只。二、四、五、六、八等月为枯月，元、三、九、十、十一、十二等月为旺月。另外，每月因冠婚丧祭宰猪一只，每年年节宰猪十只。

敦寨场，属三区。每月逢三、八为场期，赶场人数在四、五百人至一千六百人以上，设猪肉案四张，或一二张共宰一只，或三四张共宰一只。每场宰猪二只。又设牛肉案一张，或一月宰牛一只，或一月宰牛二三只，或四五月始宰牛一只，平均年宰牛十只以上。元、二、四、五、六、七、八月为枯月，三、九、十、十一、十二等月为旺月。另外，每月因冠婚丧祭宰猪一只，每年年节宰猪十只。

中林场，属三区。每月逢五、十为场期，赶场人数在二百人至八、九百人以上。设猪肉案二张，每场宰猪一只。元、二、四、五、六、七、八等月为枯月，三、九、十、十一、十二等月为旺月。另外，每月因冠婚丧祭宰猪一只，每年年节宰猪五只。

平茶场，属四区。每月逢三、八为场期，赶场人数在三百人至一千人以上。设猪肉案二张，每场宰猪一只。元、二、四、六、七、八等月为枯月，三、九、十、十一、十二月为旺月。另外，每月因冠婚丧祭宰猪一只，每年年节宰猪五只。

三里驿场，属四区，场无定期，逐日而市。日赶场人数在五十人至二百人以上。设猪肉案一张，或三五日宰一只，或六七日宰一只，每月宰猪三只，元、二、四、五、六、七、八等月为枯月，三、九、十、十一、十二等月为旺月。另外，每月因冠婚丧祭宰猪一只，每年年节宰猪五只。

溥洞场，属五区，每月逢二、七为场期，赶场人数在三百人至一千五百人以上。设猪肉案二张，每场杀猪一只。元、二、四、五、六、七、八等月为枯月，三、九、十、十一、十二等月为旺月。另外，每月因冠婚丧祭宰猪一只，每年因年节宰猪五只。

平秋场，属五区。每月逢一、六为场期，赶场人数在四百人至一千四五百人以上。设猪案四张，每场宰猪二只。设牛案一张，或一月宰牛一只，或数月宰牛一只，每年大约宰牛八只。以每年元、二、四、五、六、七、八等月为枯月，以三、九、十、十一、十二等月为旺月。另外，每月因冠婚丧祭宰猪一只，每年年节宰猪十只。

表末附有说明云："查职属城乡场市，每月平均约宰猪二百四十只。其营业期间，本城则始于旧历正月初旬，止于旧历十二月三十日；各乡场市始于旧历正月开场之日，止于旧历十二月闭场之期。在停业期间，向无屠宰事实。职县住民有汉族、苗族二种，凡因年节屠宰猪只类多在腊八期间后。"

该调查表盖有"锦屏县印"，应属官方调查统计无疑，虽系以屠宰为中心进行的调查，但统计仍不全面，除一区辖内的乡场调查较全面而少遗漏乡场之外，其他各区都只是抽查二三场例而已。然而这个调查表毕竟提供了一些有价值的资料：

（1）一般乡场均以五日赶一场，或定期五、十，或定期一、六，或定期二、七，或定期三、八。比之于三日一场的地区，商品交换尚不发达；但在三里驿、偶里、卦治等则逐日而市，则其商品交换已相当频繁。

（2）从这个尚不完全的统计中，按各赶场人数分类而列，则赶场达千人以上者有三江镇、茅坪、平略、花桥、敦寨、平茶、漫洞、平秋诸场，其中又以县城所在的三江镇为最，除逐日赶场达千人左右外，每逢五、十场期，赶场人数可高达 3000 以上。其他赶场人数在 500 人左右者有稳洞、中林等场。由此看出调查者着重在调查较大的乡场。对于那些尚无定案屠宰的乡场，自然不属调查对象。

（3）此表所统计的屠宰牲畜，主要是作为商品交换的屠宰量，而对全县各族农民多在春节期间杀猪过年的数量是未曾统计进去的。如以 1914 年的统计，全县有户数17 170 户，如以 1/3 户数杀年猪计算，则有 5700 多只。

（二）锦屏县解放前的集市情况

解放前，锦屏县的商业集市除了全县经济中心的三江镇之外，不仅有数量众多的、生产之间直接互通有无，即有余易不足为主的农村初级市场，还有规模较大、有中间商人收购农土产品、推销日用百货的辅助集市。三江区有城关、茅坪、稳江、大同等集市；敦寨区有中林、敦寨、花桥、娄江、高平、新化、亮司、隆里等集市；启蒙区有启蒙江口等集市；九寨区有平略、平秋、高坝、彦洞、偶里等集市。从各区的经济特点看，集市最多的敦寨区是以农业为主，三江、启蒙区是农、林并重，九寨区是以林业为主。从民族分布看，三江区是侗、苗、汉族杂居；敦寨区以汉族为主，少部分侗、苗杂居；九寨区以侗族为主，苗族次之；启蒙区以苗族为主，侗族次之。

三江区的集市分布在清水江和亮江之畔，距县城较近。城乡联系方便，并且水运要道是木材商品经过的地方，商品经济较发展，全是初级市场。敦寨区以农业生产为主，是全县的粮食基地，但封建的自然经济占优势，以粮食和植物油为主要销出商品，商品生产不发达。其较大的市集中林为城乡物资的集散地，特别是锦屏、黎平两县经济交往的中转站，故具有辅助市场性质。启蒙区苗、侗杂居，农林并重，集市稀少，其原因一是主要商品为木材，毋须农村集市交易，其他农副产品作为商品的少，日需用品多是由普遍参加放排的人从外面带回。二是，周围有三大集市已自然形成启蒙各族人民的进行交换集市，区内没有再设立较大集市的必要。这三个较大的集市是邻县剑河与启蒙邻近的位于瑶光河（乌下江）畔的南加堡和东面的中林、北面的平略。九寨区以平略集市最大，仅次于城关，是锦屏县重要的物资集散地。距县城仅 30 华里，城关商贩来此收购农土产品及推销日用百货的甚多。亮江下游、启蒙河、瑶光河流域及九寨区之大部分农副产品都集中在此交换。

全县的初级市场都以三江镇集市为中心，一切日用商品均由县城输往各地，而各地购集的土特产品也均汇集锦屏县城后，运销外地。根据解放后 1951 年工商登记所作的登记，其各行各业的户数、资金及所占百分比的情况，统计如下页表。

行业资金构成统计表（1951年2月）

行业	独　资				合　资				合　计			
	户数（户）	%	资金（元）	%	户数（户）	%	资金（元）	%	户数（户）	%	资金（元）	%
木　商	117	64	55 030		67	36	48 960		184	23.8	104 040	
绸　布	51	86	22 737		8	14	9060		59	7.63	31 797	
杂　货	101	89	20 974		13	11	4 840		114	15.27	25 814	
医　药	17	100	3 190						17	2.2	3 190	
烟　炮	18	82	1 760		4		514		22	2.85	2 274	
屠　宰	17	100	925						17	2.2	925	
渔　业	9	90	470		1	10	80		10	1.29	550	
成　衣	25	100	1 497						25	3.23	1 497	
理　发	6	100	390						6	0.78	390	
船　业	20	71.5	382		8	28.5	130		28	3.62	512	
客　栈	46	100	537						46	5.95	537	
百　货	14	100	800		1		950		15	1.94	1 750	
摊　贩	177	100	3 319						177	22.9	3 319	
木　行	17	47	2 810		19	53	4 840		36	4.66	7 650	
酿　造	13	100	360						13	1.68	360	
合　计	648	72.45	115 231		121	27.55	69 374	36.8	769	100	184 605	100

（三）度量衡与货币

　　锦屏县在贵州民族地区虽是商品经济较发达的地区，但度量衡尚无统一的标准，仍按照各地方的传统习惯计量。大斗小斗，大秤小秤，五花八门，难于折算。特别是广大各族农民文化水平很低，往往因计量单位不同，价格各异，无法折算，商人往往乘机欺诈，加重剥削。市场上的量器有十八斤斗，1926年改十斤斗，以后又改为三十斤斗，在南加场则通用五十斤斗。在度的方面，流行“两卡一尺”的说法，有的奸商同时使用六把长度不同的尺。衡器更加混乱，有库秤、钱秤、江秤、油秤、市秤、大秤、小秤。如库秤上有七钱二厘的银子，在钱秤上则有七钱三厘，在江秤上则有七钱五厘。敦寨出坊油秤每斤为十八两三钱，王寨的油秤为十七两八钱，零售为十六两。1926年实行度量衡统制，使用统一的市尺、市斗和市秤，但是上述诸种度量衡仍未被全部取缔，尚在部分地区通行。

　　在商品流通过程中，锦屏县使用的货币以银本单位占统治地位。银子与缗钱称为银钱。清末每两银子换缗钱四吊，同时出现了大洋。民国初年，银价不断上涨，缗钱价值过低，于是出现了当十文和当二十文铜元。1927年四川汉字五十文大铜元流入，缗钱终于废止流通。以后当二十文铜元遂与银元同时流通。但银与钱的比值终无恒值，经常在变动着。

　　锦屏流通的银币主要是大洋龙板、大头、小头，此外有云南半开、川板等。辅币则有龙头毫、锁头毫（广东造二十毫银币），锁头毫比例较低，流通量少。

还有外国银币流通，主要有鹰板、板桩等，其比率较大头略低。此外还偶有美国花旗洋钱、英国金磅、泰国金条、印度拖拉出现。

1934 年开始用长沙银行发行的钞票，钞票一元兑大洋一元。抗日战争时期，以法币流通，国民党通货膨胀，法币不断贬值。商人在计算价值时仍以银元为单位。

（四）封建性的商业关系

商人之间有着密切的亲族同乡关系，形成封建的地方宗派观念，在锦屏表现为建立各自的地区性的商业会馆。江西籍的商人建立江西会馆，福建籍的商人建立福建会馆，来自湖南、湖北的商人，建立两湖会馆。在维护地方宗派利益的前提下，培养学徒，雇请店员，聘用大师傅，都必须是本帮人。老板雇店员，须有保人引荐，议定期限与薪金，老板有权解雇，店员也可退离。招收学徒，也须有人介绍，写投师贴，送厚礼，办投师酒。一般学徒三年，师满参师一年。学徒期间，店主不给工资，每年只供两套衣服，平常给点剃头钱，旧年除夕，赏赐点压岁钱。学徒每日为店主扫地抹桌，装烟倒茶，侍奉饭食，照料小孩，挑水扛柴，无所不干。拜师一年，有少许工资，杂役也有所减少。

锦屏城区旧名王寨，王家的封建势力最大，数百年间垄断木行业务，操纵木材贸易，主宰各行各业，压迫外乡商人。江西籍商人修建江西会馆时（同治十一年），王姓封建把头不许动用王寨的石头，江西商人只好用船自外地运来。后来王姓封建势力又企图炸岸边岩石，使会馆不能建立。土豪劣绅王子膏向商店买全丝狗头牌袜子和皮鞋，分文不付。年节喜庆，商人都要向王姓地方实力人物送厚礼，礼节不周，就会惹出麻烦。封建势力是商品经济发展的重大障碍。

二、三江镇的商业情况

三江镇为锦屏县城所在地，旧名王寨。民国 3 年（1914 年）锦屏县府由铜鼓迁至王寨，因清水江、亮江、小江汇流于此，设镇时，特名三江镇。这个历史上木材贸易兴旺的"木头城"，一跃而成全县的政治、经济和文化中心，商业进一步繁荣起来。木材贸易不再重述，下面只重点介绍民国年间的杂货业和绸布业。

（一）杂货业发展简况

杂货业是锦屏一个比较重要的经济经营项目，包括土杂、食盐、瓷铁器、糖果烟、文具等类。其中以土杂、食盐、糖果三类的规模较大。杂货铺的特点是货品庞杂，数量充足，周转较快，供求量大，利润较高。除木材老板之外，锦屏过去的大商号傅隆盛、永顺和、振泰顺等都是大杂货商。大杂货商经营批发业务，还有若干小店和商贩经营零售业务。

1920 年前后，大杂货铺有永临兴 1 家。小杂货铺共 50 多家，都是小本经营，每户资本数十元至数百元不等。

永临兴杂货铺有职工 5 人，学徒 2 人，合资 3000 元大洋，信贷 5000 元，共计资本 8000元。以 2000 元经营棉布，6000 元经营杂货和加工糖果。固定资本有 500 元。以经营火炮和加工糖果为大宗。全年销售火炮 500 箩，每箩进价 50 元，售价 70 元，营业额为 35 000 元，获毛利 1 万元。经营冥纸、白蜡灯草等，全年营业额 35 800 元，利润率为 40% 左右。

1930 年前后，木材贸易兴旺，有的杂货商转向经营木业或兼营木业。从商号户数来看有 21 户，其资本总额变化不大，平均资本额略有升高，千元以上的户数增多，每户的资本、营业额、利润情况如下：

店名或户名	籍　贯	资金（元）	年营业额（元）	利润（元）
永临兴		2 000	40 000	3 000
游顺祥	江　西	800	8 000	800
苏茂发	江　西	500	5 000	1 000
将　就	江　西	600	6 000	1 200
利兴祥	湖　南	300	3 000	500
赵栋吕	黎　平	1 000	5 000	1 000
龙宜坤	锦　屏	300	3 000	500
徐永顺	黎　平	3 000	12 000	3 000
张积泰	江　西	1 000	5 000	800
付泉兴	福　建	2 500	20 000	3 000
刘恒顺	锦　屏	500	4 000	500
严顺祥	湖　南	300	6 000	500
高培林	广　西	300	2 000	300
滕兴顺	湖　南	300	1 500	200
邱恒丰	湖　南	200	2 000	400
李万益	湖　南	1 000	3 000	500
刘福兴	湖　南	300	4 000	600
蔡吉盛	湖　南	300	2 000	200
周吉盛	湖　南	300	3 000	500
肖禧隆	湖　南	300	1 500	200
江和顺	湖　南	400	2 000	300

上述杂货商 21 户，共有资金 16 200 元，年营业额 135 000 元，年获利润 14 000 元。以一年计算，相当于对本对利。

从籍贯看，杂货商以湖南、江西、福建等外商人占绝对优势；从民族看，以汉族商人占绝对优势，侗族的杂货商仅有两户，资金仅有 800 元，年营业额仅 7000 元；年获利润仅 1000 元。然而从消费者的总体上看，则是以当地的侗族、苗族、汉族人民为主体。

1940 年，由于抗日战争的影响，锦屏市场呈现出萧条景象。杂货业有些变动，总体趋势走向缩减。仅存 12 家杂货店，按法币计算，其资金、年营业额、年获利润情况如下：

店　主	籍　贯	资　金（元）	年营业额（元）	利　润（元）
徐永顺	黎　平	7 000	10 000	1 000
张积泰	江　西	6 000	8 000	700
赵华清	黎　平	2 000	8 000	600
德胜斋		2 000	20 000	1 000
李同丰	湖　南	800	7 000	500
罗元坤	湖　南	400	4 000	300
刘福顺	福　南	300	3 000	400
张福兴	湖　建	3 000	3 000	400
段荣昌	湖　南	1 000	8 000	800
付祥林	湖　南	200	4 000	400
岑生福	湖　南	800	8 000	800
汤松记	湖　南	800	8 000	800

12 户杂货商店的资金总额为24 300法币，在绝对值上比 1930 年的总资金额16 200元有所增长，其利润7700 元则比 1930 年的利润额14 000元则大幅度下降。在此 10 年间，法币贬值，物价上涨，资金的表面增长，实则是资金的缩减。特别是资金表面增长的另一面反映出来的是利润下降，正是当时经商艰难，利润微薄的表象。

1945 年，日寇投降后，锦屏市场开始复苏，杂货商骤然增加到79 户。连茅坪计算在内，则达 118 户，比 1940 年增加了将近 9 倍之多。原因有下列数端：

（1）战后木材交易均由买卖双方直接进行。三江行户不再充当中介，于是纷纷转向经营杂货业。如王寨的行户王声鹤、王泽生、王声应、王声震、王泽涛等摇身一变而成杂货商，使侗族杂货商人的比例大大增加，计 24 户，占该行业总数的 30.4％。

（2）经营杂货的本钱可大可小，本小利大，周转快，与当地各族人民的生活紧密联系。那些资金少无能力经营大宗生意的本地人和外来小商，多选择杂货业进行经营活动。解放前夕，杂货业资金总额为银元23 200元，资金在千元以下的共有 71 户，约占 90％，共计资金11 300元，占杂货总资金的 48.71％，平均每户 160 元。杂货商资本较大的每年可周转 10次，资本小的可周转 20～30 次，一般取 10％的利润。

（3）跨业经营者进一步增多。锦屏的商品经济虽然比较发达，但专业性仍不很高，多采取综合经营，即多从事跨行业的经商活动。如 1945 年的 79 户杂货商店中，兼营木业或与之有直接联系的有 18 户。如杨昌吉开有太和记木号和懋昌祥杂货店；王泽生开生利材木号又开杂货店。还有许多布商也跨业兼营杂货业。如木商何长盛等合资开和群布号，又另开盛大杂货店，宁庆和布店兼开杂货店。其他布商兼杂货店的有严弟清、陈兴志、刘正锡、彭祖卿等。同时，一些杂货商也涉足于棉布业，如徐永顺、项祥春、李洪昌、德胜斋、赵恒泰、春福恒、张安乾、张应松等。

至解放前夕，锦屏杂货业的资金普遍缩小，周转不灵，经济呈现萧条景象。根据解放初的登记统计，特列 1949 年锦屏三江镇杂货业商号、资金分配情况表如下页表。

锦屏县三江镇 1949 年杂货业商号资金分配情况表

族别	籍贯	资 金 情 况						户数合计		资金合计		全年营业额（元）	平均每户占有资金（元）
		1 000 元以下		1 000～2 000 元		2 600 元		户数（户）	（%）	资金总数（元）	（%）		
		户数（户）	资金（元）	户数（户）	资金（元）	户数（户）	资金（元）						
侗	锦屏	23	3 124	1	1 600			24	30.38	4 724	20.36	18 010	113.50
汉族	湖南	35	5 796	4	5 500			39	49.37	11 296	48.69	39 124	289.64
	江西	3	300	1	1 000			4	5.06	1 300	5.60	14 160	325.00
	福建	6	1 180					6	7.59	1 180	5.09	4 476	196.67
	黎平	1	200			1	2 600	2	2.53	2 800	12.07	9 960	1400.00
	南加	2	300	1	1 200			3	3.80	1 500	6.47	3 360	500.00
	贵阳	1	400					1	1.27	400	1.72	600	400.00
合计		71	11 300	7	9 300	1	2 600	79	100	23 200	100	89 690	1 135.32

从表中可以看出，当地侗族经营的杂货商店户数比例虽为 30.38%，而资金比例只占 20.36%，全年营业额比例只占 20.08%，平均每户占有资金仅为总平均数的 39% 弱，说明侗族从事商品的多为小本经营，未形成大的商号。

（二）绸布业发展简况

三江镇棉布业的兴起是锦屏县商品经济发展的重要标志之一。在历史上，锦屏的侗族苗族妇女普遍习惯于种植棉麻、纺纱织布，擅长于染色、刺绣、编织花纹图案，一切穿戴织品均属自给自足。但至近代，由于木材贸易的繁荣，商品经济的发展，大量棉布从湖广等经济发展的先进地区，源源运至锦屏，逐渐冲破了当地自然经济的体制结构，取代了家庭的手工纺织业，棉布业渐渐兴盛起来。特别是在清朝末年，棉布经营的规模壮大，出现了较大的棉木商号，如傅隆盛，永顺和，振泰顺等，均拥有资本数万银元。他们经营的商品，以家机土布——黄州布为大宗，其次是蕲河布、葛仙布。其他还销售一部分镇江扣布、汉口苎布、苏杭绸缎等，其大致比例为：黄州布占 60%，蕲河布占 15%，葛仙布占 15%，其他布占 10%。

主要几种棉布产品的规格为：黄州布，大宗皆以筒计量，1 筒为 25 匹，每匹长 36 尺。每匹重 2 斤，每筒重 48～52 斤；葛仙布，每筒 2 匹，每匹长 24 尺。每匹重 1 斤，每筒重 20 斤，蕲河布，大宗以包计量，每包 30 匹，每匹长 44 尺宽 1.4 尺。此 3 种布畅销于黔东南的锦屏、黎平、天柱、剑河、台江、黄平、麻江、雷山等少数民族地区。其中，锦屏县又是其销量最大的县份之一。天柱、剑河、台江、黎平的木商或棉布商经常至锦屏进布，从而加强了这些地区的经济联系。

1920 年锦屏较大的棉布商户　　　　　　　　　货币为银元

店主名	籍　贯	资金（大洋）	年营业额（元）	利润（元）
周胜泰	江　西	3 000	30 000	1 500
罗宏盛	江　西	2 000	20 000	1 000
周庆和	江　西	200 000	400 000	20 000
义丰隆	江　西	8 000	80 000	4 000
匡德泰	江　西	5 000	50 000	2 500
三茂和	江　西	2 000	20 000	1 000
倪怡和	江　西	1 000	8000	2 400
刘祥生	江　西	2 000	20 000	1 000
顺太和	湖　南	20 000	160 000	8 000
振太顺	湖　南	200 000	600 000	30 000
陈祥茂	湖　南	100 000	600 000	30 000
杨乾泰分庄	福　建		78 100	4 000

　　根据对上述 12 家棉布商品的统计，总资金额为 54.3 万元，年营业总额为 150.61 万元，年获利润 8.04 万元。

　　这一时期，贵州军阀混乱，土匪猖獗，作为拥有雄厚资本并兼营鸦片生意的棉布商，必须同时也有钱请官兵护商解运，确保无虞。因而形成大商人的优势，占有二万元以上资本的占资本总额的 95.8%。他们在资本、运输和市场方面居于独占地位。但是他们的巨资巨利，必然引起土匪的觊觎，稍一不慎，就会被掳掠一空。清末民初的大商人傅隆盛，占有资本数万银元，经营鸦片、盐、布诸商品，一次运鸦片至瓮洞，被土匪抢劫而顿告倒闭。

　　大棉布商人史恒如，从发家到倒闭的历史，具有一定的典型性。史恒如原是一个小商贩，在同乡木商的支持下，开始经营鸦片、棉布和食盐生意。据说一次洪江大布商的布匹被水打湿，亟须处理，以减少损失，乃大量赊销。史恒如便赊布销往贵阳、安顺，购鸦片返洪江出售后，如期如数偿还了赊欠账项。与其他赊销的商人乘人危急，不惜压价拖延的情况对比，相形见优，从而取得了这个大商人的赏识和信赖，也在洪江商界享有信誉。他再赊销几次即积累了巨资，独开振泰顺商号，顺水运鸦片至洪江销售，逆水运盐、布至锦屏并转运至下司、贵阳销售，最盛时他的船帮有 108 只，鸦片独帮有 200 余担，资本约 16 万两银子，雇请一连军队随船护送。又集股到处设立分庄，成为一方大贾。他暴发之后，吸鸦片，纳妾众，生活十分奢侈腐化。不料他的一批数量很大的鸦片突然在安顺被劫，各庄股东闻讯后纷纷退股而相继倒闭，振顺泰从此一蹶不振。但其开支用度一如过去奢华，开支日拙，妻妾们各捞一把，将田土财产瓜分尽净后作鸟兽散。最后史恒如将所有财产房屋当尽卖光，连为自己准备的楠木棺材也卖给他人。当他在穷途末路上凄凉死去后，一贫如洗，还是街坊化板板将他草草埋葬。

1930 年，国内军阀割据互相争战的局面基本结束，国家在形式上取得了统一，有利于加强经济联系。反映在锦屏的棉布市场也发生了巨大变化，京、沪一带织造的匹头棉布，如织贡呢、卜萄呢、人字呢、斜纹布、士林布、标准布、府绸等，大量涌入锦屏市场，在棉布总量中占了 70%，而过去充斥市场的各种土布，仅占有 30%。京沪布匹相当一部分是木商们自长江流域运进锦屏地区。由于原来的大棉布商多纷纷倒闭，而今兴起的棉布商多为中等商号，而万元以上的大商号仅有何丰隆 1 户。其较大的 11 家商号的情况如下：

1930 年三江镇布商资本及利润分配表

店　名	籍　贯	资本（元）	年营业额（元）	利润（元）
豫丰恒	湖　南	2 700	15 000	1 000
李仁康	江　西	8 000	30 000	3 000
协和祥	台　江	4 000	40 000	4 000
邓德祥	湖　南	700	8000	500
吉茂祥	湖　南	6 000	60 000	4 000
何丰隆	江　西	30 000	150 000	10 000
潘连记	江　西	4 000	15 000	1 000
庆和福	江　西	2 500	10 000	600
聚兴元	江　西	600	5 000	400
德庆恒	湖　南	5 000	50 000	5 000
永茂恒	湖　南	3 000	30 000	1 200
合　计		66 500	413 000	30 700

这一时期的棉布商品除了机织细布大幅度上升和黄州布等出布大幅度下降外，外国呢绒丝绸的输入也有显著增加。在市场上出售的有：英产毛华达呢、细毛呢、毛哔叽、太西缎和金边羽绫；日产羽纱、华丝葛和华丝绒、印度绸等，其总价值约为四万大洋，占布绸呢绒营业总额的 9.6%。

抗日战争期间，日本帝国主义向中国大举进攻，国民党消极抗日而节节败退，宁汉失守，江道阻塞，锦屏的主产品木材陷于停滞，市场日趋萧条。不仅机织细布断货，外省土布在市场也已绝迹。唯见于市场的是质量低劣的磅布、桃布等数种而已。布商的资金缩减，营业额下降，获利寥寥。在少数民族农村，又渐渐恢复了自种、自纺、自织、自用的家庭纺织业。

1940 年锦屏棉木业商号、资金、利润情况如下页表。

店　名	籍　贯	资金元（法币）	年营业额（元）	利润（元）
王声吉	锦 屏	400	5 000	1 000
裕丰昌	湖 南	1 600	10 000	1 800
李仁康	江 西	1 000	3 000	300
胡益记	江 西	2 000	9 000	1 000
裕康祥	湖 南	3 000	7 000	600
李公发	湖 南	600	5 000	600
永 昌	江 西	800	7 000	700
信 昌	江 西	800	7 000	700
永和祥	湖 南	800	8 000	900
黄广生	湖 南	1 000	12 000	1 200
华新昌	锦 屏	1 000	5 000	600
永茂恒	湖 南	1 000	5 000	600
同禧祥	湖 南	2 000	9 000	1 000
戴瑞华	湖 南	2 000	7 000	1 000

以上 14 家棉木商号共有资本 17 600 元，比 1930 年的营业额 66 500 元减少了 48 900 元。即减少了 2/3 以上。

1945 年，日本无条件投降。长江航运开放，长江沿岸城镇及其他城镇恢复建设，急需木材，木商络绎来到锦屏，木材贸易又重新活跃起来，锦屏经营木业的达 80 余户。许多棉布商人被木材贸易的厚利吸引，纷纷转向木材生意。如棉布业的大商人胡可逸、严弟清、陈继瑞、刘正锡等户，都转以经营木业为主。但是在蒋介石发动内战之后，锦屏商业又走向衰落。棉布业更加不振。据解放初期工商登记，锦屏绸布商人有 59 户，其中有铺店的 10 户，赶场流动摆摊的 49 户。资本在 1000 元以上的棉布商如资金表。

从表中说明，在 59 户棉布商中，千元以下的小商贩有 47 户，占 79.66%，千元以上资本的 12 户，占 20.34%；外省汉族商人 56 户，占 94.9%，本地侗族 3 户，且为小商贩，占 5.1%。

资金表

店　主	籍　贯	资　金（元）	年营业额（元）
胡可逸	江 西	2 000	3 840
天 成	江 西	1 000	
赵志果	黎 平	1 000	2 880
赵信恒	湖 南	2 000	6 000
严弟清	湖 南	4 500	8 400

续表

店　主	籍　贯	资　金（元）	年营业额（元）
陈瑞丰	湖　南	2 300	7 200
茂祥记	湖　南	1 250	1 200
邓淮先	湖　南	1 000	1 200
兴　泰	湖　南	2 000	4 800
陈定国	湖　南	1 200	1 200
裕康祥	湖　南	1 000	1 440
和　群	江　西	3 600	4 200
合　计		22 850	42 360

1949 年绸布业资金构成表

族　别	籍　贯	资本状况			户　数		资　本	
		1 000 元以下户	1 000 至 2 000 元	2 001 至 4 500 元	合　计（户）	%	合　计	%
汉	湖　南	34	6	2	42	71.19	12 917	57.99
	江　西	4	2	1	7	11.86	8 300	26.86
族	其　他	6	1		7	11.86	4 000	12.95
侗	锦　屏	3			3	5.09	680	2.20
合　计		13 297	10 450	7 150	59	100	30 897	100

（三）民国 32 年各行业经营情况

在锦屏县公安局档案中，保存着一份三江镇（城关）民国 32 年（1943 年）各行业的经营情况的统计数字，详细地载明其商号或店主名称、占有资本额、商号成立时间、销货种类、进货地点、销货地点、进价、售价、每月营业金额及盈亏等情况。原件存县公安局档案 189 卷，今将其摘录整理列表，全部抄录于下页表。

锦屏县城关民国 32 年各行业经营情况

（食、盐、糖、茶、药业）

摘锦屏县公安局档案 189 卷

户主	资本额(元)	成立时间	组织状况	销货种类	现存数量	经营状况						销售区域	财务状况		
						批发单价	零售单价	购货地点	每月购量	每月销量	每月销值		每月支出(元)	每月收入(元)	盈亏(元)
吉昌祥	7 000	1943	单	茶食	30斤			洪江	60斤	30斤	1200	本城	1 000	1 100	+100
义新祥	1 000	1937	单	茶食	40斤	31元/斤		洪江			800	本城	500	800	+300
德利隆	4 000	1942	单	丝烟	60斤	27元/包	1～3元/小包	本城	200斤	120斤	3 400至3 500	本城	3 200	3 300	+100
怡丰	100 000			食盐	200担	22元/担	2.2元/10斤			400担	8 800	本城	8 000	10 000	+2 000
张积泰	29 000	1943	合作社	食盐	100斤	20.50元/100斤	21元/100斤	洪江	23 000元	5 000斤		本城	1 280	3 280	+1 000
				纸	10砣	320元						本城			+500
				碗	70筒	20元						本城			+500
同裕祥	6 000	1938	合	糖	40斤			洪江	45斤	35斤	800	本城	1 100	1 200	+200
陈寿生	2 000		单	国药 300 种	6斤	5元/斤	1～10元/斤	湖南	6斤	6斤9/10		本城	400	500	+100
寿龄堂	5 000		单	中药	2 000元	4.5元/两	5元/两	湖南	500	800	800	本城	600	650	+50

户主	资本额（万元）	成立时间	组织状况	经营		
				销货种类	现存数量	批发单价
荣 记	1	1943 年	合股 11 股	土布 50 余匹、花布 40 余匹	50 余匹	150～300 元/匹
富大昌	1	1943 年	12 股	土白布	20 匹	180～200 元/匹
				土蓝布	8 匹	190～290 元/匹
				土灰布	8 匹	190～290 元/匹
				土青布	5 匹	220～320 元/匹
				土条花布	6 匹	670～680 元/匹
集昌商店	1	1943 年由裕丰分设	12 股	白布	50 匹	180～280 元/匹
信昌	0.4		单股	雨伞 30 把兼营纸二担面 300 斤		
				灰、青、蓝、土、白布	77 匹	
严信丰	0.4		单	缎子	5 匹	2 200 元/匹
				土、白、灰布	9 匹	
永兴商	0.8	1943 年		青、段、灰、花、土布	两挑	
德兴祥	0.8	1943 年	合股	布	一筒半	260 元/筒
裕丰	1	1943 年	单	各种布	40 匹	
				雨伞	80 把	28 元
				漂纸	50 刀	
				银饰	6 两	

年各绸布业经营情况　　　　　　　　　　　　　摘锦屏县公局档案 189 卷

状　　　　　况						财　务　状　况		
零售单价	购货地点	每月购量	每月销量	每月销值	销售区域	每月支出	每月收入	盈亏
8～10 元/尺	湖南	3/10 匹	25/10	2 000 元	锦、剑	1 000 元	2 000 余元	+1 000 元
7～10 元/尺	湖南	7/10 匹	10 余匹	2～3 000 元	锦、剑	1 500～1 600 元	3～4 千元	+2 400 元
8～10 元/尺	湖南				锦、剑			
″	湖南				锦、剑			
10～12 元/尺	湖南				锦、剑			
14～16 元/尺	湖南				锦、剑			
8～10 元/尺	湖南			6 000 元	锦、剑	2 400 元	6 000 元	+3 600 元
	湖南			800 元	锦、剑			+1 500 元
	湖南	1 800 元	1 500 元	1 500 元	锦屏	800 元	2 300 元	
	湖南			400 元	锦屏	900 元	1 200 元	+300 元
	湖南	10 余匹	5 匹	900 元	锦屏			
	湖南			3 200 元	锦屏	2 400 元	3 200 元	+800 元
9 元/尺	洪江	半筒	半筒	1 500 元	城乡	1 800 元	2 000 元	+200 元
平均 15 元	洪江	2 000 元	4 000 元	41 000 元	城乡	13 000 元	10 000 元	-3 000 元
30 元	洪江	300 元	400 元	400 元	城乡			
15 元	洪江	200 元	280 元	280 元	城乡			
100 元/两	洪江	500 元	580 元	580 元	城乡			

（土、百、杂、货业）   锦屏县城关民国卅二年

户主	资本额	成立时间	组织状况	经营状况		
				销货种类	现存数量	批发单价
游顺祥	8 000			纸 张	5 担	400 元/担
				瓷 器	5 担	500 元/担
赵庆恒	6 000	1942	单	大锅 5 个、六同小锅、盆十		大锅 10 元 盆 10 元
杨丰裕	4 000	1942	”	碗	百余筒	30 余元
				小 锅	30 余口	40
				鼎 罐	10 余个	40
				生 铁	5—6 碗	7 元
胜兴	200	1931		火纸、酱油	20 30	8 元 每两 8 角
同盛强	4 000	1942		手巾、肥肥皂	6 000 元	
锦昌隆	3 000	1943		炮	6 万	120 元/万
				碗	10 筒	20 元/筒
				酱 油	一坛	16 元/斤
				面	50 斤	10 元/斤
				纸 张	一捆	20 元/刀
蔡树知	900	1943	单	伞	18 把	20 元
			单	当票纸	5 筒	120 元/筒
张益泰	800	1943		斗 笠	16 个	20 元/个
				酒	10 斤	5 元/斤
				油	5 斤	18 元/斤
邱恒丰	1000	1942	单	桐 油	30 斤	300 元/100 斤
				清 油	20 斤	140 斤/100 斤
				纸 烟	8 筒	2 元/打
张福盛	100	1943	单	白香木	50 斤	
				独	8 斤	
				面	10 斤	
				茶 叶	3 斤	

各行业经营情况

零售单价	购售地点	经营状况				财务状况		
		每月购量	每月销量	每月销量	每售区域	每月支出	每月收入	盈亏
15 元/刀	洪江	两担	两担	800 元	本城	1 200 元	1 300 元	+100
17 元/筒	"			700				
10.40 元 10.30 元	"	6/10	3/10	5 200 元	城乡	2 500 元	5 200 元	+2 700 元
30 余元/筒	"	4/10	2/10	2 800 元	"	1 500 元	2 800 元	+1 300 元
40	"							
40 元	"							
7 元多	"							
	"	5 斤 20 斤	5 斤 20 斤	6/10		60 元	80 元	+20 元
	"	1 000 元	500 元	1 000 元		400 元	1 000 元	+600 元
13 元/斤	"	20 万	10 万	1 000 元	乡村	500 元	2 000 元	+1 500 元
30 元/筒	"	20 筒	10 筒	200 元	"			
1 元/两	"	一坛	一坛	160 元	城区			
11 元/斤	"	50 斤	50 斤	500 元	城乡			
1.3 元/张	"	10 万	10 刀	200 元	学校			
	靖州		12 把	500 元		300 元	550 元	+250
12 元/刀	洪江		20 刀	360 元	锦屏			
21 元/斤	平略	30	30	520 元	乡农	500 元	600 元	+100 元
5.2 元/斤	小江	50 斤	45 斤	200 元	城区			
20 元/斤	本场	20 斤	20 斤	350 元	街上			
4.4 元/斤	市场	50 斤	50 斤	1 500 元	城区	1 000 元	1 500 元	+50 元
18 元/斤	"	50 斤	50 斤					
4 元/合	"	20 打	20 打	500 元	"			
3 元/斤	大城				"			
20 元/斤	"	4 斤	4 斤	96 元	"			
6 元/斤	"							
30 元/斤	"							

根据上述之详细统计，特将各行业的户数、资本额、月销售值、月收入、月支出、月利润额归纳统计列表于后：

行业名称	户数（户）	资本额（元）	月销售值（元）	月收入（元）	月支出（元）	月利润（元）
绸布业	15	150 000	93 610	39 500	29 900	9 600
土、百、杂货业	10	28 000	16 646	15 030	7 960	7 070
食、盐、糖、茶、药业	8	154 000	15 550	20 930	16 080	4 850
合计	33	332 000	125 806	75 460	53 940	21 520

三、启蒙的集市情况

启蒙原名婆洞，又称边沙。明清两代属黎平府开泰县，民国初年，建锦屏县后，始设启蒙乡。这一地区的居民以侗族为主，并有苗族、汉族相杂居。这里是一个四面环山的小坝子，坝中流过一条蜿蜒的小河，具有漂木和农田灌溉之利。河的上源为上寨，沿河下行里许为边杉寨。原来的场址在上寨，后来迁场于杉边。迁场的原因是：

1. 从自然条件上看，上寨街窄，容纳不了多少赶场的人，每遇大雨水涨，街道如渠，行人不通，人们就拥挤到风水桥上进行交易，颇为不便。

2. 从政治条件上看，乡政府设在边杉寨，寨上恶霸罗秀章当了乡长，为了壮大乡政府的声势，强迫迁场。他强行在寨前田坝上修建街房，凡田主愿自己修建的就限期竣工；若不修建的，可以听凭别人修建，不出地价；如建起房架后，不及时装修竣工的，得让给他人装修居住，不得干涉。罗秀章以便于他进行武装保护为由，设场于乡公所附近。原来场址在上寨时，罗秀章勾结土匪，唆使匪徒公开抢劫集市，扰得人心惶惶，不敢前来赶场。正是在这种政治压力下，场址才由上寨迁至边杉。

解放前，自四方来启蒙赶集的人，以方圆20多里内的侗寨最多，苗寨次之，如高表寨、宰固寨、个佐寨、牛洞寨、魁洞寨、高比寨、低茶寨、纳洞寨、八寿、韶霭寨、罢里寨、平桥寨、把瓢寨、宰往寨、地稠寨、从黄寨、扁洞寨等。还有一部分人来自30里以外的河口、固本、中林等地。此外，还有来自湖南和广西的汉族小商贩。

启蒙历来是每月逢二、七为场期，场上无坐商，经商者以流动的小商贩为主。从湘、桂来的货郎担，则赶集串乡，售完而返。本地商贩，有三四十人，除在本场集日摆摊售货外，只赶固本，其余时间都从事农业生产，兼作农事，而无专业商贩。迁场后，赶场的人数有所增加，一般都500多人，最多时达1000多人。

场上也有专业的手工业者。如从事缝纫的有手工业者3人，没有开店，专做上门工，手工缝纫，未使用机器。最早的缝纫工是来自湖南的邓强生，其后才有本地的缝纫手工业者。场上有1个手工木匠，打制盆、桶等用具出卖。有3个铁匠，设炉一盘，加工锄、镰等生产工具。

市场上的主要商品有：

盐：启蒙地区人们食盐主要从广西运来，其次从湖南运来。广西盐经由寨蒿、福禄运至启蒙。盐商中有的是广西小盐商贩，挑盐来启蒙贩卖，有的是本地小商贩去寨蒿、福禄或经至广西挑盐回来贩卖。有一个时期广西商路不通，才由洪江经王寨、平略运来湖南盐。据说老一辈人曾吃四川自贡产的井盐，有的人家还保留着当年舂盐的石碓。

布：本地侗族种棉、纺纱、织布的少，大多依赖市场供应。棉布主要从湖南运来。场上有十四五个摆布摊的。一般是在王寨或平略向商人买来零售，间或有资本较大的商人远去靖县、洪江进布运回启蒙卖的。布的种类有黄州布、葛仙布、码子布、苎布、扣布、平浆布、线布等。一个摆布摊的商贩，一般有本钱几十至百把元大洋。

纸烟：外地运来启蒙卖的纸烟，牌子很杂，牌名有白金龙、大号牌、玉兰地、学文化、工具烟、皮丝烟、盖包烟等。

铁器：除农具是本地自制外，一般铁器多由湖南供应，主要由湖南的小商贩挑来场上销售，或串乡走寨推销，主要铁制产品有鼎罐、剪刀和木工工具等。

米：启蒙山多田少，口粮不足，靠由落里、鳌市、固本挑米来卖。大部分供食用，少部分挑往平略、王寨出售。

其他的商品，还有从广西运来的糖和西药，从湖南运来的木耳、红花、墨鱼、海味等。

在场上进行交换的土特产有水獭皮，大约30元大洋一张；牛皮，以斤计价，二三角钱一斤；羊皮，1元一张；油桐不用以打油，而以桐瓣挑往平略卖，六七角一斗，约重25斤。

四、平略的集市情况

平略位于清水江中下游，平略场沿江而建，依山临水，聚落分布如带状。居民以苗族、侗族为主，也杂居着少数汉族。有半数居民主要从事农业生产。其他居民主要靠放排、扒船、开饭店、卖小吃和经商生活。还有的居民从事理发、缝纫、打铁等手工业。手工业者和商人中，相当一部分是湖南人和江西人。

平略场是锦屏县仅次于县城三江的一个最大的初级市场。前来赶场的除了方圆几十里的村寨居民之外，还有来自湖南、广西、广东、黎平、天柱、剑河等地的行商。平略有清水江运输之利，上至重安江、下司，下至王寨、洪江，商人们运进布匹、广货和盐巴出售；百里以内的农产品也汇集于此，卖与外地商人。赶场人数一般有两三千人，最盛时达万人。其中，苗族约占60%，侗族约占20%，汉族约占20%。在商人中以汉族商人占多数，苗族商人次之，侗族商人最少。较大的商人多为湖南人和江西人，其次为广西人。少数民族商人多是肩挑背负和小商贩。

在平略场上的商人分坐商和行商两种。民国十二三年是平略市场比较兴旺的时期，有9家坐商。其店铺的招牌是兴昌隆、益太和、大有恒、怡昌永、王泰顺（后改名王荣昌）、华茂昌、赵永茂、刘胜昌和荣大昌。其中的王泰顺店铺是湖南邵阳人开的。清末开始经营木业，兼卖油盐杂货。因做铜钱买卖获利甚大，进一步扩大木业，曾多达30把斧印，一年有上千两码子运往洪江，利润率高达40%，积累了两万多大洋后，便携资返回湖南去了。

益太和与荣大昌是王七、王八两弟兄开设的。王七叫王有志，王八叫王敬斋，是平略有名的商人。王有志开益太和系布店廉缝纫店。王敬斋开荣大昌系经营药材、布匹、杂货，又做木材生意。王敬斋善于投机，两三年间，获利1万多元大洋。民国22年被土匪"吊羊"（绑架），用800元在赎回后，便停止不从商了。王有志也在民国26年被土匪抓来装进麻袋里游街，花600大洋赎出来后，不久就死了。

兴昌隆是杨子鹏开的点心店，与王天锡熟悉，开店不久就到军阀队伍里去了。

刘胜昌布店有资本1000元大洋，清末开设，民国14年停业。

华茂昌是八洋地主杨光岚开设的，经营布匹兼杂货。由于受匪首龙青云的欺压，被迫于民国16年停止。

在国民党统治时期，由于土匪猖獗，税收苛繁，货币贬值，店铺纷纷倒闭。至解放前两年，除饭店、缝纫店外，再没有一家像样的坐商了。

行商对活跃平略市场起着很大作用。从整个情况看，平略是王寨的重要的辅助市场，贸易关系非常密切。无论输出和输入的商品，王寨均占大部分，行商在这个商品流通渠道发挥着很大的功效。从王寨运来平略销售的主要是布匹，其次为盐、铁器、纸张和百货；在平略收购的商品有松脂、桐籽、生猪、鸡、鸭、蛋类及蔬菜等。从王寨来平略的行商达百余人。黎平地区运来的商品也不少，主要是大米、生猪、松脂、桐籽和苗布，商人多为苗族，肩挑背负，自食其力，本钱较小，约有行商五六十人，售货后一般不收购回头货。从湖南来的商人，主要是宝庆、靖县、城步、武冈等县的行商。销售的商品主要有剪刀、锉子、笔墨、沙罐、瓷器、针线、布匹、百货等。收购的商品有牛皮、兽皮、鸡鸭毛、猪鬃和鸦片。两广的商人一年来几次，每次10多人，推销成药、布匹和盐等，收购五倍子。

解放前，平略场每场的交易额在5000元左右。主要商品有布匹、大米、食盐、生猪、猪肉、桐子、松脂、粮食、铁器和百货，略述于下：

布匹：每场布匹贸易额达2000元左右。布商主要是湖南人和江西人。王寨来的布商，为了扩大交易，增加利润，还进行赊销。江口来的苗布，在平略换棉花，1尺4寸换一斤棉花。本地商人摆布摊的有4个，大的布摊价值百把元大洋。主要布匹有黄州布、葛仙布、码子布、磅布、线布、苎布、青洋布、府绸、直贡呢和少量绸缎。

食盐：每场盐的交易额近万斤，金额约千元。盐的来源比较复杂，有从贵阳来的川盐，洪江来的淮盐，广西来的粤盐。经营食盐的小商贩多。盐价在正常的情况下，每百斤大洋12元。盐摊每场有30多个。解放前，食盐紧俏时，1元大洋只买得半斤盐。

大米：平略缺粮，粮食成为市场上的重要商品。除以农业为主的偶里（距离近）其商品粮主销平略之外，还有中林、江口、鳌市和罗里孟彦都有挑米来平略卖的。每场约有200多挑来上市。正常年景1升米（约折合25市斤）约值9角，场贸易额约300余元。

猪：平略四乡和远至黎平的生猪都集中来此出售。民国23年前后，从平略运往王寨和洪江的生猪，每月有数百只。生猪交易，不用秤称，估斤作价。

广货：王寨商贩运广货至平略销售者多，洪江、靖县也时有运广货至平略出售。来自湖南武冈、城步的货郎常挑着货郎担串乡走寨，与乡民以物易物。所谓广货即来自两广的百货。其品类有针线、剪刀、头绳、毛巾、梳子、袜子、鞋子、带子、镜子、锁、手帕、肥皂、首饰、纸张、笔墨等等。每场营业额约200元。

铁器及其他：在平略市场上出售的铁器，其品质有锄头、柴刀、镰刀、菜刀、犁铧、火钳等，数量不多，每场营业额大约数十元。从剑河去王寨的船，逢夏秋之季，也载有花生、梨、黄果、橘子、李子等，顺便在平略销售。

鸦片与铜钱：鸦片泛滥于贵州城乡之际，也是平略市场上的畅销商品，每场交易额约二三百两，多时达500两左右。平略附近不是产烟地区，由剑河、南加运来的多，主要供当地人食用，湖南商人有时也购买少量鸦片。国民党通用纸币之后，原来的旧货币铜板和缗钱也变成了商品，洪江有商人专门来此收购。民国 35 年左右，商人龙炳才随带十来个助手专门为洪江商人收购铜板，一年成交的铜板缗钱数量约达 2 万多斤。

五、平秋的集市情况

平秋场坐落于锦屏县的高山地区，住地为一高山环立的峡谷小盆地，故有"高山上的平原"之称。平秋原名"阿术"，为侗语译音，意为事物在自然消失。明末始改名平秋。平秋属九寨区，是一个侗族聚居的地区。赶场的人以侗族乡民为主。

平秋原无场集，随着清水江流域木材贸易的兴盛，湖南商贩陆续来至锦屏地区，一些湘籍货郎，肩挑小百货，手摇小皮鼓，深入九寨侗族山区，走乡串寨，沿村叫卖。此等商贩日渐增多，便相约在平秋寨内的一个较高坡地定期集市。附近村寨的侗族居民，相告而至，进行简单交易。约定俗成，逐渐形成九寨侗区的一个初级的中心集市。后来，由于这些外来商人逐利相争，纠葛不已，影响集市货易的正常进行。平秋与石英两寨的侗族商定，把集市迁至两寨之间的地方，由两寨头人承担经营集市上的一切事务，杜绝外来商人的矛盾与纷争。此时期渐有本地侗族参加经商，有 4 人经营丝烟、油盐等土杂商品。至民国 31 年（1942年），平秋的乡长龙武良与地主龙秀全等，又商定把场址迁回平秋寨，称为新场，而称原来的场为老场。

平秋场是一个比较发达的初级市场。锦屏县西北部山区贸易，多集中于此。它与天柱的汉寨、剑河的大广和黎平的富楼都有密切联系。平秋场的贸易范围，以平秋为中心，以 30里为半径，在方圆 60 里的范围之内的侗族居民，都参加了这个集市的商业活动。以村寨而言，包括有魁胆、平秋、石英、皮所、高坝、瑶北、彦洞、黄门、小江等 9 个大寨，九寨也因此而得名。大寨为主体，还包含有几十个小寨。

解放前，平秋场上的主要商品是布匹、大米、盐巴和肉类，显然是当地侗族人民穿和吃的生活必需品。

布匹：每场布摊有 10 多个，其中，石英侗族摆的 8 个，平秋侗族只有龙海全 1 人摆摊，汉寨商贩常自洪江购进布匹，运销平秋集市，平略商贩也时有运布至平秋销售的。每场的布匹交易额一二百元不等。销售的布匹主要有黄州布、码子布、葛仙布、直贡呢、直贡缎、太其缎、银绸、白绸等。磅布来得比较晚。这些布匹的消费者主要是地主阶级和部分男青年。对于广大劳动群众来说，一直保持着自种棉花、自纺自织而供自给的传统生产方式。侗族妇女多习纺织，有强烈的封闭观念，特别是妇女以穿自织的家机布为荣，以穿外来布为耻。他们除自用外也有少量供市场销售。但从整个发展趋势来看，商品经济正冲击着自然经济的壁垒，自然经济的比重在日渐缩小，而商品经济的比重在逐渐增大。这是不可逆转的客观规律。

盐：解放前，盐是民族地区奇缺而又必不可少的紧俏商品，利润相当高。九寨侗族的食盐，多是从黎平和福禄转手贩运来的粤盐，每场销售千斤左右。1949 年前，平秋有 10 多个小贩去福禄挑盐。他们一般都没有本钱，主要是向地主告贷经商。地主乘机加重高利贷剥削，月利达 100%，俗谓对本还利。或者由地主出本，借钱的商贩挑盐回来以一半盐付利，一半盐出售后还本，所余无几，实为低廉已极的劳力钱。1945 年以后，龙武良、石信祖等勾结政府官吏，开设销盐店，表面上计口售盐，实际上是压低销售定额，暗地将扣下的食盐运往剑河高价出售。平秋食盐脱销时，盐价猛涨，销盐店便乘机牟取高利。1945年1元大洋只买7两盐（老秤十六两为一斤），许多侗族农民连过年都买不起盐吃。

大米：九寨向为林区，耕地少而常年缺粮，大米成为主要商品之一。特别是拉木的农民，多在市场买米过活。商品粮来自大广和汉寨，每场摆在二三十个米摊，实销10担左右。商贩从中获利20%左右。

平秋外销商品很少，只有零星采集的一点茶叶、油桐和松脂，一般都到王寨出售。

平秋没有专业商人，有的是地主官僚兼作大商人，或农民兼小商贩。

龙武良和龙秀全，均是地主，曾任乡长，垄断食盐购销，又利用盐款做木材生意，每次达100两码子，获利致富。

龙海全，原系小土地出租者，长期经商，经营木业和布业，开始资本仅100元大洋，获利后买田约有产量5000多斤。自己经商，雇长工种田。

六、食盐的供销情况

贵州不产食盐，向由外省供给。锦屏食盐主要是来自四川的川盐，来自湖南的淮盐和来自广西的西盐。川盐块状，咸味甚浓，人皆喜食；淮盐、西盐呈粒状，咸味淡于川盐，淮盐销量较大。

历史上锦屏食盐的运输和供应，多由商人垄断。一般由木商和杂货商兼营。因是人民的生活必需品，销售大，出手快，利润可靠，故兼营盐业者愈来愈多。

1. 兼营盐业的木商：一些拥有中等资本的下江木商，为了两头赚钱，多购运淮盐至锦屏批量售给本地商人。1949年以后，本地木商将木材运销陬溪、汉口的逐渐增多，返回时亦多购盐至锦屏销售。在木材畅销期间，由木商运来的食盐占有很大比重。

2. 兼营盐业的杂货商：在杂货商中，兼营盐业者占20%以上。以刚解放时为例，在118家杂货商中，主营食盐的有11家，资本约5300多元；兼营食盐的13家，资本约1万余元。历史上最大的布商傅隆盛（1900年）、振顺泰（1920年）、永顺和（1920年）等，同时也是最大的盐商。

3. 农民小本贩运。盐荒期间，盐缺而价昂，乡间农民便相约去富禄挑西盐回锦，去各乡间零售。挑盐的都是穷苦农民，中途缺乏口粮，常有疲饿而死的人。

辛亥革命之前，川盐曾畅销锦屏境内。川盐由下司、重安江船运而至锦屏，少量销到黎平等地。至1925年后，军阀混战，土匪猖獗，川盐的运输路线受阻，不再运输锦屏。为了开辟新的盐路，粮商和农民小贩，纷纷挑米到广西出售，再购盐挑回锦屏推销。因此，财政部一度将锦屏划归粤盐专销区。其后广西米价大跌，贩米去粤已无利可获，遂无人往购西盐。于是分销湘西的淮盐便乘机入销锦屏，占据了盐业市场。抗日战争爆发后，淮盐断绝，食盐供应紧张，国民党政府乃施行食盐统制政策，组织专卖盐号，领票承销川盐和西盐，然后计口售盐，按定量分配和购买定额内的食盐。于是，1943年，锦屏建立了怡丰盐号，垄断食盐购销。锦屏商会会长潘德钦任经理，其他的主要成员有茅坪的龙家祥，王寨的王子轩，王亚衡等。

实行食盐统制政策之后，弊端更甚，给侗、苗各族人民带来更多的灾难。

1. 食盐的统制政策是计口售盐，但实际上是按少于锦屏人口总数进行定量发售。当时锦屏实有人口72 000余人，在计口售盐时，则只按52 300余人的盐量发给，以每人月食4钱食盐计算，每月发售食盐400担，每人实得2钱7分。各族人民饱尝淡食之苦。于是经锦屏食盐经销监察委员会及各行各业代表同向盐管局申请，请求按实有人口发足食盐540担。几经周转应酬，方获核准。至抗日战争末期，外来人数及外出返回原籍的人口急剧增加，实有75 000人。群众强烈要求增加食盐供应数量。贵州盐务办事处不予采纳，嘱其采购花盐添补。当运进花盐时，因其低劣，曾引起群众的反对。

2. 食盐供应紧张，官、商伙同抬高盐价，盘剥各族人民。1941年，锦屏县将9月份低价存盐加价出售，溢受盐价共计20 700元，还冠冕堂皇地解释抬价的理由是什么"谋与邻县盐价平衡"。县政府把榨取人民的这笔钱财，以12 000元修建民众教育馆，以5000元作习艺厂基金，以3700元买轻机枪充实地方自卫武装。

3. 村寨分散，供销点少，使群众劳累不堪。九寨联保第一、二保于1941年12月9日向政府呈请设立食盐分销店。因一、二保离公盐分销处30里，长途跋涉而去，往往盐已售空，一年来两保人民仅买得定量食盐的1/4。人们多空手而回，既浪费时间，又徒增劳累。所以要求设立食盐分销合作一股于本保，然县长不顾人民疾苦，挥笔批云：九寨联保已有二所公卖处，所请加设一节未便准许。

4. 盐商侵吞和囤积食盐之后，故意不办计口售盐，妄图造成盐荒，再抛售高价私盐，从中牟取暴利。据财政部贵州盐务办事处代电（1941年12月12日）："查各地零售盐商常有因资本不充，每月不能购运足额，甚至有故意不购，希图造成盐荒，以便非法渔利者，影响民食，殊非浅鲜！"

5. 盐商不择手段，牟取高利。1941年11月29日省府训令：

> 据报锦屏、黎平食盐运输监销似成问题。计价值较低者为销粤盐区县份，每斤自二元七八至三四元不等。销川盐区则每斤自四元六角至六元五角。纯利规定不得越出二分，但事实上何止一角。如短秤、包厚纸等弊，各县皆然。最不易管理者为区保要人员办理分销，增价、短秤、包厚纸而不足，少卖公盐，作走私贩运。现雷公山附近边界，每斤私盐售价八元，锦屏、黎平交界则为十元一斤。此就有盐接济正常状态而言。至县政府则督饬欠周，而又参加官股，为少数商人所包办，百弊丛生。百元股本，匝月可获五六十元之纯利，病民尤甚！

6. 湘省阻盐增税，锦屏盐号加价销售，增加人民负担。民国30年（1941年），怡丰盐经理潘德钦呈报靖县盐税局扣留本县食盐情形祈核转云：

> 查本县此次由长安领运公盐335.59担，因八洛船只缺乏，因改由通道靖县运锦，并经呈请钧府迭次函电沿途政府及盐务机关查明放行，各在案。不料第一批所运盐127.74担，于十一月十日抵靖县，经湘岸靖通收税局派员查验，认为运输湘境时，自难免不沿途洒卖，饬照乙种销税额补税33.4元；又谓粤局所发盐票，仅于背面注明补纳乙种销税32.8元，加盖印章，是否有效，应候请示核办。如粤局所收此项税款，湘总局认为不发生效力时，应照乙种销税每担66.2元全额补征。并扣留盐26担用作抵押。查本县公盐系贵州省政府按照人口数字转承贵州盐务办事处照拨月额580盐，运抵县时，须经监销委员会监视核收，印发回证，计口配发。处此严格统制及供不应求各种

情势之下，无论运经何地，万无洒卖之可能，而沿途亦毫无洒卖之事实。如再重征，则人民负担不堪设想。倘避道由桂运黔，则一旦八洛船只不便，本县食盐即无法接济，为此呈请钧府，准予转呈省府函请湘岸总处立饬靖局放行民食，幸甚。谨呈锦屏县县长李。

同时，怡丰盐号又呈请锦屏县政府解决粤盐运输困难。转函长安水运站配发船只济运云：

> 八洛船只缺乏，复因资源委员会运油，黔岸各县盐均经此道，驿运分配困难，速请县府转咨驿运管理处水运总段长按站设法分配船只，以免停滞。倘有不虞，立见盐荒。缘自十月份奉令改销粤盐以后，由八洛、靖县分途运输，船只力伕均较便利。无如湘岸盐务处勒令重缴销税，致生障碍，交涉未获结果，自不能再经靖县，仅八洛为唯一途径。

锦屏公盐被靖县加税扣盐之后，运至锦屏之盐，售价如何确定，怡丰盐号又呈文县政府提出处理办法云：

> 前批粤盐被扣 26 担，以致本县目前发现盐荒，续运之 207.85 担，现已抵靖，如再扣留，则荒象无法救济。又查湘岸盐务办事务不明内情，遽以有否洒盐殊难臆断为理由，勒令加缴税款，增重我锦民负担。此种处置，殊非战时祗制禧国利民之旨。只是纠缠日久，荒象益急，民食所关，本号无法应付，拟恳钧府迅电层峰，从速解决。一面由本号暂将税款照缴，并加入本批食盐价目销售济食，（如日后通靖局发还，仍于以后盐价内如数核减——此段被删改）以免延误而难民食。谨呈县长李。

根据 1941 年 12 月 2 日锦屏县食盐监销委员会的第二十三次会议记录，讨论决议如下：

> 以扣留在靖县之盐三万三千五百五十九斤，每担被勒征差税六十六元，除已运到本县一万一千六百八十斤照旧价售卖外，尚余二万一千八百七十九斤摊加，每担摊加一百零一元五角，连同旧价每担实售法币六百一十八元五角，以市秤发售。

从此页会议记录铁证，说明被靖县勒征差役部分，业已转嫁于购盐群众身上，当无疑义。但当靖通税收局"奉部饬将该项溢征税款从速还"锦之后，县长李繁苍立即批示，并下达财 714 号指令云：

> 查该号在靖局领回之款，暂如数拨送来府，以作购买电话器材之用。此令。

指令下达，怡丰盐号立即召开会议，提出对策，争夺此款。由锦屏县食盐监销委员会提出呈文云：

> 案奉钧府财字第四号训令，遵经提交本会第二十九次委员会议议决如下：

①查靖通税局所收此批盐税系属重征，本会遵奉盐章及免除人民法外负担起见，实未加入售价，仍系怡丰盐号垫付，应着复还归垫；

②本案到县盐斤，业经本会指派委员张锡瑛连同本会文书文醴愚亲临怡丰盐号监视过秤并无差误。

主席　陈美贤

委员　王冠南　黄治平　王子灵

文蔚根　张锡瑛　龙安镇

政府欲将此款建设电话，盐号在食盐监察委员会的支持下将此款项作为垫付款收存。你争我夺，互不相让，最后兔死谁手，未见下文。这不是问题的实质。有一点铁证如山，即已将增税部分，摊入售价，转嫁到了人民身上。盐运靖县的一番周折，实则肥了官商，苦了百姓！

7. 通货膨胀，纸币贬值，盐价飞涨，人民受苦至深。根据锦屏城区公卖处1940年经售食盐之统计，我们可以从自2—12月之售价记载中，看出锦屏盐价逐月升涨的变化情况：

月　日	售盐斤数（斤）	单位（元）	合计金额（元）
2.20—3.15	4 206	55.1	2 317.5
3.18—4.6	4 206	56.5	2 376.4
4.14—4.24	3 100	58.52	1 814
2.25—5.11	1 882	63	1 185.66
4.1—4.12	2 300	56.52	1 299.96
4.13—4.18	700	58.52	409.64
4.23	300	58.52	175.56
4.26	100	63	63
5.12—5.14	800	63	504
5.15—5.20	100	66	66
5.21	248	66.9	165.91
5.29	1 100	63.9	702.9
5.30	500	63.9	319.5
6.1—6.13	426.5	80	341.2
7.4—7.14	946.125	103.4	978.29
8.10—8.17	516	142.4	734.78
9.30—10.6	918	145.5	1 427.17
10.16	1 292	145.5	187 986
11.6	1 634	145.6	237 910.4
11.14	2 227	199.8	444 954.6
12.3	3 621	201.7	730 355.7
1 941.1.16	2 910	202.4	588 984
1.23	1917	211.1	404 678

从上表看出，1940 年 2 月 20 日的每斤盐价为 55.1 元。至 1941 年的 1 月 23 日每斤盐价即上 211.1 元。不足一年时间盐价竟上涨将近 3 倍。若是黑市盐，就更加高得惊人。

七、洋货的输入与销售情况

在半殖民地半封建的条件下，帝国主义对中国的商品输出是进行侵略的重要经济手段之一。外国资本主义的商品是通过中国的买办阶级而向全国扩展开来的。锦屏通过清水江水道与江汉商业经济联系密切，特别是与湖南的洪江更为紧密。资本主义就是通过长江流域，溯洞庭、沅江而至清水江，输出至锦屏县境的。洋货输入始于清末，至民国初年，其品种和数量都在日渐增多。但流通的范围比较狭小，一些高级消费品，全是供应大商人、官僚和地主享受。一些日常生活必需品，如煤油等，在广大的农民群众中仍然没有市场，只有少数从事商业活动的农民购买少量洋货。

洋货输入锦屏地区的过程大体可以分为下述几个阶段：

20 世纪初，德造缝纫机及洋线首先输入锦屏，先是 2 部，后来增至 18 部，随后，美孚煤油灯、荷叶灯和美孚、太古、亚细亚牌的洋油相继而至。在洪江设有洋油经销处，锦屏商人去洪江采购，每次运回两箱，约百来斤。1928 年，又有德国谦信洋行生产的汽灯输入，光亮度大，商号多使用，增添了夜市的繁华。然在农村，农民仍以桐油照明，甚至使用松油柴。

1920 年，日货打入锦屏市场，有日产洋菜、白糖、葡萄干、仁丹、鱿鱼、海参、鳐柱、海蜇皮和皮靴、礼帽等商品。

1930 年左右，英货源源而至，单以英产香烟就有三五、三九、加立克、红锡包、老刀牌、哈德门、小大英等各种牌号。其他有面粉、白兰地、照相机、胶卷等。此外还有来自美、英、德、日诸国的搪瓷器皿、电池、电筒、洋锁、汽炉、洋钢、洋铁、快靛、刀片、香水、西药和毛线、毛毯、呢绒、哔叽等纺织品。

1940 年以后，美货逐渐增多。当时的尼龙制品，均冠以玻璃称号，如玻璃裤带、玻璃袜子、玻璃牙刷、玻璃雨衣、玻璃梳子等。其他如西药类、食糖烟酒类、布匹毛料类都充斥于锦屏市场。

来自英、美、德、日、俄、法等国的商品主要销售于锦屏县城，但也有一些适用于农村的工业品，逐渐渗透到了少数民族山区。

关于洋货的输入情况，我们收集和调查了 1930 年市场上洋货的品名数量如下：

商品名称	产地	数量
巴黎香水	法国	10 打
巴黎香皂	法国	10 打
棕榄香皂	美国	10 打
固林玉牙膏	美国	20 打
永备电池	美国	100 打
密蜡烟嘴	美国	10 打

商品名称	产地	数量
美最时马灯	德国	200 打
狮马快靛	德国	2 000 斤
蜜蜂毛线	美国	250 斤
小大英香烟	英国	2 600 听
哈德门香烟	英国	2 500 听
加力克香烟	英国	200 听
三五香烟	英国	30 听
三九香烟	英国	30 听
老刀香烟	英国	3 000 条
糖精	日本	10 斤
小座钟	德国	5 打
人丹	日本	2 000 条
洋布羽凌伞	日本	300 把
汽灯	德国	3 打
打汽炉	德国	2 打
留声机	美国	2 打
理发剪子	德国	10 打
老人头刀片	美国	20 打
真善美口琴	美国	2 打
博士帽	美国	3 打
僧帽烛	日本	200 打
皮靴	英国	1 打
指挥刀	日本	1 打
洋漆	德国	100 斤
颜料	德国	1 500 斤
俄国毛毯	俄国	1 打
面霜	法国	2 打
口红	美国	2 打
铅笔	美国	100
道林纸	日本	100 令
有气纸	日本	100 令
手照机	美国	1/2 打
温水瓶	日本	5 打
缝衣针	德国	50 桶

第七编 赋税与徭役

一、田 赋

国民党政府通过不断加重对全国各族农民征收田赋，进行经济掠夺。为了掩盖其掠夺实质，掩民耳目，蒋介石曾在"训词"里强调："如果要使国民知道他们先纳田赋的道理，是对国家尽其公民纳税的义务……启发他们的国家思想，提高他们的国家观念，就将田赋收归中央，这是立国的基本精神。"国民党控制的国家和政府是统治压迫和镇压人民的暴力机器，不惜对各族人民强征苛派，却要人民树立国家思想，去对国家尽纳税的义务，当然是十分荒谬的。

自民国4年，改建锦屏二等县建制，田赋便从黎平拨来。直到民国28年征收地丁、秋粮，皆折货币交纳。民国28至民国35年的抗战阶段，政府将田赋改征实物（稻谷粮食）。民国36年改征国币，民国37年改征银币。当时国民党发行纸币，因其不断贬值。政府怕征收纸币吃亏，而要强征银币，自然是行不通的，后来改成又征实物。

自民国4年至民国27年期间的地丁、秋粮如何征收，具体细则在当时就无法查考。从民国27年7月8日锦屏政府的一份公文中曾这样叙述了当时的特殊情况：

> 查本县田赋，原系民四改建二等县治，由黎平分疆拨赋而来，同时抽拨粮书马辅卿来县办理征收事二十余年，本县丁粮皆马粮书一手征收。在过去主管人员，不认真督饬彻底编造廒册，而该粮书于每年新廒编造，只列粮户姓名及负担丁粮种类、数量，至各种丁粮科则及应纳银两则秘而不宣，以为独擅其长而稳固其无形封建世袭之权益。当该粮书在时，自是就熟驾轻，……近至上年该粮书死后，势不能不另外委人征收。但本县丁粮，科则复杂。如原粮一项，每石由一两增至十两零六钱一分，其余类皆一科数则，因地各异，廒册既无记载，征收何所适从。于是逐一查验旧单，推求科则，登记廒册，方行征收。乃自上年十月依此办法复征。未几匪风猖獗，遂不能依时推进。故迭次奉令饬照规定编造新廒，未能遵令办理。延迄最近，匪首相继伏诛……不料空前洪水为灾，沿溪附河之田园屋宇，漂流殆尽，灾黎哀嗷，不忍闻见，复征之法就趋停顿……

虽然细则不详，但却在县公安局的档案材料里保留下了整整17个年份的征收丁粮的年总数额，分列在两张表中，兹录于后：

锦屏县历年田赋表

年代		地丁			秋粮				官田租	借田租	合计
		正耗平余规费	滞纳加收	税单	正耗盈余规费	滞纳加收	伸收尾数	税单			
民国4年	原额	9 800.7 两			1 270.55 石				40 石	10 石	
	本年实征	2 931.37 元	728.86 元	46.36 元	5 626.59 元	715.59 元	245.07 元	213.22 元	68.81 元		10 575.87 元
民国10年	本年实征	1 371.27 元	182.517 元	320.79 元	3 011.68 石折 6 708 元	671.139 元	63.12 元		40 石折 68.81 元	3 石折 2.70 元	9393.346 元
民国7年	原额	1 371.27 元			3 011.68				40 石	3 石	
	本年实征	1 371.27 元	175.35 元	320.79 元	6 708 元	672.84 元	57.12	0.75 元	68.41 元	2.70 元	9 377.23 元
民国15年	原额	1 371.27 元			6 708				69 元	2.70 元	
	本年实征	1 371.27 元			6 708 元				69 元	2.70 元	8 150.37 元

又根据档案资料，兹将民国 26 年至民国 28 年锦屏县征收田赋的情况统计如下：

年份	名 称	定额（元）	完成数（元）	占定额（%）	滞纳金（元）
民国 26 年 1937 年	地丁	1 371.27	956.23	70	
	秋粮	6 708	4 328.85	65	
民国 27 年 1928 年	地丁	1 371.27	930.27	68	
	秋粮	6 708	4 942.03	74	134.09
民国 28 年 1939 年	地丁	1 371.27	1 034.45	75	69.84
	秋粮	6 708	5 408.45	81	

在军阀和国民党统治期间，锦屏各族人民生活贫困，每年都无法完成缴纳田赋的任务，而政府催逼甚紧，动辄科以滞纳金，甚至以没收财产抵赋。民国 25 年（1936 年）贵州省政府曾发出快邮代电云：

二十五年丁粮展至二十六年元月为止，加征滞纳，仍照案分为三期办理：在二十六年元月一日起至二月末日止，期内完纳者照应纳正额加征一成滞纳金；在三月一日起至四月末日止，期内完纳者照应纳正额加二成滞纳金；在五月一日至六月末止，期内完纳者照应纳正额加征三成滞纳金。经过征收三成滞纳金期间，仍不清完者，即便依照成案，施以押追处分。

民国 28 年（1939 年）贵州省政府又为追收田赋发出代电云：

锦屏县县长：查各县田赋在上下忙期内，各该粮户自由完纳，但各县政府应将各期加征滞纳金以及勒限完纳封产备抵，各时期催告。

查五月以前为自由完纳期间，六月份为封产期间，七月份为全年粮额扫解期间，电到立遵院颁田赋征收通则第十二条之规定，查明欠纳各户，勒限传追，其敢于抗玩者，并依法迫卖欠赋之田产抵偿。务于二十八年新赋开征以前如额征齐扫解。

在国民党统治时期，把征收田赋看成是各级政府工作中的头等大事。县级征收田赋的主管部门——田粮管理处的正处长，概由县长兼职。抗日战争爆发后，国民党催征田赋更是十万火急，不容延宕。民国 27 年，贵州省政府一再电告锦屏县县长李繁苍，限令其在民国 28 年 12 月底以前，将 27 年田赋收齐扫解，并将民国 25 年、26 年两年的丁粮尾欠缴清。李繁苍实在完不成此项任务，只好呈文省长吴鼎昌，陈述其意见云：

唯查本县田赋，自二十二年以前，连年抬垫，皆由殷实富户摊派负担，并未彻底征收。历时既久，复迭遭灾变，田亩多属荒芜无收，各区粮户逃亡故绝，亦复不少，而奸猾之户又乘抬垫不彻底，征收期间将粮东飞西洒，率多演成有田无粮、有粮无田之种种弊病……如欲彻底征收，非经土地呈报不可。

　　县长李繁苍认为解决征收田赋问题的关键是必须进行土地呈报工作。民国30年3月，锦屏县普遍开展土地呈报工作，结果并没有达到预期的目的。国民党贪污成风的腐败政治，就决定了土地呈报过程中弊端百出，反而使田赋更加混乱。

　　就在丈量田亩进行土地呈报之后，边沙联保办公处就向县政府呈文反映编查员受贿，造成有田者轻无田者重的现状，呈文内容如下：

　　　　边沙联保办公处呈，为田亩编查不均，恭恳准另行派员复查，以昭平允。据第九保保甲长等呈称：窃编查田亩以平均为原则，万不能再有过重甚轻之弊端，无如我地之编查员大昧其良，仅重贿赂不顾公益，致使有田者轻，无田者重，如共驾杨积科约有田三百余石，仅编为四亩七分；杨积文有田四百五十余石，仅编为5亩3分；杨积富有田一百余石，仅编为三亩八分，又高拇村付自球有田一百余石，仅编为五亩三分付自修有田一百五十余石，仅编为三亩五分，付民兴有田三百六十余石，仅编为七亩一分；又大坪黄有祯有田一百余石，仅编为一亩四分。

　　上列名姓，皆收谷百石以上的殷实富户，因行重贿于编员，则形成田多亩少而田赋奇轻之现状。试看杨积科有田300余石，仅编为4亩7分，则亩产粮60余石，约合稻谷1万余斤，岂非亘古未有的高产奇迹?! 然众多贫苦百姓，无钱行贿，反编亩多而田赋重。如三江联保袍带溪民杨启富、伍永才等5人呈称：

　　　　此次经清查员乔登鉴履地清查，当时不明其举动，惟任其登记而已。时蒙按照业户给颁完粮单据，始知该清查员概不分山田水田，胡乱登记，大半不均。如民等各有山坡田面计谷三四十挑，即以今年干旱而论，费尽苦力，有种无收，而粮税甚重。其有多数水田者，反而负税尤轻。为此，请求迅赐派员复查。

　　居住在旺相村的范长江等9人也联名呈文编查员曾汝德胡乱呈报，欺压乡愚的行为：

　　　　殊有派赴之曾编组员汝德，行至旺相村，不依地方保甲长及父老之公论，竟自恃势行为居心陷害。该处屋背牛塘一口，纵横五尺，门首有屋基数间，屋边之园坪数屯，又猎晚之荒山一幅，均皆清查列入表册内，逼载呈报。不卜曾编组员是何意见。如此违章办理，实系压迫乡愚。

　　贫苦农民无钱行贿而横遭重赋者比比皆是，即令政府施以暴力，也无力付清。所以作为兼锦屏县田赋管理处负责人的李繁苍县长，不得不向其上级省财厅陈述弊端，要求派员复查更正。

　　　　本县本年度举办土地呈报，因编查人员大多贪污需索，敷衍塞责，结果成绩不良。最近请求复查案件，每日数起，前后总计百余案，实属查不胜查。
　　　　各编查人员大多闭门造车，多未前往实地踏勘丈量，全凭估计。现派员去各地收租，据报田地亩分错误太大，有以一亩而编报为十亩，五亩编报为八九亩，等级亦定太高，有三等订为二等，二等订为一等。种种不平，经查明确，负担粮额过重，致纳赋困难，相应函请查照，请准予派员复查更正。为荷。

抗日战争期间，田赋改行征实，给全国各族人民带来更多的麻烦和痛苦。在贵州省参议会第一届第四次大会第二十号提案中曾说：

> 查抗战期间，通货膨胀，币值贬低，推行征实，于兹六年，每年开征之时，人民肩负稻谷，少或二三十里，多则百里左右，来回之时间少需二三日，多则五六日。如中央军粮之提拨，均须运往外省外县，由乡间征夫运输，集中城区，再运至指定地点，在人力、财力之损失极巨，人民之痛苦至深，全国人民莫不痛心疾首。去冬湘省俯询民意，三十七年度田赋一律改征银币，请援例照办云云。

贵州省在民国36年回征国币之后，因空前的通货膨胀，大幅度的货币贬值，田赋征币，政府自食贬值恶果，于是政府又借口适应"戡乱"需要，民国38年度田赋再度征实，人民又承受着运输公粮之沉重负担，缴纳公粮之时，又被"征粮人员额外巧立名目，收取库柜粮、斛尖、地盘、打斗、折耗种种陋规"。

民国32年（1943年），国民党中央政府借口抗日，向全国各族人民发行粮食库券。规定由37年度起分5年扣还人民。届期政府不予兑现，锦屏各族人民纷纷要求用它来抵缴公粮。锦屏县参议会在提案中指出："政府届期不予扣还，殊使人民对政府失去信心，应请政府速向中央呼吁，准各县37年征存中央公粮项下拨还人民，以昭大信。"已濒临彻底崩溃的国民党政府，哪顾得上昭信于人民，既拒绝按期归还粮食库卷，又加紧加重征收田赋公粮，各族人民遭受的痛苦日益深且重矣！

二、积 谷

国民党设置积谷的宗旨，名为在青黄不接时办理贷谷平粜，急赈散放，办理农贷辅助农村生产事业的发民，实则是强制积谷，乘机掠夺，也是政府披着备荒为民外衣剥削各族人民的一种经济手段。

积谷的设置时间较早。据查锦屏县资料，确证在民国25年即已设置。民国25年11月内务部曾公布有《各地方建仓积谷办法大纲》。此年，锦屏县积谷为1402石。此后逐年征收，直至国民党统治在中国大陆土崩瓦解后，才随之宣告结束。

民国33年（1944年），贵州省政府转发粮食部本年五月四日训令云："本部兹为劝勉人民储粮备荒与彻底明瞭各地积谷实际情形起见，特编印积谷宣传纲要与调查须知手册一种，拟由各县市党团学校及其他有关机关，一面宣传，一面调查，务使家喻户晓，踊跃积储"。这年，贵州省政府议决，各县积谷随赋带征，其分配数额按本年度田赋每元摊加积谷1市斗随赋带征，即每赋额1元应缴田赋3市斗5升，县级公粮1市斗，再带征积谷1市斗，共为5斗5升，如以包谷缴纳积谷，则八市升五合折合稻谷一市斗。

所谓随赋带征积谷，是因为人民不愿积谷，政府不便单独强征，故以与田赋共收，若不两项同时完成，则不能了结田赋手续，各族人民只得强忍沉重负担，尽力完纳。

从资料中已查出锦屏县几个年度的积谷数量如下：

民国 25（1936 年）：积谷一千四百零二石

民国 26 年（1937 年）：积谷一千一百零四石七斗七升

民国 28 年（1939 年）：积谷八百六十七石七斗一升

民国 29 年（1940 年）：积谷一千四百一十三石六斗五升

民国 32 年（1943 年）：积谷三千九百五十一石三斗

民国 34 年（1945 年）：积谷三千九百五十一石三斗

从积谷的使用状况来看，存在下述种种弊端：

1. 计量衡器不统一，收管积谷的官员常以大进小出，从中攫利肥己。积谷是按每石 108 斤的量器收存，小于市斗。收积谷者常常以市斗代之。据民国 33 年 11 月贵州省政府代电云：

> 查本省经收积谷所用量器，前据粮政部令，仍应照每市石一百零八市斤计算，以资划一。兹查三十二年度积谷随赋带收，如与征收田赋斗量不一，办理殊感困难。近闻有另制一百零八市斤专收积谷者；有将一百零八市斤为征收粮赋用量之标准者，甚有将市斗取之于民，而以一百零八市斤报之于公者。此类弊端严密查禁。须知一百零八市斤系指检验谷质最低标准而言。特再明白规定：凡经收以往积欠积谷及本年随赋带收新积谷一律以收田赋之斗收入，即以田赋斗拨交。其谷质最低每市石不得少于一百零八市斤，以昭划一。

推行按收田赋之斗收积谷之后，自然加大了积谷之数额。据锦屏县中灵乡公所呈文：

> 为本年度（民国 33 年）积谷收入已照前颁发之积谷斗收入，刻奉令照田赋之斗收入相差之数难为弥补，祈请准予仍照积谷收交，以免经手困难。惟厚积谷斗稍小而征收田赋之斗为大，比较数目不符，此项折耗无法弥补。

2. 随赋带收积谷之后，群众先运积谷交田粮征收处后，又运转本乡入仓，往返徒劳，加重了人民的负担。据锦屏县参议会呈文政府：

> 查各乡三十四年度积谷，依照规定固由田粮处随赋带征，依此，没有征收处之乡尚可，而不设征收处之乡必须运至田粮处缴纳，俟全乡缴毕，又饬该乡领运还乡保管。即以同古为例，距城五十里，运来运转，人民已不胜其苦矣。兹为节省民力及经济时间，请将各乡积谷由各乡自行收纳保管，九折计算由乡公所代征。

当然政府未予理睬，仍以随赋带征遵照执行。人民确实不胜其苦矣。

3. 频频挪用积谷，或化公为私，积谷难起备荒作用。民国 33 年 8 月，贵州省政府在一纸训令中曾说：

> 奉行政院本年七月五日训令开：据福建省政府呈称，依据内政部二十五年十一月公布之《各地方建仓积谷办法大纲》之规定，除修建仓库之费用及青黄不接时办理贷谷

平粜与急赈散放，暨为辅助农村生产事业之发展而抵押借款以办理农贷外，不得挪作别用。惟近年来各地军事工程工人食米每有迫不及待，要求拨用积谷，县方应付不易，省方亦感迎拒两难，致使仓储积谷挪月移一空。而青黄不接或遇水旱灾歉应行救济之时，反致无谷出粜，引起人民疑虑，献谷情绪遂感冷淡……请禁挪用等情，应准照办。嗣后，除法令别有规定或经核准动用者外，应立即严禁挪用。

4. 田赋在民国 36 年改征法币之后，随赋带征的积谷，也随之改征法币。是年货币急剧贬值，群众折钱所交之积谷，几乎等于无。据民国 36 年 12 月 26 日锦屏县田粮处的计算：

　　田粮处签报征获回征法币一百零七万二千十九元（每石七千元折价），折合积谷一百五十二石八斗八升七合。惟查奉令购谷填仓，此征获之款，以目前谷价只能买谷五石。

又据锦屏县田粮管理处职员李开炳于民国 37 年（1948 年）元月 2 日签署云：

　　查回征法币购谷填仓一案，兹经商询田粮处朱科长云："征获回征法币可能先购谷归仓。至需购之谷，可照此次出售折价军粮价格，每市石二十一万一千元，收购为军粮入仓。又未征者系尚欠在民间之数，自三十六年十一月一日起，已并同各该年度田赋征收实物入仓，将来追收田赋旧欠时，即一并催收转拨。"

仅在民国 36 年不到一年的时间里，原积谷 152.9 石斗折合的法币，至年底则只能够买谷 5 石。上半年每市石谷价为 7000 元，至年底则涨至 211 000 元。从上述两个统计数字比较的结果，物价上涨，货币贬值，竟达 30 来倍！

5. 通过大同乡派募积谷及其使用积谷的情况，可以看出积谷所起的作用何在。

大同乡在民国 31 年积谷 409.4 石斗；民国 33 年随赋带征积谷 128.033 石合；民国 34 年随赋带征积谷 234.64 石。

关于积谷的使用情况有下述几笔账：

民国 31 年政府动用冬季防"匪" 56 石，次年，将这已动用的 56 石积谷，摊派到农民身上，计 125 户，共摊派 41.2 石斗。

民国 35 年发放积谷获息 30 市石，管积谷的人员借口几年未报损耗而据为积谷管理委员所有，因系抵偿损耗，实为私人鲸吞。

又奉县政府令变卖积谷 280 石作修县参议会及企业公司股金之用，以 140 市石随赋带征归还外，余 140 石，则由乡长造名册摊派到 204 户农民身上，共计派得 126.8 石斗。然而不管什么形式，都一一转嫁到了当地的侗族等各族人民身上。

又奉县政府令：筹还历年依法使用积谷市石，乡长张安民造册具报，借积谷的农民共427 户，合计积谷 108.5 石斗。

从上述情况看，群众的积谷变成了政府的机动粮、周转粮，随便动用后，遂又将它一一转嫁到穷苦农民的身上。

三、契 税

大约在民国24年（1935年）之前，贵州省政府下令在全省各县征收契税。凡土地买卖典当，均需由买主、典当者购买政府统一印制的契纸，并缴纳地契税。从形式上看买田置地者多为地主、富农，似乎地契税的对象属殷实之家，实际上无法做到每块田地都征收契税，而分配到各乡保的新契数量有限，许多田地都将漏税。乡、保长在分配新契时，多分配给田地不多的自耕农，真正有钱有势的地主富农，或倚仗权势抗缴，或贿赂经办人，率多漏税。

征收契税有下述规定：

征收契税的税率先是买六典三，民国24年前后改成买四典二，民国25年又恢复买六典三。据贵州省政府民国25年8月17日省长吴鼎昌给锦屏县县长的快邮代电：

> 锦屏县县长览：
>
> 案据威宁县县长龙雨苍呈称：奉哿代电饬自七月一日起，照新颁契税章则实行，并恢复买六典三税率等因，自应遵办。惟职县素号贫瘠，契税一项，上年虽蒙一再减征，而人民终以经济力量薄弱，投税者寥寥。今春萧，贺重来，兵"匪"交加，庐舍丘墟……恳请仍准暂照买四典二征收，展限至本年年底止，期满后再照章遵办。
>
> 查本省契税率上年再次减征，今始恢复原率，惟本省各县迭遭"匪"扰，元气大伤，尚系实情。兹议决所有各县经征契税率一律仍照买四典二比例暂行减征，截至十二月底为止。但新订"征收契税章程"，暨施行细则，领用官契纸办法及整顿各县契税办法各件，早经颁布实行，在此次减轻期内，只对税率一项外，其余新章规定逾限处罚及一切办法均照案实施，以利催征。如有未税契约，务须激发天良，早自投税，踊跃输将，以重产权，勿再徘徊观望，致受加征之累。

在贵州省征收契税暂行章程中，对限期完纳及逾期罚款，有如下具体规定：

> 第七条 新契于成契后六个月内赴该管征收官署投税，旧契未投税者，应于本章程实施后三个月内照率完纳。
>
> 第八条 新旧契约逾前条纳税期间延不投报者，除责令依率纳税处，应照左列各款征收罚金：
>
> （1）新契逾六个月以上未满十二个月者，旧契逾三个月以上未满九个月者，均照应纳税额加征十分之一罚金；
>
> （2）新契逾十二个月至十八个月，旧契逾九个月至十五个月者，均照纳税额加征十分之二；
>
> （3）新契逾十八个月以上者，旧契逾十五个月以上者，均照应纳税额加征十分之三。

在土地买卖过程中，使用的货币比较复杂。使用制钱者有之，使用银者有之，使用法币者有之，须折算成统一币值谷，方好征税。故贵州省政府也颁布了统一的折征标准。民国25年10月，贵州省政府主席顾祝同训令：

案查前据赤水县县长陈延纲呈请核定典卖契约价钱合银标准一案，当以近年铜钱折合银币既逐渐低落，遇有向川铜钱计价之契报税，自应另订折征标准，以利征收。兹规定办法如下：

（1）在民国十六年元月一日以前成立之契，如系按铜钱计值者，征税折合率应照例以钱二千文折银一两，申合法币一元五角。再依现行税率计算征收；

（2）十六年元月一日以后用铜钱成交之契应以钱六千文折成法币一元计征。

锦屏县的契税也是下达有指标的，即每年比额为417元，但直到民国25年，按契报税者仍寥寥无几。据锦屏县田粮处第二科签呈：

查本县契税原属列入比额征解，九月份收入不满三元，且财厅新颁官契纸甚多，虽经一再布告，仍无申请买用者。应派专办，拟请委派龙亚平专办，以资熟手。旋即下达委令云：

令督催契税员龙亚平（外由商民陈常卿、龙世竹具结担保），查契税一项关系库款正供，亟应切实整理。合亟令委，仰该员遵办，前赴各区切实督催，务期有契必税，勿使遗漏。

然而龙亚平开展工作中并不一帆风顺，他得不到保甲长的支持，工作实难开展。龙亚平在一份报告中说：

窃职督催契税，前往高寨乡联保办事处，当即召集各甲长开会讨论。该保负担契纸十张投税，谁料甲长吴秀和、石永成、刘代有等转家之后全不会面，抗契不办，实属目无法纪！该三甲花户数十家，岂容全无契税？实由甲长阻塞，若不将该甲长严办，税契前途大受影响。

最后在政府高压之下，契税还是在部分人中得以推行。当然负担契税者多为自耕农民，那些有钱有势之人是置身税外的。

四、区保经费

锦屏县向各族人民征收区保经费始于民国27年（1938年）。按其政策规定，区保经费由占有资本和不动产的数量而论等摊负，大部分贫苦农民均免于承担。

根据锦屏县政府民国30年（1941年）区保经费岁入预算，区保经费为44 234.4元。当时全县共计14 830户，其中有9711赤贫户免收，占总产数的65.5%；应征户计4241户，占总产数的28.5%。

根据该预算所列，征收区保经费分为六等十三级，即特等、甲等、乙等、丙等、丁等、戊等，在特等中又分成十三级。兹列表表示于后：

锦屏县政府民国30年度每月区保经费预算

等级名称	征收标准（元）	户数（元）	征收金额（元）
特等一级	1.2	158	189.6
特等二级	1.8	106	190.8
特等三级	2.4	68	163.2
特等四级	3	37	111
特等五级	3.6	20	72
特等六级	4.2	18	75.6
特等七级	4.8	10	48
特等八级	5.4	5	27
特等九级	6	5	30
特等十级	6.6	3	19.8
特等十一级	7.2	1	7.2
特等十二级	10.4	1	10.4
特等十三级	20.4	1	20.4
甲　等	1	1 927	1 927
乙　等	0.8	1 881	1 504.8
丙　等	0.6		
丁　等	0.5		
戊　等	0.4		
合　计		4 241	4 396.8

根据上述预算，每月全县征收区保经费计4396.8元，则全年应共收52 761.6元。此年征收结果：实收区保经费55 461元。略有超收。

征收区保经费的关键问题在于有法不依，本应由富户承担的区保经费，大部分转嫁到了各族贫苦农民的身上。以开征年度的民国27年为例，因征收区保经费极不合理，而向政府提出呈文的，全县有67起，437人。其中10人以上联名呈文的13起，最多达95人，其集体呈文者多为贫苦农民，而单独呈文者，多为富商及地主。兹仅择其典型者，录后供参考。

据文斗联保11个公名联合呈文，叙述了征收区保经费的种种不合理现象：

祖孙、叔侄、父子同住一屋，咸各列一等，此不合者一也；赤贫者无立锥之地，列之丙等、丁等，富户漏落无名，此不合者二也；有户名，无其人，亦名列丙、丁等，试问此项经费向谁筹出？此不合者三也；甲特一、二、四等数家至足给实，无堪特字产业之能力，此不合者四也。

有某区长在呈文中也如实指出：

保内所列丁列户口，有系鳏寡孤独者，有系老弱残废者，亦有因丁口众多，朝夕饕飧不饱者。陈文□较全区丙等尚差不及，应列丁等，现列特一，实难负担。

在众多的呈文中，赤贫者的哀告与呼吁，更是屡见不鲜，字里行间，充溢血泪，读之令人愤慨。

> 据第二十八保公民呈文云：
>
> 贫民尽以佣工度日，生活素艰，饭碗问题都解决不了，这次所分配他们的等级，有的丙等，有的丁等，虽然他们还有一条命活着，然而生活实在无法解决。如归固杨举渊，去年被匪杀毙了，他的妇人都改嫁了，这可算家破人亡了，现在还把他列在丙等；又像杨长生寸土俱无，以进庙烧香度日，也把他列在丁等；水塘的杨秀元无立锥之地，而且又死了，只留下寡妇、孤儿各一人；又龙塘的龙朝林、陆宗海、孙再益、杨举锡、杨举旺，被匪抢又遭火灾，他们都到处逃荒和移居了，也列丙等丁等。

在加池有赤贫户姜文在等17人也联合呈文说明其生活极端贫困，难负区保经费之重税：

> 民等17名均属赤贫，寸土全无，难堪列入特一、丙、丁等级。现时所住之宅都是借居，有屋无皮，日受风雨，夜则披星，贫如水洗！

民国二十七年，县政府下达给瑶光联保的区保经费后，因其太不公平，引起第三保（中寨）群众的强烈反对，要求保长重新评议等级。保长在群众的强大压力上，被迫重评，其调整情况如下：

等 级	原定户数	重评户数	增减数
特二等	5	无	-5
特一等	8	1	-7
甲 等	9	1	-8
乙 等	10	6	-4
丙 等	33	43	+10
丁 等	30	40	+10

从调整的情况看，原定级别较高，经重评后豁免的有4户，他们是赤贫如洗的农民；从特二等至乙等调为丙等丁等的20户。即是说在承担区保经费的95户中，经重评中，共有24户贫苦农民减轻了负担，占其总户数的1/4左右。但是这一比较合理分摊情况报至县府后，却遭到了否决，县政府签复云："仰仍遵照原列等级办理。"

关于区保经费的摊派，不仅加重贫苦农民的负担，就是在富户中，也是以维护大地主为宗旨，一般的地主商人也感负担的区保经费过重，纷纷要求改变这种不合理现象。

茅坪富户龙安乾呈文说："龙昭能为茅坪第二富户，只列为特一级，而民年收40余石谷子，却列入特二级。"

茅坪另一富户冯有仁呈文说："刘培茂有田620石，曾全昌有田550石，刘崧有田620石，列于特一、二等，民有田400石列特五等，此甚不均。"

当时匪风四起，到处抢劫。在锦屏土匪盛行"吊羊"，即绑架富人，从中索取赎金，所以因此而呈文要求减免区保经费者比比皆是。卦治商人龙才煊呈文政府云：

> 移民九月十八日惨遭匪祸，绑人掠物，所有家私，一掳而空，数十年辛苦稍事积蓄之生活费，已损失罄尽……又遭此次漂流木植，计损失千元之数……而两子一侄尚在匪巢中，不卜以何办法，使之团聚，唯有叹命运之不辰。

花桥联保县官寨的富户杨再凤呈文说：

> 近年迭遭滥军土匪之蹂躏，计两次不下 2000 元，均系典卖田产过半，家中经济为之一空，债积如牛负重，谁知越年未满，又于本年二月复遭匪患，遂将民与满子吊去，虽幸逃出虎口，早已索去洋三百余元，当去田百余石。

同古联保程永化在呈文中说：

> 民有田仅 123 石，民国二十三年腊月 29 日被匪"吊羊"，苦无经济贻累，妻张氏远近借贷，迄次年四月中旬方得返家，赎去大洋 1400 元，此款系借自他人。返家后变卖牲畜物件尚不足数，又将田典抵数年至今尚欠本金利息计洋 270 元……

还有一个叫王召炳的人在呈文中说：

> 家遭不幸，被匪"吊羊"抄掳杀害，将田业家产出卖"赎羊"，不敷之外，只得又养膳田 140 石给吴九江，价值 280 元，补足"赎羊"之费。可惨者长子与孙被匪杀毙二命，人财两空，惨到极点。无奈只得奔往王寨兴隆街暂行安身躲匪，讵料有某人心不古，诬民为富户，被派区保经费特二……

抗日战争爆发后，人民负担逐年剧增。锦屏县的侗族、苗族等各族人民要求减免负担者层出不穷。据对民国 29 年的不完全统计，包括边沙、九寨、敦寨、平茶、三江、同古、平略、大同、茅坪、瑶光、固本、偶里等 10 多个地区，指控及报告达 34 件。陈述人包括农民、木商、商人、寡妇、赤贫者、甲长、保长、乡长计 52 人。兹择录数件于后：
茅坪的自耕农杨承桂在呈文中说：

> 民活资动产全无，以不动产计，只有田税一元余，而在区保经费甲等之列。其他派款均以甲等摊派，占有田产二三元或四五元者，反较之民之区保经费更低等级，此则即有不平之处。在过去，小民经商则有数百元资金，因折本停贸，改谋干事谋生……

边沙联保的罗秀涛呈文说：

> 窃民只有薄田数亩，自有区保经费以来，每季经费数角，已属苦不堪告，本年第三季骤增至二元七角，民实万难筹出，恳请转呈，准予减轻。

茅坪的行户龙咸英惨痛陈词云：

窃区保经费，为各项捐款之标准，无论何种捐款，莫不以区保经费等级之高下以为定。查民区保经费等级之规定，并无确实规定，乃由过去联保主任之妄报。如民之列为特级，诚未明究何所凭依。以田产论，田不过数亩，粮不敷半年，并无杉山桐茶；以活资论，在过去并稍事木业，然皆代客经费……曾经数次邀恳，当蒙前任县长批示："所请如果属实，在酌情范围内重核增减，呈核可也。"然前之滥芋主任，殊未负责，致归无望。迨数年来，各款之累重，在莫能邀求而又不能不邀求之下，使年逾半百而足覆蹒跚之老人，愁肠百结而千筹万措。今者曷敢贸然赘渎，无如家遭闵凶，慈父见背，专耗至巨，数亩之田，典卖大半，经营无路，生产乏人，值此生活高涨，百货昂贵，八口之家，老弱幼小，能吃不能作，试乎岌岌不可终日者矣！而且前各款之急，又迫如星火，如积谷也，保警公粮也，保警伙食也，献机捐也，区保经费也，战时救国公债也，等等，均须一时缴齐。而民被派特重，盖根据区保经费而致重上加重也。处此万难无路之绝境，实莫可如何！诚欲浪迹远方，谋个人前途，然一家妇孺不堪冻馁，是则万不得已，备申哀悃。恳祈准予核减区保经费负担，则沾感大德于无涯矣！

此篇呈文除了把其困难处境及沉重负担叙述得凄楚动人、淋漓尽致之外，更主要的是告诉了我们一个道理：如保警公粮、保警伙食、献机捐等等苛捐皆根据区保经费之标准而定，若区保经费的等高费重，其他捐税也随之而加大。所以每年都有那么多的各阶层群众要求对区保经费复核减免。甚至一些国民党的联保主任等也相继向上级政府呈文，反映区保经费之种种弊端。

据平茶联保主任呈文云：

职属各保长均称：本年第一季度区保经费不惟明令增加，而又殊多错讹，碍难征收。经职调阅各保之收据，并将二十年十一月评议复查资产册核对，实大相悬远，且多错讹，如收据中花户一栏数目少，存根一栏数目多，而又款额不符。如第四保杨成发款额增至加倍。第六保之丁级与赤贫者姚国栋、朱老安、官来祥、凌应隆等收据中均载季出洋四元，该等实难负担。而各保中均有错误，不堪枚举。

沙边联保主任也呈文说：

职联保田少山多，民贫地瘠，兼之频遭匪患天灾，农村破产，十室九贫。如本年度，职保每季出区保经费洋七百九十五元五角，人民乃勉强负担已极。其经费洋万难按季缴清。并非民人有意估抗，实乃无处可出，此即其贫苦之铁证。此次所造复查册，仍然勉强根据二十九年度负担之数选送，计全联保共有田三千九百七十七石，每石约负担二角。

鉴于锦屏县侗、苗等各族人民所受苛捐杂税沉重，贪官污吏勒索百姓成风，更慑于各族人民反抗情绪高涨，当时锦屏县长李繁苍向省民政厅抄送了一个报告，呈文如下：

各区殷实之户，多保土劣恶习，或与政府相往来，或与区长相勾结，各保甲长奉之唯恐不谨。在过去摊派时期，收支状况密不公开，一任区保长舞弊徇私，以致殷实土劣一文不舍，贫弱可欺，尽量朘削！此种惨状尤以边县为最，言之实深发指！自区保经费实行以来，各区、保、甲长违法把持，意图营私中饱者所在恒有。于富户任意捏造资产名册，故意使等级与资产互相出入；对于人民则强以应出若干摊派，不依征收标准，私自变更捐率，减少殷实户捐，加派多数贫弱。一面以政府法令相威吓，一面以减轻负担而利诱。正式收据不给人民，收支实况莫由稽查，形成包办，中饱私囊。此种弊端，边县尤多，若不查究，影响实巨。

五、特货通关税和鸦片烟打捐

鸦片是帝国主义侵略中国的工具之一。而官僚军阀则把鸦片捐税作为重要财政来源。在锦屏这个边远少数民族县份，征收灯捐和特货通关税情况如下：

根据档案资料，民国18年12月份征收局在县城向11套鸦片烟灯征捐，每套每月征灯捐1元，每套烟灯发给执照一张，这11张执照的编号至71号。不可能是最后一号，推知全县征灯捐在71套以上。

民国24年4月21日，贵州省临时行政特派员兼理饷捐总局训令：

> 查特货通关，本省财政收入上素占重要。现奉蒋委员长谕予征通关税流弊太多，该项税票一律作废，新定办法如下：
> 1. 通关税每千两完税160元，纯收生洋及中央券；
> 2. 自四月份起各局收入悉解总局，如擅拨勒令赔缴；
> 3. ……过去各县区团对于特货绕越，素存观望态度，以致每年漏厄为数不少。
> 嗣后各该县区团等务须协同该地饷捐分局、所，一体认真协缉，如有得睹卖放及知情故纵事，立即拿案报核。现派密探多人分赴全省严密侦查，一经查实，即呈请以军法惩治。各特商如有执特旧税票运货通行者，着即拦送该地分局另行完税，裁给新票。

锦屏县县长邱锦章奉令后，立即签署："遵照。转令各区区长一体遵办。"

民国25年10月28日，锦屏县县长赵一新令各区区长：

> 贵州省禁烟总局训令，核发特货移动证及申请书二样各十张，令仰该区长遵照，转饬各联保主任及保甲长，如遇人民有特货移动，应即照章填具申请书报告省税局或检查所，领获移动证方许搬运。缉获私土，即以有无移动证为处理之判别，仰即遵照。

自民国23年始，设置吸烟罚金，且将征额列入预算，一如捐税。所以名曰禁烟，实则禁而不止，只要按摊派金额交纳了"罚金"，吸食鸦片则成合法行为。民国23年锦屏县核定的全年征额为14400元，后新定征额为9600元，每月平均征800元，地方提成9%。

民国24年（1935年），锦屏县各区3—6月份征收吸烟罚金数额如下表：

贵州省财政厅于民国 15 年 12 月发布一项禁吸纸烟的训令云：

> 查纸烟一物。为害匪轻，本署明令禁吸在案，乃近有不肖之徒故违功令，擅行吸用……兹重申禁令，嗣后如有再违禁吸纸烟者，一经查出，立予枪毙！法不宽贷。

因为纸烟只向海关缴纳一次，即可通行无阻，各省地主无权再征。贵州军阀周西成以为纸烟流行，影响鸦片消费数量，从而影响了作为财政重要来源的特货通关税的收入，所以禁吸。反动政府之腐财无能，昏庸愚蠢，由此可见！

行政单位	征收吸烟罚金规定数额（元）	吸烟罚金实征数额（元）			
		三月	四月	五月	六月
第一区	250	250	250	120	50
第二区	150	140	150	140	60
第三区	150	150	146	30	50
第四区	71.5	60	71.5	24.15	10
第五区	178.5	150	178.5	10	22
合　计	800	750	796	234.15	192

六、保警食米

锦屏县之 12 个联保设有 5 个保警分队。保警队的开支，专设有保警公粮，照区保经费甲级以上之户捐摊派，由县政府出具征收。

民国 30 年（1941 年）5 月锦屏县政府发出一纸训令："奉省保安司令部令，年来粮价高涨，保安警察队士兵给养不敷，照担负户捐标准比例，征集一年。"

此年平茶联保呈文说："锦屏十二联保共有五个保警分队。平茶联保六、七、八保，每季各缴纳保警公粮 300 余斤，全联保每季 2700 余斤，独负担一个分队的公粮有余。负担不平，请求减轻。"

县政府当即批复云："查保警公粮系按照户捐标准，由甲级以上富户摊缴，全县负担一律。复查该联保为本县产米最丰区域，纵公粮负担偏重，亦应遵照缴纳，何得妄事请减。所请不准，仰即一并知照。"

民国 30 年（1941 年）5 月 14 日，平略联保主任吴签霖签呈："窃职处征收保警食米，收入带运费在内，每斤以 17 两计，入不敷出。值兹生活较高，运费似觉困难，每次运输需费数元，何处筹措支付？是以拟具签呈，或由各保均摊负担，或将原米变售以得支付。"县府当即指令："为原谅该联保事实困难计，所有运输公粮运费由各保（甲等以上富户）均摊负担可也。"

据锦屏县地方财政委员会统计，各保欠缴三十年度保警公粮米数目：

三江欠保警公粮 16 206 斤

大同欠保警公粮 3449 斤

平略欠保警公粮 2318 斤

偶里欠保警公粮 3091 斤

九寨欠保警公粮 5672 斤

中林欠保警公粮 3554 斤

敦寨欠保警公粮 1814 斤

同古欠保警公粮 2754 斤

边沙欠保警公粮 3554 斤

固本欠保警公粮 4219 斤

瑶光欠保警公粮 1913 斤

平茶欠保警公粮 7114 斤

全县共欠保警公粮 55 662 斤

面对此种情形，锦屏县地方财会主任龙运涛向县政府呈文说："查本县保警公粮积欠甚夥，恳予派警追收。"

县长李繁苍当即批复："已并饬催建国储蓄款之政警催收矣。"

七、飞机款和战时公债

在抗日战争期间，国民党政府借抗战之名，强行向全国各族人民发行战时公债，募集飞机，派警催收，急如星火，锦屏县的侗族、苗族等各族人民也不堪其苦。

关于战时公债如何发行，锦屏县各族人民负担公债的情况，尚无具体材料。但据亮寨司农民龙绍国、龙安禄因公债未曾按时缴纳，被拘罚款一事，反映出美其名曰公债者，实为对各族人民之敲诈勒索。此二人留下一张要求当庭缴清公债宥赦释归的报告云：

具恳禀民龙绍国、龙安禄，亮寨司人，农业，为公债迟缴，报押在案，恳请原情俯宥事。缘民等于本月承令募纳战时公债各二十万，即准备输纳。按本里之民，多属耕种为业，非乃商埠贸易之场经济灵便，有易于措置之可能。爰谋将谷米变卖备缴，本里凡户倘值需用任何款项均类筹措，良属艰难。兼完田赋之令急如星火，赶往中林田赋分柜完粮旋家之时，正欲赶缴公债，被保长以有抗之由，报请将民押解送府核究，兹蒙钧令斥押案下，邀祈俯赐原情，准予当庭清缴此项公债，宥赦释归。民国三十年十二月廿五日。

县长李繁苍批复："呈悉。该民等估抗认购公债，毫无国家观念，本应重究，姑念无知，着处以加倍认购公债二十元，以示薄惩，仰速备款缴清，再行开释。"

飞机款又美其名曰"献机款"实际上是向各族人民强征硬派。银洞农民龙开庆经受不起苛捐杂税，曾向政府提出报告云：

贵州锦屏民国30年度（1941年）调整县地方税捐报告表

捐税名称	课税物种类	单位价格	30年度税率	核定税率（%）	30年度税额	29年度税额	30年度比29年度增加税额（%）	备注
斗息捐	米	5元	0.15	3	1	12 627.37	2 336.22	141.14
	麦							素无麦子售
	包谷							素无包谷售卖
牲牙捐	大猪	60元/只	0.60	1	0.5	1888	1951.70	150.15
	中猪	40元/只	0.40	1	0.5			
	小猪	20元/只	0.20	1	0.5			
屠宰	猪	80元/只	2.40	3	0.75	17 035.65	7801.31	118.37
	牛	150元/只	3.00	2	0.8			
附加捐	羊	20元/只	0.60	3	2			
特期	猪	80元/只	0.60	0.8	0.75	359.40	271.30	32.47
屠税	牛	150元/只	1.20	0.8	0.8			
附加捐	羊	20元/只	0.40	2	2			
油类公植捐	桐、茶油	60元/百斤	0.60	1	0.9	218.50	182.10	19.99
契税附加捐	契税	10元	2.00	20	20	376.85	376.85	
木植捐	杉木	100元	5.00	5	5	9 337.46	9 337.46	
船捐	运货船	30元	0.30	1	1	41.70	41.70	
总计						44 885.43	25 199.03	78.12

其由农民开庆年58岁，住银河。为重负难担，恳祈俯情减轻以舒民困事。缘民家道寒微，专以雇工度日，以济一家数口生活，虽承先人遗留下等薄产，于去岁修筑公路时，其田在平金大溪概被损失罄尽……自田损失以后，合家惶惶无所依靠，午夜难安，惟赖民以年近六旬之身躯，为人佣工维生。更以妻子病苦终年，子则将近十龄，似此民之苦况不言而喻。窃查此次保甲长所摊派之飞机款四元六角，积谷二十五斤，区保经费季缴一元一角……为此情迫，只得啼血具报……

县政府作这样的批复："呈悉。查本年度摊派谷款，均属核定预算，该民所呈，姑无论是否确实，碍难核减。"

八、其他各种捐税

在国民党的统治下，苛捐杂税特多。以民国24年的税收为例，其捐税项目除了上述部分之外，还有屠宰税、斗息捐、船捐、绅富捐、过属米船捐、屠宰附加税、保安费、建设费、公安费、牲畜捐、渡夫费、盐税、百货捐、印花税、烟酒税统税、卷烟特捐。在抗日战争期间，还有什么建国储蓄款、认购平价军粮，等等。其名目繁多，举不胜举。

各种捐税只有零星记录，尚无系统资料。只有一份《贵州省锦屏县30年度调整县地方税捐报告表》，可供参考。

各族人民对国民党的苛捐杂税和横征暴敛是十分不满的，随时随地都露出反抗情绪。如民国14年5月10号，锦屏县府"派法警彭德兴一同来柜催征，谁知旧治人民颠刁狡，阳奉阴违，仍蹈前辙，所有饬丁挨户催传，或支吾限者有之；或隐匿不面者有之；甚至抵抗警兵者有之，不一而足……赐核准迅发朱谕，选派能力警队二三人来柜，请饬同团防局乡兵勒令按名提送公署"。

民国30年（1941年）7月5日税警马少秋曾向政府书面报告："查本月四日下，民权街有行商肩布过街，当即问其所肩之布从何处运来，是否投税？该布商初则不服查，继则附近各商号人等群集塞道，群言动武。"

九、护商费

国民党时期，匪势横行，商贾裹足。各地官兵以护商为名，索取保商费。民国16年上半年瓮洞厘金局的厘金与保商费比较如下：

月　份	厘金（元）	护商费（元）	占厘金的%
元　月	9 434	6 923	73.4
二　月	3 117	2 117	67.9
三　月	6 133	4 174	68
四　月	5 899	3 785	64.2
五　月	3 628	3 933	108.4
六　月	6 447	3 856	59.8
合　计	34 658	24 788	71.5

十、罚　款

国民党的捐税多，为催收逼征计，罚款也随之增多。据锦屏县民国27年8月至30年3月各项罚款如下页表。

罚款名称	起　数	罚款数（元）
没收烟变价及烟案罚款	8	3 812
抗缴区保经费罚款	3	951
犯赌罚款	7	38
浮收公款罚款	2	285
春节放炮罚款	4	44
抬高鱼肉价罚款	6	5
私贩食盐罚款	4	53
私贩食米出境罚款	4	850
赎木税罚款	3	355
通匪嫌罚款	2	503
不讲卫生罚款	2	45
铜元换法币罚款	1	7.5
大洋换法币罚款	2	42
妨害自由罚款	1	150
其他罚款	21	254
合　计	70	7 394.5

十一、地方官的敲诈勒索

国民党捐税繁多，人民已不堪其苦，加上官吏从中贪污勒索，更是民不聊生。从保留下来的几份控告营业税办事处主任舒瑞伍和瑶光联保主任姜培俊的状词中，可以窥见国民党吏治之腐败，各族人民蒙受灾难之深重。

（一）营业税办事处主任舒瑞伍的勒索情况

兹将民国 28 年（1939）9 月 29 日锦屏县商会对营业税办事处主任舒瑞伍的控告全文摘录于下：

……赋性贪污、不顾民生的舒主任瑞伍，视吾锦僻处黔边，民风朴厚，竟在到任之后，税警四出，零商小贩亦被强行征税，而各业之税率及营业额更由其任意增加，毫不依据中央之营业税法及贵州省营业税征收章程办理。如有依据法理向之辩诉，即诬为抗税违章，逮至锦屏县政府押缴。致使民怨沸腾，纷纷到会陈诉。愤懑之余，即欲罢市。本会为免事态扩大起见，一面制止各业不许罢市，一面亲赴该处依据税法税章与之交涉。不料该主任曲解税率，一意孤行，对本会之忠告拒不接受。各业及各零商小贩又复携其违法抽税之证据，纷纷到会申请转报层峰：

甲、违法抽及零商小贩之营业税。查营业税以营业总收入额年计不满千元免税，其营业资本额不满五百元免税。吾锦屏之零商小贩各就其资本而论，每人不过百数十元；就其营业总收入而论，年计最多不过五六百元。该主任竟敢妄行税章第十九第二项后半段之规定："但其营业具有特别情形者，得按月征收或就其营业时间一次征收之。"查些项规定实自贩卖物品者，或不经常贩卖该项物品，或系不在卖地居住，对于具有此项情况之商贩，故得一次征收以防漏税之意。该主任之曲解章程，并其违法抽税苛扰商贩之事炯炯然，兹有该处强征零商小贩之营业税收据两张为佐。

乙、违法勒征复税。查木业一项，在三江省税局未撤之时，所征税款只抽卖方，买方免征。即现在沿江各省对于木业一项亦只抽卖方营业税。本县营业税办事处成立之时，对各业尚能遵章只抽卖方，独于木业一项买卖两方各抽千分之五，实犯约法。税率表对木业之税率仅载千分之五，而该处同时亦征买木商人千分之五之营业税。此种行为实犯重税之罪。此固由前沈主任祖铭作弊于前，商人隐忍至今，未暇陈诉，殊意舒主任一时利令智昏，不惜变本加厉，乘机征收牙行营业税。凡遇外省外县买木之商人，除令纳买方营业税千分之五外，同时勒令再纳木牙营业税千分之五。查买方向无兼营牙业者，则该处所抽买方之牙税更为复税中之复税，是其法处之横蛮举动。有收据两张为佐。

丙、违法征收牲畜营业税。查税章物品贩卖业税率表规定，牲畜业之税率为千分之五，于其备考栏内注明已征屠宰营业税者，不再另征。乃该主任凡遇屠商宰猪之前，除令前缴纳屠宰营业税外，每猪视其大小，同时勒令再征屠商牲畜营业税三至五角。有收据两张可佐。又剑河上游各县贩猪商人，每用船只载猪运至湖南之洪江出售，到达锦屏时，该主任亦竟勒征该商等之营业税。此实为通过税，与往者厘金之遇货收税有何异乎？

丁、故违禁令，纵宰耕牛。本县连年牛瘟，正苦乏牛耕田，故二三两区因无牛而荒芜之田，触目皆是。该主任为多收屠宰营业税，纵苗宰牛。有执照两张为佐。

戊、滥行处罚，苛刻商人，七月二十六日本县米贩欧由文由剑河南加堡贩四五石到锦出售，如照时价而论，总计不过六十元。税法规定免税，强行勒征。该商爰引食米向不抽税之例与之申辩，该主任即逮至县府寄押，声言除纳正税外，必须罚金十元。因而引起全市商民公愤，请求政府代为诘问。

己、吞食税款。农民每于无盐时带烟草上市，该主任即以照价征收百分之十五，又不发给执照；四乡妇女酿酒上市，每亦抽税三至五角，亦不给执照。此皆为私饱。

庚、纵容员丁需索验费。凡遇有船只及木排过锦，即派员向商人索相当查验费，稍有不满，则多方留难。

辛、提高木业估价费。

锦屏县商会　何郁迁

常务委员　王绘五　王敬斋

胡可逸　赵庆和

民国28年11月5日，锦屏商人恒升钟、永丰乾控告舒瑞伍之状词：

商民等开设杂货商店，兼制土产丝烟十余年矣。对于应纳之烟公卖费，历经县政府征收，月缴洋二元五角，有卷可稽。讵自营业税办事处设立移征后，经前余主任于二十七年十一月起，增加恒升钟月费至八元五角，永丰乾五元五角，张永记四元之多，已属勉强支持。复于本年六月新主任舒瑞伍到任接办以来，六月份烟公卖费照常缴纳无异。继因市面铜元缺乏，概以法币交易，俱多苦论斟换，每元低至五千文尚难换铜元入手。斯时，舒主任每日以法币五元，派工役专来民等店斟换铜元以作零用，每元勒作六千折算，民不敢怨言，忍苦照换。后有两次实无铜元所存，未能接受，以致舒使来之人，与民店司事互相争论几句，不知其来人转去如何搬弄，舒主任很不高兴，即时传民等至处厉声威胁，借以烟酒税额从新整理，自七月起勒加恒升钟月费至二十五元，永丰乾十七元，张永记与其无姑未被增加。以此于市面萧条之际，惨遭舒主任之不恤商艰，反借公报私，突增巨税，何能负担。复以种种恐吓，民莫能自主，处些权威之下，欲告歇业而不许，只得暂且屈从，徐图求减。今幸营业税办事处撤销，仍归钧府征收，实民等生机有路，得见天日。故特缕陈下情，伏乞钧长俯念困难，准予原减，依照余主任征之额继续办理，俾维生活，则戴德无暨矣。

（二）瑶光联保主任姜培敬的勒索情况

民国31年（1942年）瑶光联保保警队全体队员向县长控告联保主任姜培敬抓丁勒索的报告全文：

（一）姜培敬从当瑶光联保主任以来，除阴历十月以前剥削地方和联保处一切用人外现单说主任最近三个月对地方和处内用人的成绩略分十六条报告县长查办。

（二）中仰保龙姓失谷，失主出花洋三百元，兵等查知就报告主任许可，兵等连夜捉得强盗交处，就拿花红证据向失主兑得洋一百五十元，主任说："要先除我枪一半，剩一半日后得来你们慢分用。"兵等听说，就争论不肯。不料龙贵才送贼下城，就被主任密报扣留在县。

（三）文斗河边十一保李礼金前月中新兵，就以有钱多，着人秘密私合主任洋八百五十元。

（四）七保乌十村吴开应前月中新兵，主任派姜西光拿应到处，私下承认这洋三百元，西光得的草鞋洋三十元也被主任缴去。

（五）培亮五保蒋根生前月中新兵，生是主任亲戚，就叫他用刀割伤手，到县不要，主任发他证书，要生钞洋一百元。又文斗寨老姜也用洋一百五十元向主任领取证书。

（六）二保瑶光寨姜庭春前月中新兵，请副主任张恩乔运动，作洋五百三十元。

（七）兵等前月去三四保催款，在培尾村听说有强盗打脱黄牛二个，就牵到处，过后好久，有格郎老吴用洋一百五十元赎回。兵等的水草钱也被主任拿去。

（八）姜晚寿奉令去中仰捉强盗潘名望，得草鞋洋也被主任缴去入私。

（九）瑶光寨姜正名在主任隔壁住，素开烟馆营生，每月做主任洋五十元，主任就包庇他。

（十）这次兵等被主任记恨，恐怕日后报仇，他存长短枪八支，请县长缴去，以免被他杀害。

（十一）南怒十一保李老官的儿子前月中新兵，经马佩宽交涉，作洋四百元，又河鱼六十斤。

（十二）主任发公盐六百斤交第一保保长姜宗名，夜半请张老宽的小船装到南加堡卖与保长妹夫杨老王，领得洋一千多元，因主任买米失去一百五十余元，累兵等十余人同主任捞油锅，还要兵等赔一半。

（十三）查自元月初一日以来，主任在晚寿、西杰等家开赌，胜败总在数千元，唯伊女婿赢得洋一千多元，害得他把大烟瘾都吹大了。

（十四）培垅保龙得相前月中新兵，请到主任张恩乔同主任私合八百元。

（十五）查中仰陆宗汉为盗，是由主任要他去偷陆茂富狗一个来与主任换大烟米十个，故使宗汉得势，方敢偷龙姓之谷。后茂富作保长，姜宗名买合主任，出洋五百元。

（十六）查前冬主任嫁侄女，嫁妆三四百元都要卖田，去冬嫁女儿用四五千元，又未见卖田，这钱由哪里来呢？

以上经兵等亲做亲见，如有一点冤枉，尸骨不得归家。但兵等穷苦，无钱来城抵案，请派人来查问便得详情。

龙青云的敲诈勒索情况

20世纪20年代至30年代，锦屏官匪合一的龙青云，对锦屏及其邻县各族人民的敲诈勒索，更是罄竹难书。

龙青云，剑河县柳拉人，侗族，土匪出身，民国初年经常联合各股土匪，自己做大哥，到处抢劫。一次龙青云到南加拖帮，先是"冲坝"占领南加后，用竹箩盛铜钱，沿途边抛钱边叫喊"大户人家欠我钱，中户人家你莫言，小户人家给我走，每天五百伙食钱"。这原为姜映芳侗族农民起义的战斗口号，被他稍事篡改之后，竟成为他笼络贫苦农民的有效宣传，壮大了他的势力。他率领所部几次到广西打劫。大致在1922年为军阀部队张廷光司令收编，委以名义上的团长。于是剑河、黎平、天柱、靖县、锦屏五县的土匪都投奔麾下。龙青云以半官半匪的身份，统治着锦屏等五县。后来，他的部队被周西成遣散，封他为路政局局长。但他以土匪势力为基础自封为"剑穗柱锦黎五县剿匪司令官"。他名官暗匪，采取如下方式鱼肉人民：

①勾结土匪，坐地分赃。龙青云与许多土匪拜把弟兄，关系极深。如固本乡大匪首杨玉亭，即是他的重要爪牙。天柱县远口区的区长也是个匪首，都得到龙青云的支持和保护。他们率匪抢劫之后，龙青云便出动"剿匪"，其实是虚掷一枪，周旋一下，以便土匪安然撤退。这样一来，龙青云一则可获剿匪军费，一则可与土匪分赃。土匪常用的抢劫办法是"冲坝"和"吊羊"。所谓"冲坝"，即是当赶场天，交易正旺，银、货集中之时，进行包围抢劫，如较大的南加场、平略场都多次被土匪"冲坝"。所谓"吊羊"，即绑架富人，索取赎金。许多人被"吊羊"后，其亲人都跑到龙公馆，送去银钱或土地山林契约，求龙青云为其"赎羊"。龙青云则与土匪分赃。他在整市、隆里中黄的几千石田产，都是"赎羊"得来的。

②指使土匪攻打县城，威胁商人出钱媾和，龙青云则暗地与土匪分赃。1927年，龙青云曾指使杨玉亭攻打县城，匪部扎在赤溪坪龙青云处。龙青云出面与商会交涉。国民党别动

队 20 多人驻锦屏主战，但商人主和，乃筹集四千大洋派代表谈和。龙青云顺水推舟，劝杨玉亭收钱退兵。

③监派捐款。1924 年至 1925 年，龙青云在赤溪坪修一条街，向群众大派捐款。如戴瑞华被派大洋四元，迫使其缝纫店关门，迁回原籍。

④解帮。由于土匪骚扰，经商风险大，龙青云依恃拥有武装，并与匪相通，故包揽武装护运，从中大捞解帮费。当时来清水江流域购买木植或鸦片者，均以银两为通货，称"白帮"，运鸦片出境者称"黑帮"。主要请龙青云解帮。龙青云与洪江尹明轩勾结，龙负责在黔境解帮，尹明轩负责在湘省解帮，两者在湘黔接界处交接帮。

⑤强行霸占。1920 年清水江河水暴涨，自剑河以下，流失木材甚多，沿岸居民捞获不少。龙青云派人号木，据为己有。捞者无酬，失者不能赎取。龙青云就是用所号木材在赤溪坪修建了一条街。迄今，街坊和龙公馆还屹立在清水江与小江交汇的赤溪坪，它是封建势力压迫剥削各族人民的铁证。

（三）恶霸王彦科

此材料系锦屏县魁胆村侗族老人王海求口述。王海求，雇农，生于 1907 年，1964 年，海求提供此材料时，年 58 岁。

王彦科是我们侗族地方的一个大恶霸。他投靠官僚大土匪龙青云，仗势欺人，霸占穷人的土地财产。我原来还是一个有些田产的农民，就是被他压迫剥削后，变成一无所有的雇农的。

少年时，我就失去了父母。上无哥姐，下无弟妹，孤零零一个人。只有一条大水牯陪伴我，我天天上山割草喂养它。甲子年（1924）四月，王彦科趁着我割草去了，偷偷地拉去了我的水牛，卖给别人，卖得 47 吊 800 文钱。我失去了牛，一个人哭了几天。

这一年房族修建祠堂，王彦科借口宗族利益为重，霸占了我家的一块田作地基，那田有 150 斤的稻谷产量，没给一文钱。王彦科又说请石木工匠花钱多，估卖了我家在坪本的四丘田，合计产量 700 多斤，我也分文不得。

我的生活越来越困难了。有上顿，无下顿，时常没米下锅。王彦科假装好人，对我说："你这样下去不饿死吗？没吃的就卖田嘛，我来帮你卖。"他把我一丘 800 来斤产量的田卖给了王康佑，卖得 88 吊钱。王彦科把钱鲸吞了，不管我的死活。

1926 年，我又穷又饿，饥寒交迫，只好拿一丘田出卖，王彦科买了这有 800 斤产量的田。卖价 48 吊零 800 文钱。写契约时，他勾结写契人，欺我不识字，把卖价写成 800 文。对我说："我手边钱不够，我马上给你准备。先给你 800 文，隔两天，你再来拿 48 吊吧。"后来，等我去要钱时，他恶狠狠地把我撵出门外，说："我差你什么钱？契约上的卖价 800 文，我都付清了，你再胡闹，看我打死你！"胳膊扭不过大腿，我含着眼泪回家了。

我有个叔叔王华恩，也吃过王彦科的亏。1919 年，好吃懒做的王华恩，生活过不了，把一丘大田，产量 1200 斤，卖得几个翘宝银。王彦科眼红生诡计，对王华恩说："坐吃山空，咋行呀？不如我们合伙做木头生意，本生利，利再生利，包你坐起吃，睡起吃，都用不完。"王华恩被说动了心，拿出三锭大银子足足 150 两。王彦科得了银子，吃喝玩乐，尽情享受。王华恩怕他，自知惹不起，只好白送了。

王彦科心狠手毒，六亲不认，连同胞弟弟也不放过。他们弟兄分家后，王彦科游手好闲，成天赌博，把家产卖光，外出鬼混了几年。回来时，他向弟弟说："我出门多年，你种老人留给我们的田，现在理应归我种了。"他硬是霸占了弟弟的部分田产。

丙寅年（1926）发生了大旱灾，田里颗粒无收。我们九寨山多田少，人穷财薄。年辰好也有几月半载缺口粮。哪能受得住这等大灾荒。大家都靠挖蕨巴、采野菜挨日子。蕨巴吃光了，天天在饿死人。正在穷人九死一生的时候，龙青云派王彦科回来派军款。他带着 6 个兵，耀武扬威地来到魁胆，找着总兵王世杰，命令他向魁胆、平拱、各龙、高岑、破井罐、参德、孟寨、凸寨等侗寨，每家收军款 30 元大洋，另加派军米。王世杰回答说："百姓足，然后军需足，百姓不足，军需也不足，眼下大灾荒，老百姓都快饿死了，哪来钱交军款!?"王彦科怒斥一通后，即令马上收款。王世杰自知祸事临头，连忙派人通知各寨，准备武器，来魁胆齐团。王彦科当晚就把王世杰捆起来吊打，整整吊了一夜。

第二天，九寨侗族人民手持刀枪，纷纷向魁胆汇合。王彦科见势不妙，慌忙命兵丁把王世杰带回王寨交差。来至寨脚，王世杰生死不走，一个士兵揍了他一枪托，飞起一脚把王世杰踢倒在水沟里。恰好王世杰的弟弟赶到，向群众大声疾呼："把王彦科抓起来!"愤怒的群众一拥而上，抓住王彦科，6 个兵丁见状不妙，一溜烟逃走了。

王世杰率领众人，押过王彦科，立即在田坝里齐团。他痛斥了王彦科的罪行之后，希望王彦科的房族有人出面担保王彦科改邪归正，就可将他释放。但作恶多端的王彦科，已走到众叛亲离的绝境，没有一个人出面担保，连同胞兄弟也表示非严惩不可，在"戒约"（斩条）上签了字。

几百侗族人民一致决定，把恶霸王彦科烧死，并歃血为盟，齐心抗击外来的敌人。

几百人各自拿来一块干柴，堆积成了高高的柴垛，把王彦科架在柴垛之上。天上风起云涌，寨上众怒冲天，一把火点燃了迭迭干柴，火借风势，风助火威，吐射出熊熊火焰。这个恶贯满盈的恶霸，终于受到了应有的惩罚。

十二、清代三江地区的徭役

清政府对锦屏侗、苗等族人民征派的徭役官差是很沉重的。溯诸历史，伕役①之兴与三江当江制度有着渊源关系。王寨、茅坪、卦治及其邻寨因当江获利之有无及多寡，与各寨承担政府伕役之轻重不相适应。各族人民在不能公开反抗政府苛役的情况下演成各寨之间为卸轻伕役而长达 76 年之久的激烈争讼。其实自雍正九年至嘉庆二十一年（1741—1817 年）正是争江的主要时期。一是连绵不断的争江诉讼，一是此伏彼起的伕役控案，相扰相侵，成为当地侗、苗等族人民政治、经济生活中的两件大事。卦治行户龙世昌于嘉庆二十四年（1819 年）将历次争讼的状词抄录成册，标名《伕役案》，保留至今，成了研究清代锦屏社会的重要资料。

（一）雍正九年的徭役

伕役控案最早发端于雍正九年（1741 年），茅坪吴世英向古州同知呈文要求因伕立布，该同知滕提出处理方案，呈文上报云：

---

① 本调查一些援引文献中也称"夫役"，为保持原貌，编辑未做统一。编辑注。

署贵州黎平府古州理苗同知滕恳天给示，召集贫民以全苏息以便公务事。雍正九年三月十二日奉总统军分巡务贵东道加三级纪录二次方批：据赤溪坪、茅坪寨吴世英等诉前事一纸，痛蚁茅坪数十余家，奉批可否立市，仰黎平府奉此该阜署府查议，将茅坪借夫立市之情，即网利当江，该与王寨卦治三处，皆面江水而居，在清水江下游，接地生苗交界。向者生苗未归王化，其所产木植，放出清水江，三寨每年当江，发买卖之客，亦照三寨当江年份，主于其家，盖一江厚利归此三寨。即轮流当江之年为送佚之年，此当江送佚例所由来也。但三寨之中，卦治不当大孔道，故议帖帮大腮之佚，王寨茅坪相距十余里，俱在大道之旁，故议轮流值年，当江年份轮流当佚。但王寨于当大道稍纡，而茅坪背黄峭山脚，自天柱县归黔，于雍正四年之后，黄峭山之路于是始通。兼之官兵往来皆直捷而不乐纡回，凡军装炮抬之杠，与零星杂差之肩送，莫不由茅坪索佚，而茅坪佚役遂繁苦十倍于王寨矣。去岁系王寨当江年份，而佚役只落茅坪。王寨既帮茅坪，实难推卸，故茅坪避佚自匿。阜府出示，令其照当江年份当佚者，正欲均劳苦于王寨，而苏茅坪之累也。乃茅坪吴世英等，即粘此示呈请立市，吁恩宪台批奉到职，查一立则垄断独登，沿河各寨见其利尽归，共起争端。无论立市茅坪，于理不可。即悯其因佚之累，而立市以补之，窃恐享利不久，结怨沿河。况今春以来，奉行急公之民一案，军装佚役，俱有脚价，阜署府俱行文锦屏县，令其给送不给还之例，每里给以佚脚一厘，差照数封发。又以上送佚天柱路途太远，命天柱县拨雇佚邦寨接替，茅坪上只送佚三十里。目下古州清理将峻，兵设往来亦非往昔众多，是以茅坪之佚已在息肩之日相应。仰恩宪台仍照阜署所议。王国良诉争江一案，严行出示禁革。将当江立市名色永远革除，不得限年轮流，任从苗民客商之便，爱于某寨贸易，即泊某寨，使沿江之民，皆有贸易，均沾乐利，则宪台恩尤无涯矣！缘奉此批查，妥议事理是允协。阜署府为此理合敬杯末议，伏侍衡夺，为此备由，另缮书册，伏乞照验施行。

雍正九年五月初三日

清初在贵州的少数民族地区推行"改土归流"，对民族地区的社会发展产生了深刻影响。这一措施也给锦屏少数民族地区带来了政治和经济巨大变化，而且因其商品经济较发展，这种变化的发生又早于贵州的其他少数民族地区。巡抚张广泗"改土归流"后在三江创设弹压局征木税，创设总木市法定之寨轮流值年当江，亦如前述。清政府更先后将锦屏各地"入籍输粮"，加强了封建中央对边远民族地区的直接统治。据文斗《姜氏家谱·记》中记载："延及高祖凤台公，见势可转移，遂于康熙三十二年，约齐各寨，输粮入籍。时下寨正与上寨隙，不愿同行，见上寨与各寨事成，遂捐银赴天柱投诚，所以一寨隶两属，皆一时之愤致之也。未几柱官下手，丈田摊粮，始悔用心之误，不从吾祖之过也。后苗馁龙玉卿亦约承寨入籍，殆亦见吾高祖之举，而后踵之者乎。"黔东南少数民族地区多在雍正四五年"改土归流"后才输粮入籍，而文斗却在康熙三十二年，整整提前了30多年。地处高坡的九寨虽较文斗为晚，亦当在雍正之前，而茅坪、王寨、卦治皆居文斗之下的清水江下游，当时已是木材交易的中心，故对清王朝"输粮入籍"必早于文斗及九寨地区。承担佚役和纳粮一样是少数民族直接受统治于中央王朝的政治义务，三江人民承担佚役也不会晚于康熙年间。雍正四年巡抚张广泗在推行"改土归流"时，将原属湖广之天柱划归黔省，茅坪就成为由黄峭山通往贵阳的大道之必经地，官差和军队往来增多，茅坪人民的佚役负担随之加重，所以至雍正九年茅坪吴世英才向政府要求立市以补偿过重的佚役之苦。所谓借佚立市，就是以伕役过重为由，将王寨、卦治、茅坪轮流当江进行木材交易的制度，改成独设茅坪为木市进行交易。古州同知滕的处理意见是：茅坪木市"一立则垄断独登，沿河各寨见其利尽归，共起争端，论立市茅坪于理不可……窃恐享利不久，结怨沿河"。该署主张"将当江立市名色永远革除，不得限年轮流，任从苗民客商之便，爱于某寨贸易，即泊某寨，使沿江之民，皆有贸易，均沾乐利"。

呈文上达后，黎平府于当月复示调整伕役，而不议开放木材市场的建议：

> 贵州黎平府正堂加一级纪录二次为晓谕事。照得茅坪、王寨伕役下送大腮二十里，上送天柱县城六十里。本府念上送天柱太远，且隔黄峭大山，今已饬令天柱县于邦寨设立雇伕接替，合行晓谕。此示，仰茅坪、王寨合寨知悉，嗣后凡有军装送于邦寨交卸接替，不得接送天柱县城，其伕每名十里差役，给以米价一分，以示抚恤。运装之外，一切无票起夫者，不得滥应。倘有假冒兵役，横行拉人，即许扭禀。

> 雍正九年五月二十四日示

（二）乾隆元年和三十五年茅坪与王寨徭役的诉讼

经黎平府调整之后，茅坪与王寨的伕役争端约停息了四年，至乾隆元年（1736年）35年（1770年）、36年（1771年），又连续发生诉讼。据乾隆三十五年黎平府开泰县结案后的告示说：

> 贵州黎平府正常军功一级纪录十八次小、贵州黎平府开泰县正堂加五级纪录十次毛为苦乐不均等事。案奉本府宪正堂小批：据茅坪生员龙现奇等控告王寨王文政、王文彬等九寨横抗伕役一案，本县随即差提审讯。查乾隆元年断案，伕役百名以内，无论多寨，系茅坪、王寨合照值年应付独当；百名以外，连小江、王寨、茅坪之处均当，二百名以上，合平秋、石允、高坝、皮所、黄闷、俾胆、苗白等处十寨均当。原属平允，各处具遵依在案。近因值年互相推诿，以至讦控。讯据茅坪双年，至王寨单年，即由三十五年王寨值年起，次年轮至茅坪。除讯明取具各寨遵结，附卷详报府宪，催伕牌票各即注明，勿干混淆外，合行出示。仰王寨、茅坪合石允等处保甲人等知悉，嗣后遇有差事，不论多寨，悉照乾隆元年断案，应付急公，如有帮寨推闪违误，立拉寨头重究。各宜禀遵毋违。特示。

> 乾隆三十五年三月初九日示

（三）乾隆三十五年大腮与卦治等寨之间的徭役诉讼

结案不久，伕役之讼复启。主要是大腮杨银海、杨君文具控稳洞、卦治等11寨也应承担伕役。乾隆卅五年开泰县裁定后公告云：

> 贵州黎平府开泰县正堂加五级纪录五次毛为闪躲伕役差苦累难堪事。案奉本府正堂王批：据湖耳司申详杨银海等具控伕役一案，业经本县差提审讯，杨银海、杨启文希图稳洞七寨轮应日行小伕，更将向不协帮之潘寨、卦治、留巴、平略四寨拉扯，逞刁议拟申详，奉批所议无协，将杨银海发落，仍令出示各寨，遵照旧并新定章程，久年旧例，

165

以断葛藤。余照议结案，奉此除将杨银海等发落，并原详有案不录外，合行出示晓谕。为此，示仰龙现奇、龙元凤、杨美先、龙尔盛、文凤章、龙德安、欧仪凤、龙凤罡寨头人等知悉，嗣后如遇大腮一路，仍照旧规，照依本县详定，大腮等亦不得妄派，滋累至潘寨、卦治、留巴、平略等四寨。向值清江一路之伕，仍照旧规承应，毋庸远帮大腮等寨，以均劳逸。各宜禀遵毋违，特示。

乾隆三十五年十二月初八日　示发平略、留巴、卦治、潘寨永远存据。

（四）乾隆三十六年邦寨与茅坪的徭役诉讼

乾隆三十六年（1771年），天柱县的邦寨又与茅坪发生伕役诉讼案。经黎平府及锦屏县裁决后，发布告示云：

　　贵州黎平府正堂加一级纪录随带王、贵州黎平府锦屏县加三级纪录五次刘，为严饬遵照事。照得本县因公赴黎，蒙本府正堂王面谕，天柱县属邦寨与府属茅坪争人犯伕役一案，饬令就近查办。本县当即差唤茅坪生员龙现奇、民舒起蛟、唐文秀、龙运世等确讯。据龙现奇供吐，茅坪、王寨原有旧例，止因王寨节年抗伕，控经府宪，分为单双值年，有案可据。唯有往来人犯过往，关系重大，未曾分析等情。本县随即差唤王寨王良佐、王文彬、王文政到案，当堂一齐审讯，饬谕如遇往来人犯过境，由南路开泰而来，遞至锦屏，锦屏送到王寨，在王寨随到应宜送邦寨，不得移累于茅坪。由北路天柱而来，遞至邦寨，邦寨送至茅坪，在茅坪随到应直送大腮，不得干累于王寨。南北之分，不得拘守值年之论。至于别项差徭，上下大小伕役，仍照尔等前单双值年旧例应付，俱各遵依取结在案。除解报府宪外，合行出示晓谕为此，示仰茅坪、王寨保甲人等知悉。嗣后遇有一切人犯过境，各宜遵照南北随应章程，毋须混行错交，推诿躲闪，以致疏脱人犯，取罪匪轻。倘敢不遵，立即按法究治。本县言出法随，决不宽姑。永远勒石毋违。特示。

乾隆三十六年三月初一日示

经由雍正至乾隆年间迭次伕役讼案，屡得政府断结，大体解决了这样一些问题：

（1）缩短送伕路程：原茅坪、王寨服役送至天柱，途长60里，改送至天柱境之邦寨，缩短为30里。

（2）按派伕名额的增多，指定他寨对王寨、茅坪进行帮协：伕役百名以内，由茅坪、王寨照旧完章程值年独当。伕役百名以外，200名以内，由小江、茅坪、王寨三处均当。伕役200名以上，由平秋、石允、高坝、皮所、黄闷、俾胆、苗白、小江、王寨、茅坪等10寨均当。

（3）按单双年份和南北方位合理分担：单年伕役由王寨承担，双年伕役由茅坪承担。犯人自南路开泰而来，则送锦屏（铜鼓）再送王寨，再转送邦寨。由北路天柱而来，则送邦寨，再送茅坪，直送大腮。

（五）嘉庆年间王寨与卦治的徭役诉讼

虽然旧的矛盾解决了，新的矛盾又在发生。嘉庆年间，王寨与卦治的伕役讼案，更是互相控诉不休。

王寨王克明等控告卦治漏役的诉词：

> 为巧漏妄塘续恳电劈事。缘蚁等控卦治附籍漏役一案，蒙恩批示应候，何敢再渎。堆是卦治巧漏妄圹之情，若不缕续，无由上悉。窃民有力役，例无偏枯，雍正年间。前宪大人张开辟卦治、茅坪、王寨三处，咨定一体轮流值年应役，部案确据。彼时，卦治原与蚁寨同役，同照烟产纳粮，同建营讯无异。害因乾隆年间，大腮控伊等帮佚，案结，蚁寨并不知情，不料卦治借胎罗织，明推大腮，暗避王寨，蓣部案巧漏。一至于今。但民役以籍，始逃匿，兹文秉凤、龙文昌等，只当清江之佚，全不思往来皆由西路罗里、高维等交接，历无由卦治往来差事，票可稽。且拘水陆佚役，上下必有交接，蚁王寨、茅坪上下地方，从未交卸，伊佚又岂飞空去来，妄圹已破。又称孔道始当佚，否则不波及，更不思自黎至省，每站俱于一二十里或三四十里，勾摄至大道接应，岂民佚尽避处道左之理。况卦治与王寨附近毗连，既同照部案乐利，自应同遵部案当佚。岂伊不知茅坪公馆、王寨与九寨现同当九寨中平秋等处，俱距茅坪七八十里不等，即大腮帮佚之稳洞等处，亦距大腮二三十里不等，岂不当孔道遂如伊脱然化外耶？种种妄圹，显负朝廷豢养之恩，而特敢为黎平通属世世漏役之闲民也。岂有漏役之积弊，当可妄捎成规，今伊烟户殷户数倍蚁寨，竟享久当当江漏役之福，致使蚁寨日行应役……连年囚笼不绝，险阻重更，已疲惫难当，仁皇天爱，理合禀恳改正，以苏民困，以省偏枯。续乞。

对此，卦治文秉仪、文秉凤等连续反诉，其反诉词之一曰：

> 为擅改成规生枝妄控事。缘王寨王克明等以附籍漏役控蚁等一案，蒙批录面理合诉明。窃蚁等系天柱湖耳司所辖，与王寨既不同司，地又相距，虽共统仁天治下，各自纳粮当佚，毫无干涉。至江河一节，便客买卖，各守各地，定例由来已久，并非有江河则当佚，无江河则不应役。况蚁等卦治与潘寨、留巳、平略等寨，向当清江一路之佚役，曾经乾隆三十五年有杨银海等，以大腮一路佚役扯蚁等诸寨，希图肥己，蒙前任府主正批，开泰县主毛将杨银海等处治，不许妄派，仍断蚁等照旧当清江一路之佚，给示勒石，案存炳据。兹王克明等，与蚁等各司所属，非同大腮与蚁等共司可比。而大腮妄控，前府主尚且不肯更见成规，仍蒙照旧断案，恩周世世。今伊等意图生枝妄派，乃敢借以三江为名，要蚁等越司应役。不思伊等地方，囚犯所过，自应巡守接送，与蚁等地方何涉？而且各宪所过境界之地，即用彼地之佚，断不扰及未过之外，况解送囚犯，自黎至省，必由孔道，皆就近拨应，从不累及不当孔道之民。即由茅坪等处所当差事，如或重大，亦在不辞。设过蚁等地方，又将涉及何处？且自开辟以来，即云三江俱各当各差已久，乃伊等不守旧规，意外生枝妄控，竟控以漏役妄派。殊不知蚁等清江一路之佚，颇亦繁重，案定乾隆三十五年，何为漏役？且官尚不肯扰民，恶等尚敢逞习滋事，不惟不便民，更不便公。为此诉及大老爷台前赏照已定之案治恶擅图诈更张之罪，庶民累绝民安愈前宪矣！
>
> 上诉被告：文秉仪　文秉凤　龙文昌　龙文运　龙文宏　龙枝贵　文在云　龙正方

文秉仪、文秉凤等反诉状之二：

为章程迭据续恳究坐事。缘王寨王克明等捏以附籍漏役诬控蚁等在案，前已诉明，何敢再渎。独是伊等凭一面妄耸之词，隐匿前宪久定章程，拉扯江河为漏役张，重孔道竟谓漏役。虽伊等雪桥可架，红日难逃，殊不知自有三江以来，前此均纳粮当伕。雍正年间，军略张大人过蚁等地方，悯伊等王寨路当孔道，概将伊地烟户钱粮免外，只当水道之伕。蚁等不独雍正以来，案册可查，即乾隆三十五年杨银海控案拉扯蚁等，经前宪断结可据。而雍正九年滕府主赏给伊等有示，一切伕役送至邦寨，两处分单双交卸接替，并无干连蚁等。不独此也，三十五年伊等王寨被茅坪所控，又经小府主准伊等两处分单双值年，当伕百名以内，应值年王寨，则王寨独当，应值年茅坪，则茅坪独当；百名以外，小江、茅坪、王寨之处均当；二百名以上，合平秋、石允等寨均当，断结有案，并无蚁等地方在内。复况三十六年，前宪王又将王寨、茅坪分南北两路接送，给示勒石，亦未波及蚁等。诚以应役当差，虽共属子民之分，然路取其相通，伕取其相近，方始便于办公，故宁苦当道之民，不肯令不当道之民越境帮役，以塞奸民猾吏渔利扰民之阶。所以前宪等久定章程，不惟伊地前民乐从，亦岂敢思改旧章，妄希渔利。兹伊顿起嗑诈之谋，妄耸天台，意图肥裹控附籍固执不善，控漏役更见混赖。兹于妄后，疽复拖延，况当封篆伊迹，点得粘抄前宪一切告示章程，续乞大老爷台前赏准，速集讯究伊等擅图更张嗑诈之罪，累绝民安，世世沾恩，上续。

嘉应二十一年（1816 年）政府对王寨、卦治伕役控案的断结：

讯得王寨民人王克明等具控卦治文秉仪等附籍漏役，王克明等质三江之名，以为既指名为三江，则三寨民人应公共当差，殊不知王寨地处冲途，应天向有成规例。卦治僻处，向纳烟户的钱粮。数百年来定有章程，岂能更改。王寨畏冲途伕役，曷不徙居卦治，亦免其差。王寨王克明等俯首无辞，情愿具结，悉照旧章，从宽责免。

虽然王克明等在判决书上签字具结，承认自己"因伕役重大，以致具控，冀图伊等同帮应役。蒙恩当堂审讯，此系久定成规，断令蚁当王寨之伕，伊卦治仍当水路之役。恪守无词，具结是实。"但是一经回家之后，立即草拟状纸筹措盘费，远赴省城上诉。

其上诉状之一云：

为贿厅屈断，扣垦亲提，以杜讼端事。缘蚁王克明等具控卦治附籍漏役一案，虽蒙委厅主审讯，无如卦治应当何处差役，究未询判，仅云世远年湮，致正非三司不可，并吩谕卦治无役，尔等迁移卦治。未卜迁移后，王寨何人当伕？刑押结案，谓如贿嘱，难逃神鉴。窃思普天莫非王土，率土莫非赤子，凡附籍享江河之利，自应同当伕，以昭平允，例禁綦严，从未闻有不当伕役之户口。今卦治与蚁寨毗连，同建营讯，轮抽河利。前因大腮控伊寨帮伕，因何了案，蚁寨未知，遂以漏役疲怠，借为成规，乐利卸役，彼富此贫，贻害日深。及至控诉，捏借清江支塞。不思卦治烟户钱粮上纳黎平，本属之伕尚且漏匿，焉能越属以当别邑。况清江往来，不由卦治，若彼经当，蚁寨必当，岂卦治真各当各差直送到境耶？至称应役当差额苦当道之民，更属荒谬。如茅坪公馆，现系九寨朋当内平秋、稳寨等处，俱不当孔道，照依定议自然脱身事外，仍然帮佚。且蚁寨原设无差，祸因同抽河利之茅坪拉扯蚁寨，始行分应。似卦治狡黠，何难推诿茅坪。总之，卦治抽河用以肥囊，不知急公章法，推邻寨以应差，唯图利己损人。而且时金贿卸，实干律条。独不思恩星仁慈爱民，三江沾泽，断不肯任听卦治由然而享无佚之利。如照厅主公见，诚恐王寨地瘠民贫，独力难支，无佚迎送囚犯，不特痛民，抑且痛国，情属偏枯。只得赴省奔扣阁前，赏念苦乐不均，情舆查调前案，提省亲讯，酌定章程，饬令卦治帮办佚役，以苏民困，以杜讼端。

王克明等的上诉状词之二：

为恳念旧章免遭奸漏事。缘蚁等以附籍漏役控文秉凤等一案，应宜静候，曷敢琐渎。但蚁等王寨、茅坪、卦治三处轮流当江之实于雍正十年，蒙前府主滕怜悯蚁等三寨路当大道，佚役繁多，民苗苦累，申详方明示注蚁等三处轮流当江，取其系毛利息，以帮补佚役之费，示案确据。是蚁等三寨有江有佚，无江无佚，江以佚名，佚随江应者也。兹卦治文秉凤等云："江河一带，便客买卖，并非有江河则当佚，无江河则不应役"。独不恩天地莫非王土，一民莫非王臣，沿河一带，何地不可当江，而独设令蚁等三处，亦可思朝廷恩养之隆、各宪德泽之深矣；又称与潘寨、留已等寨向当清江之佚，不恩伊系湖耳属，为天星覆冒之区，卦治居天之地，为天之民，何以接应清江，而且当清江之利，唯卦治独专，潘寨等处均未攸分。则卦治与蚁等三处一体当江，乐利与同，自应劳逸与共，岂可潘寨同列乎？久定之章程，而欲脱然事外，是伊等巧漏可以弥缝，而神鉴肺肝如见。至称云蚁等希图生枝妄派，要伊等越司应役，更属荒谬。窃思蚁等三寨自康熙以历雍正，蒙各宪之恩，给示当江，优免规仪银两，即天星荣任以起，为蚁等三寨费尽全心，亦谓蚁等三寨山多田少，凡佚役等项全靠江河帮补，殊伊食德背恩，只知当江乐利，并无一役急公，是伊等恃彼富恶，以乱旧章，应请改正均平，俾相安于化日。况明示所载，资借当江帮补佚项，可见江以佚名，佚随江应。伊既逞奸漏役，何以循例当江。伊既循例当江，岂能却卸佚役，为此，抄呈方宪明示。续乞。

王克明等呈递贵州按察使司的上诉已获授理，嘉庆二十二年按察使司已有批件，但有头无尾，龙世昌只抄录了王克明的诉词，兹以王克明递交省按察使司的诉词之三录于后：

告诉王克明等为诡随渔利朦官抗差事，案准按察使司毓移开本年九月二十八日。据黎平府民王克明等词称，缘蚁等茅坪、王寨、卦治三寨山多田少，向办府属差徭，民不堪命。雍正年间，军略张大人开辟清江等处，兵差过境，愈难应付，酌于木客涯运之附寨，三江轮流值年，量取渔利，永资公费，沿江别寨均不准当，咨部定案，有碑存据。乾隆年间，茅坪附寨大腮杨银海等控派卦治帮佚，文凤章等私控独当清江佚役掩蔽，蚁等以事不关已，姑置不论。讵即借端概推不应，屡向理讲。一则跋扈凶抗，一则含糊延缓，暗逞刁奸，意图拖欠脱身。今茅坪系有公馆宿站，仅接北来差事，送至大腮，计程十五里。大腮接送王寨，计程七里，地势平康。每架囚笼用佚四名，兜子二名，道短路平，诸凡较易。惟害王寨独送邦寨，计程五十里，直越黄峭山，崎岖陡险，必备用两班双夫。从前犯少，勉强支持，而今百计，除杂役供应等项外，正夫约用盈千，且于茅坪公馆单双值年，可怜蚁寨百十余家，身当两役，筋疲力尽。去年十月，蚁等以漏役等情控府，委经历集讯，卦治文秉凤等神通广大，堂谕州远年湮，改正非三司不可，尔等难当，迁移他处等谕，不由理诉押结。续控府主亲讯断王寨、卦治同收江利，一体同应差徭。讵文秉凤等抗违，总恃符拖延难结。现在同江食力，窃恐差役误公，酿成巨祸，况思伊等被遁情词，前后三纸，或言三江水利，是伊旧占生意，谁敢更张，或捏独当清江之佚，飞空搪塞之类。不知三江水利，部案可稽，清江系属镇远，非属黎平，况此项差徭，府主禀呈宪天有案，文秉凤等种种无情，字字无理，抄有全案诉词，未敢冒昧粘呈，只得撮其一二，上达阁前，泰镜高悬，魍魉毕露，沉冤得伸稍虚坐罪无词。

贵州按察使司将王克明的诉案批转镇远府查处，王克明等又向镇远府具禀，其诉词之三云：

> 具禀黎平府属王寨民小的王克明、王永凤、王发希、王学谟等，为神奸巧漏恳恩苏困事。缘蚁等以诡随渔利，控卦治寨文秉凤、龙文昌等一案，蒙果宪批移前宪蚁已备录全词，缕禀在卷。兹谋解讯，曷敢遮读。惟是伊蚁三江自雍正年间，经略张大人咨定原为佚役之江，轮江抽利，非如伊等图凭口赖，兼以方宪明示，斑斑可稽。如谓佚不因江而设，则凡当佚应役，寨分俱宜，普利均沾，何以独注王寨、茅坪、卦治；如谓轮江可以漏役，则先年规仪银两，自应交纳上宪，何以无役急公，而独据朝廷江河，岂卦治有功而加以酬劳；如谓隔司隔寨，不应分肩解担，则大腮系属湖耳司，而永安司属之稳洞等处，何故与大腮等处一体当差，一同应役；如谓现当清江之佚，然清江系属镇远，一切公事不由黎平，清江从无往来差事，且无隔属派差之例；如谓当水道通清江之佚，然水道果有佚役，上下必由蚁寨经过，蚁等从未与伊承接交替，伊等不能穿波插翅，其佚何从而来；如谓路取相通，佚取相近，然大道由茅坪，蚁寨亦非大道，而隔十五里之茅坪，拉控蚁寨尚与七八十里之平秋、黄冈等处，同帮茅坪，伊寨隔蚁之寨只十余里，岂得袖手旁观，视蚁苦累；如谓豁免蚁等烟户钱粮，蚁等现完秋米一石，条银九钱九分，粮册可稽，诬禀已免，尚问免粮上谕何时颁布；如谓窃公嗑诈，彼下料，潘寨且卦治之下，隔蚁寨只有数里之程，然与蚁等同抽江利，亦且烟户无几，蚁等不敢诬控，何见图诈；如谓生枝妄派，然使伊等已当差事，而蚁等更欲格外加派，蚁等更有何词使伊等人烟萧索，虽于当差，非同收江，艰于应役，蚁等自难谢责，令伊等一体轮流当江，烟户殷富，非同他处可比。总因乾隆三十五年，大腮控伊等帮佚，伊寨文秉凤等以独应清江推诿，幸中奸诬，伊遂借胎罗织，明推大腮，暗避王寨，然在当日苗疆新辟，过犯无多，所应无几，至今动以百计，蚁寨除囚犯供应等项及日行小夫外，且于茅坪公馆分单双值年当佚，大夫百名以上，茅坪、王寨、小江三处同当，二百名以上，合平秋等处九寨同当差，蚁王寨百十余家，身当两役，财尽民穷，何能长久当夫，势必逃亡，惟世居坟墓故土，不能抛弃，只得勉强支持，以待复苏。兹卦治文秉凤、龙文昌等犹以清江为词，继以水道诳禀，窃思同收江利，共属子民，伊等独安其乐，蚁等独深及害，此等神奸巧漏，非宪台天纵之聪，不能照伊肝胆，幸际荡平之世，有此漏役习民，不惟法所不宥，诚恐佚役有误，关系匪轻，恳办舆情，因革损益，以苏民困，为此禀乞饮命大人阁前，赏悯改正，苦乐均平，顶祝公侯万代。

卦治文秉仪等向镇远府呈递的一份反诉词，其内容如下：

> 为逞刁衅案妄改成规事。缘王寨王克明等以诡随渔利越控一案，蒙恩檄提，理合缕诉。窃蚁等与大腮等寨系湖耳司民，伊王寨、平秋、石允、小江等十寨系赤溪司民，均属黎平，各有专司，并非附籍，蚁寨佚役旧与大腮等寨同当，因雍正年间，军略张、总戎赵征剿南孟、清江等处，大军经过蚁等地方，见王寨路当孔道，优免伊地钱粮，独应往来佚役，至蚁寨有四大凶滩，又见男女辛勤，帮篙拽纤，张宪仁心恻隐，问是何处人夫？蚁先人秉称，向与大腮共役。张宪即传大腮头人杨显等为蚁等劈分水旱，大腮独当旱佚，蚁寨独应水役，永远遵守，两不相攀。其蚁寨烟户钱粮照旧上纳，外有府属一切差徭路过清江者，蚁寨接替潘寨，上交平略，从无误公漏役，是以有清江佚之名。此蚁寨与大腮同司之民，各有攸分。伊寨与茅坪各有专役，章程久定，永远相安。荷蒙皇恩广大，苗叛成平，水佚稍省。大腮杨银海等不服，乾隆三十五年，控蚁寨闪躲佚差，蒙前府主王委县主毛查明张宪旧例，蚁寨开滩一十三载，分佚数十余年，仍断水旱攸归，历今将及百年，虽与蚁同司大之腮，尚不敢背案飞累。所以雍正九年前府主滕令伊佚役直送邦寨，示谕确凭。且乾隆三十五年茅坪龙现奇控伊寨王文政等横抗佚役，蒙前府主小县主毛合给明示，朱批王寨单年，茅坪双年，碑案两据。三十六年邦寨、茅坪控理人犯佚差，蒙主府刘县合给明示，犯由南而来，王寨直送邦寨，犯由北路而来，邦寨直送茅坪。此伊等之佚，宪定单双，后分南北，井然不紊。若蚁寨诡随漏役，非惟茅坪不依，即大腮亦不甘让，何待伊等始行刁翻。兹据王克明等，借称近年囚犯络绎，提控蚁漏役，不思伊等久定单双，早分南北，自应照案遵示，踊跃急公，与蚁寨之佚两不相涉。至于轮抽江利，更宜率由旧章。嘉应十一年蚁等三江与天柱县民王绍美等争控当江，蒙各大宪咨定铁案给示，原以通商便利，并非更佚改役。即伊所粘雍正九年方宪告示，系因禁革抽江名色，亦非改易张宪成规。若言有江无佚，无江有佚，伊十寨同应佚徭，何独王寨轮收江利，执此为说，伊自启讼端矣。又称附近同役，不思潘寨与下料两处，伊寨咫尺之地，尚不肯坏例帮差，何况蚁寨窎隔甚远，妄思飞累之。王克明等逞刁衅案，违例开端，前往府主委讯，则诬贿厅，遵照旧例，则诬屈断。欺官害民，莫此为甚。若不叩恳究结，将来恣害无休，为此粘抄各宪告示，缕晰诉乞。

经镇远府周断结，王寨王克明等败诉，亲签署具结词云：

> 大人阁前结得蚁等以诡随渔利、朦官拉差各虚情妄控卦治寨王秉凤等于臬司一案，蒙批移天星案下，讯明蚁等所控贿厅等情，讯无指据，实属虚诬，将蚁等责惩。蚁等实知罪咎，望祈超释。窃蚁等王寨与卦治各有司属，从前承当遞送佚役，系照成规，当应由来已久，南路大腮送至王寨，王寨送至邦寨，北路由邦寨送至茅坪，茅坪送至大腮。蚁等近以差事繁冗，幸欲牵扯卦治帮当，是以妄捏上控。今蒙恩讯明，以后各照各司烟户当夫。蚁等实遵公允，日后遵照烟户承当，不敢妄违牵扯外司，如敢再稍有违滋事，自干加倍罪咎。

三江周围诸寨延续了76年的佚役讼案至嘉庆二十二年已经基本结束了。诉讼双方总要为自己辩护，强调有利于自己的理由，不免有夸大或歪曲之处，故所言事实不足全信。就上述诸篇状词而言，也有不少材料从一个侧面反映了清雍正，乾隆、嘉庆年间锦屏的社会状况。

首先反映了"改土归流"之后，锦屏侗、苗等族人民承担官差徭役愈来愈重，民不堪命。从徭役的种类分，有护送军队过境的伕役，有护送囚犯过境的伕役以及诸般杂役。最繁重的是前两者伕役。按道路分有水路伕役（俗称清江伕）和陆路伕役。陆路伕役又因方位不同，分南路伕役和北路伕役。以陆路伕役最繁重。

伕役沉重的主要原因是各族人民不断反抗，清政府不断派兵镇压所致。兵过境时，要为其输送军械辎重，镇压起义后将俘虏送州府省城，押送囚犯过境，又要应差抬送囚笼。雍乾之际的"改土归流"，曾遭到黔东南各族人民的强烈反抗。清政府采取武装镇压来推行"改土归流"政策，当"改土归流"基本实施之后，即迫使黔东南各族人民缴兵械，编户口，纳钱粮，筑碉卡，修城垣，建官署，应差役。先后设置八寨、古州、台拱、清江、都江、丹东六厅，强化对各族人民的统治，从而激起了各族人民的武装反抗。如雍正十三年（1735年）古州八妹、高表等寨苗族人民在包利、红银的领导下揭竿起义，苗、侗、汉等族人民纷纷参加，相继攻占了清江（今剑河）、凯里、丹江（今雷山）、重安江、清平（今炉山）等城，并出击平越、镇远、思州等地。清政府派哈元生等将领率七省兵力进剿，均遭失败。乾隆元年（1736年）改任张广泗为帅，采取剿抚兼施政策，才把起义斗争镇压下去。此后，以黔东、湘西为中心的乾嘉起义，也波及黔东南地区。总之，黔东南各族人民的反抗斗争此起彼伏，连续不断。清政府在镇压起义的过程中，不断加重人民的伕役负担。如雍正九年的政府告示中曾指出："倘有假冒兵役，横行拉伕，即许扭禀。"因为当时频繁运送军装，有的就假冒兵役，横行拉伕，人民苦不堪言，故出示禁之。

清军镇压起义之后，必将俘获之"要犯"解送州府省城，邀功请赏。所过之处，派伕接送，民不堪累。王克明在上诉状中一再陈述："王寨路当孔道，为古州、黎府、永从、锦屏县解送囚犯歇占，每一囚笼，除夜巡供养等项外，即要备伕九名，直越黄峭山之险，送至邦寨六十里之遥，方能交卸。"又说："从前犯少，勉强支持，而今百计，除杂役供应等项外，正伕约用盈千……可怜蚁寨百十余家……筋疲力尽。"在政府断案的告示中，明确"伕役百名以内，无论多寡，系茅坪、王寨合照值年应付独当；百名以外，连小江、茅坪、王寨三处均当；二百名以上，合平秋、石允、高坝、皮所、黄闷、疑为魁胆、苗白等处十寨均当。"足见兵囚过境频繁，伕役负担沉重，王寨不过一百余家，年担伕役数以千计，若遇当江之年，因人力多耗于伕役，势必影响行户经营木植交易，造成重大的经济损失。故尔王寨王克明等把矛头指向伕役轻的卦治，强调三寨"轮流当江，取其丝毛利息，以帮补伕役之费。"因而"三处有江有伕，无江无伕，江以伕名，伕随江应。"所以他控告卦治"只知乐利当江，并无一役急公"，要求政府给卦治摊派伕役，减轻王寨负担。

其实，张广泗在定三寨伕役之时，从当时实际出发，卦治承担水路之伕，其伕役原是极苦的。其水路"有四大凶滩，一名险禹角，二名大观滩，三名小观滩，四名罗线滩……男人水伕，女人旱伕，男人帮篙，女人拉纤，一切大小伕役，一寨送一寨，不敢违误。"滩险船重，逆水难行，卦治倾寨出动，男则撑篙掌舵，女则负缆拉纤，确属一幅民伕苦难图。但至嘉庆年间却时过境迁，因开辟了自黄峭山通省城的要道，茅坪、王寨便地处交通要冲，用兵频繁，兵囚多由旱道经过，故王寨、茅坪的伕役倍增。旱道既兴，水路之伕渐少，卦治伕役负担遂轻，故有苦乐不均的现象。王寨之民不敢直接反抗沉重的伕役，反把矛头指向邻寨同胞，同室操戈，弟兄仇视，加深了矛盾。这是一种可悲的历史现象。

第八编　锦屏县侗族地区解放前经济统计①

锦屏县三江镇土地改革前各民族各阶层占有耕地、山林统计表

项目 / 阶层	户数(户)	人口(人) 男	人口(人) 女	人口(人) 合计	占有土地 自田 产量	占有土地 出租田 面积	占有土地 出租田 产量	占有土地 佃耕田 产量	占有土地 合计 产量	占有土地 合计 每人平均	占有山林 杉山 面积	占有山林 杉山 产量	占有山林 桐山 面积	占有山林 桐山 产量	占有山林 合计 面积	占有山林 合计 产量	占有山林 合计 每人平均
地主	144	325	445	770	351 003	15 289	1 541 900		1 908 192	2 478	4 215	1 965 852	578.4	12 557	4 793.4	1 978 411	2 569
半地主式富农	1	3	3	6	3 165		7 950		11 115	1 852	3.5	7 854	3	150	6.5	8 004	1 334
富农	6	19	24	43	28 334	744	20 148	4 637	49 227	1 145	82.2	52 538	3.1	213	85.3	52 751	1 227
小土地出租者	166	335	389	724	69 198	4 056	373 952		447 205	618	678.8	233 232	33.8	1 585	712.6	234 817	234
富裕中农	31	65	92	157	145 580	1 659	21 149	9 518	168 388	1 073	243.1	172 128	7.4	839	250.5	172 967	1 102
中农	240	551	608	1 159	655 376	5 470	43 937	97 160	704 783	608	827.2	529 454	22.2	1 292	849.4	530 746	458
佃中农	99	219	206	425	49 024	1 294	10 469	348 890	60 787	143	116.3	88 403	4	151	120.3	88 554	208
贫农	300	682	666	1 348	300 678	10 953	10 120	273 754	321 751	239	579.5	271 206	5.3	683	584.8	271 889	202
佃贫农	121	251	248	499	12 327	444	175	297 888	12 946	26	80.8	35 232	0.5	20	81.3	35 252	71
雇农	87	139	89	228	2 024	511		18 418	2 535	11	30.1	9 220	0.8	90	30.9	9 310	41

① 本编为锦屏县侗族地区解放前经济统计,资料来源于当地区(镇)乡政府档案,但存在表格设计不合理,统计有误等问题,因无原始资料可以查对,所有表格均保持原貌,未做校正,仅作参考。编辑注。

续表

阶层	户数(户)	人口(人)男	人口(人)女	人口(人)合计	占有土地 自耕田 面积	自耕田 产量	占有土 面积	占有土 产量	出租田 面积	出租田 产量	占有土地合计 面积	合计 产量	合计 每人平均	佃耕田 面积	佃耕田 产量	占有山林 杉山 面积	杉山 产量	占有山 桐山 面积	桐山 产量	占有山林合计 面积	合计 产量	合计 每人平均
小手工业者	68	132	129	261											90							
小商贩	301	631	656	1 287		3 591		5 549		4 611		13 751	11		5 780	245.3	52 374			245.3	52 374	41
贫民	309	429	470	899		3 630		5 889		10 923		20 442	22		17 233	99.5	39 947	1.7	100	101.2	40 047	45
自由职业者	14	30	41	71				920				920	13			0.6	500			0.6	500	7
手工业工人	203	385	304	689		1 711		313		2 392		4 416	6		736	64.3	35 462			64.3	35 462	51
宗教职业者	11	16	15	31		2 190		1 056		1 288		4 534	146			7	7 600			7	7 606	245
债利富农	2	3	3	6		54		138				192	32			6.8	454			6.8	454	76
工人	258	497	481	978		12 550		8 151		3 404		24 105	25		24 197	212.1	68 432	0.2	72	212.3	68 504	70
工商业	63	204	167	371				138		10 547		10 685	29		141 758	53.7	23 766	1.6	22	55.3	23 788	64
官僚资本家																100	500 000			100	500 000	
公学庙祠田								368		118 987		119 355				83	38 528			83	38 258	
其他	120	218	222	440		12 064		723		1 527		14 314	34			97	76 658			97	76 658	174
合计	2 545	6 134	4 258	10 392		1 652 499		63 665		2 183 478		3 899 642	375		1 240 059	7 825.84	84 208.578	662	17 774	84 878	4 226 352	406

锦屏县三江镇土地改革前侗族各阶层占有耕地、山林统计表

阶层	户数(户)	人口(人) 男	女	合计	占有土地 自耕田 面积	产量	自耕土 面积	产量	出租田 面积	产量	合计 面积	产量	每人平均	佃耕田 面积	产量	占有山林 杉山 面积	产量	桐山 面积	产量	合计 面积	产量	每人平均
地主	38	97	123	220		209 323		3 727		261 181		474 231	2 155			988	416 004	6.1	730	994.4	416 734	1 894
半地主式富农	1	3	3	6		3 165				7 950		11 115	1 852			3.5	7 854	3	150	6.5	8 004	1 334
富农	3	9	11	20		12 125		570		14 398		27 093	1 355			32	39 998	3.1	213	35.1	40 211	2 011
小土地出租者	28	51	64	115		23 552		256		69 746		93 554	814		4 637	93.3	32 546	7.4	310	100.7	32 862	286
富裕中农	26	57	76	133		121 964		1 659		17 552		141 175	1 061		5 746	158.2	154 331	7.1	689	165.3	155 020	1 166
中农	189	453	476	929		529 169		4 498		35 877		569 538	611		77 279	471.8	385 088	16.6	850	488.4	385 934	415
佃中农	75	159	149	308		34 983		97		9 595		44 675	145		255 873	61.9	58 503	4	151	65.9	58 654	190
贫农	226	536	531	1 067		247 629		6 283		1 472		255 384	239		230 250	328.8	224 093	3	581	331.8	224 674	211
佃贫农	78	162	155	317		5 145		221		175		5 541	17		211 402	45.2	19 945	0.5	20	45.7	19 965	63
雇农	72	123	81	204		690		511				1 201	6		9 402	30.1	9 220	0.8	90	30.9	9 310	46
小手工业者	3	4	5	9																		
小商贩	18	32	33	65		2 256		35		1 564		3 855	59		920	26.4	2 590			26.4	2 590	40
贫民	42	50	59	109		276		670		1 641		2 587	24		2 576	16.2	1 690	1.2	100	17.4	1 790	16
自由职业者	2	3	6	9				920				920	102									
手工业工人	24	58	49	107						736		736			736	15	6 900			15	6 900	64
宗教职业者	5	7	6	13		2 190		44				2 234	172		17 141	2.8	6 356			2.8	6 356	489
工人	50	88	107	195		4 339		1 640		646		6 715	34			37.7	16 646			37.7	16 646	85
其他	19	48	47	95		8 988		125				9 759	103			20	13 680			20	13 680	144
公学庙桐田										10 583		10 583				4.9	320			4.9	320	
合计	899	1 940	1 981	3 921		1 205 794		21 250		433 116		1 660 160	423		815 962	2 335.8	1 395 764	52.8	3 890	2 388.6	1 399 654	357

175

锦屏县三江镇土地改革前苗族各阶层占有耕地、山林统计表

阶层	户数(户)	人口(人) 男	人口(人) 女	人口(人) 合计	占有土地 自耕田 产量	占有土地 土 产量	占有土地 出租田 产量	占有土地 合计 产量	占有土地 合计 每人平均	占有土地 佃耕田 产量	占有山林 杉 面积	占有山林 杉 山产量	占有山林 桐 面积	占有山林 桐 山产量	占有山林 合计 面积	占有山林 合计 产量	占有山林 合计 每人平均
地主	54	127	167	294	124 582	9 195	526 491	660 268	2 246		1 033	438 870	1.3	575	1 034.3	439 445	1 495
公学庙阉田	3	10	13	23	16 209		36 809	36 809	962		6.1	4 910			6.1	4 910	545
富农	50	95	109	204	38 209	174	5 750	22 133	723		50.2	12 540			50.2	12 540	241
小土地出租者	2	2	4	6	5 768	3 286	106 081	147 411	1 438		90.5	49 050	0.4	20	90.9	49 070	116
富裕中农	25	40	57	97	48 631	888	2 861	8 629	537		0.9	700			0.9	700	502
中农	13	36	37	73	9 504	1 478	2 576	52 093	142	59 921	88.1	48 661	3.3	70	91.4	48 731	267
佃中农	44	96	77	173	36 443	65	874	10 378	257	14 839	24.4	19 520			24.4	19 520	84
佃贫农	21	45	47	92	5 565		6 624	44 545	61	41 032	214.7	14 533	0.3	42	215	14 575	142
雇农	6	6	2	8	92			5 630	12	6 118	27.9	13 050			27.9	13 050	
小手工业者	9	13	18	31		3 542		92									
小商贩	17	36	41	77	912	911		4 454	58	1 104	75.9	11 735			75.9	11 735	153
贫民	79	129	131	260	3 082		4 094	8 087	31	9 890	38.1	22 778			38.1	22 778	88
自由职业者	2	5	4	9		1 012					0.6	500			0.6	500	56
手工业工人	11	24	24	48	1 711			1 711	36		13.3	8 840			13.3	8 840	184
宗教职业者	1	2	2	4				1 012	253		1.2	1 000			1.2	1 000	250
债利生活者	2	3	3	6	54	138		192	32	2 026	6.8	454			6.8	454	76
工人	30	57	60	117	2 898	920		3 818	33		40.9	2 866			40.9	2 866	25
其他	13	20	19	39	3 076	488		3 564	91								
合计	382	746	815	1 561	296 571	22 095	692 160	1 010 826	648	134 930	1 712.6	650 007	5.3	707	1 717.9	650 714	417

锦屏县三江镇土地改革前汉族各阶层占有耕地、山林统计表

阶层	户数(户)	人口-男	人口-女	人口-合计	自耕田-面积	自耕田-产量	自耕土-面积	自耕土-产量	出租田-面积	出租田-产量	占有土地合计-面积	占有土地合计-产量	占有土地合计-每人平均	佃耕田-面积	佃耕田-产量	杉-面积	杉-山产量	桐-面积	桐-山产量	占有山林合计-林面积	占有山林合计-产量	占有山林合计-每人平均
地主	52	101	155	256		17 098		2 367		754 228		773 693	3 022			2 194	1 110 980	571	11 252	2 765	1 122 232	4 384
小土地出租者	88	189	216	405		7 602		514		198 125		206 241	509			495	151 636	26	1 249	521	152 885	377
富裕中农	3	6	12	18		17 848				736		18 584	1 032		3 772	84	17 097	0.3	150	84.3	17 247	958
中农	26	58	75	133		77 576		92		5 484		83 152	625		19 881	267.3	95 705	2.3	372	269.6	96 077	726
佃中农	11	24	20	44		4 537		1 197				5 734	130		33 096	30	10 380			30	10 380	236
贫农	30	50	58	108		16 606		3 192		2 024		21 822	202		28 665	36	32 580	2	60	38	32 640	302
佃贫农	22	44	46	90		1 617		158				1 775	20		45 454	7.7	2 237			7.7	2 237	25
雇农	9	10	6	16		1 242						1 242	78		2 898							
小手工业者	56	115	106	221											90							
小商贩	266	563	582	1 145		423		1 972		3 047		5 442	5		3 756	143	38 049			143	38 049	33
贫民	188	250	280	530		272		4 038		5 188		9 768	18		4 767	45.2	15 479			45.2	15 479	29
自由职业者	10	22	31	53																		
手工业工人	168	303	231	534				313		2 392		2 705	5		5 030	36	19 722			36	19 722	37
宗教职业者	5	7	7	14						1 288		1 288	92			3	250			3	250	18
工人	178	352	314	666		5 313		5 951		2 668		13 572	20			133.5	48 920	0.2	72	133.7	48 992	74
工商业者	63	204	167	371				138		10 547		10 685	29		141 758	53.7	23 766	1.6	22	55.3	23 788	64
官僚资本家																100	500 000			100	500 000	
其他	88	150	156	306				110		881		991	3			77	62 978			77	62 978	206
公学庙祠田								368		71 594		71 962				71	33 028			71	33 028	
合计	1 263	2 448	2 462	4 910		150 134		20 320		1 058 202		1 228 656	252		239 167	3 777.4	2 162 807	603.4	13 177	4 180.8	2 175 981	433

锦屏县九寨乡土地改革前各民族各阶层占有耕地、山林统计表

项目\数目\阶层	户数(户)	人口(人) 男	女	合计	占有土地 自田 面积	自田 产量	自耕土 面积	自耕土 产量	出租田 面积	出租田 产量	合计 面积	合计 产量	每人平均	佃耕田 面积	佃耕田 产量	占有山林 杉山 面积	杉山 产量	桐山 面积	桐山 产量	合计 面积	合计 产量	每人平均
地主	71	221	273	494	1 795	787 638	34	4 897	919	389 288	2 748	1 181 823	2 392			969	51 174	102	4 534	1 071	55 708	113
半地主式富农	38	110	136	246	667	291 936	28	3 252	317	141 258	1 012	436 446	1 774			232	17 393	20	1 226	252	18 619	76
富农	38	66	63	129	355	152 150	11	1 700	162	68 956	528	222 806	1 727			99	8 402	29	974	128	9 376	73
小土地出租者	120	348	382	730	1 542	765 037	49.7	6 912	103.4	37 638	1 695.1	809 587	1 109			415	13 470	41	1 544	456	15 014	21
富裕中农	792	1 904	1 997	3 901	5 591.5	2 609 705	258.1	25 296	95.9	33 872	5 945.5	2 668 873	684			1 527	47 354	208	8 318	1 735	55 672	14
中农	1 237	2 808	2 512	5 320	4 106.5	1 572 933	245	21 531	9.9	3 932	4 361.4	1 598 396	301	1 725	744 015	942	14 468	149	5 925	1 091	20 393	3.8
佃中农	32	83	77	160	101	44 831	6	694			107	45 525	285	886	358 410	29.5	1 721	7	258	36	1 979	12
贫农	88	224	199	423	112	44 699	11	1 592			123	46 291	109	367	149 269	53	806	14	352	67	1 158	3
佃贫农	344	604	421	1 025	145	24 464	25	2 268			170	26 732	26	387	165 338	106	2 377	3	258	109	2 635	3
雇农	11	21	15	36	15	5 994	0.5	80			15.5	6 074	169	5	1 924	3.4	85	0.5	23	3.9	108	3
小手工业者	12	24	20	44	14	6 402	3	256	2	860	19	7 518	171	10	3 624	0.7	14	2.7	65	3.4	79	2
小商贩	45	87	52	139	8	2 267			1.4	556	9.4	2 823	20	38	14 646	3.7	57			3.7	57	0.4
小贩	6	11	6	17	12	4 699	3	55			15.5	4 754	280	7	2 540	6.6	131	0.8	22	7.4	153	9
自由职业者	4	8	7	15	5.4	2 240					5.4	2 240	149	2	1 050	1	15	0.4	20	1.4	35	2.3
手工业工人	5	6	7	13	6.4	2 121					17.5	5 483	422					0.6	19	0.6	19	1.5
宗教职业者	12	28	26	54	124	51 392	6	795	11	3 322	144	57 624	1 067			44.8	825	14.8	878	59.6	1 703	32
其他																3.3	17			3.3	17	
公学庙祠田					39	14 943			32	12 157	71	27 100										
合计	2 855	6 553	6 193	12 746	14 683.6	6 383 451	677.9	69 368	1 667.6	697 276	16 983.87	7 150 095	561	3 407.4	1 440 816	4 435.5	158 309	592.8	24 416	5 028.3	182 725	14

锦屏县九寨乡土地改革前侗族各阶层占有耕、地山林统计表

阶层	户数(户)	人口(人)男	人口(人)女	人口(人)合计	占有土地·占有耕地·自田面积	自田产量	土面积	土产量	出租田面积	出租田产量	占有耕地合计面积	占有耕地合计产量	占有耕地合计每人平均	佃耕田面积	佃耕田产量	占有山林·杉山面积	杉山产量	桐山面积	桐山产量	占有山林合计面积	占有山林合计产量	占有山林合计每人平均
地主	71	221	273	494	1 795	787 638	34	4 897	919	389 288	2 748	1 181 823	2 392			969	51 174	102	4 534	1 071	55 708	113
半地主式富农	38	110	136	246	667	291 936	28	3 252	317	141 258	1 012	436 446	1 774			232	17 393	20	1 226	252	18 619	76
富农	38	66	63	129	355	152 150	11	1 700	162	68 956	528	222 806	1 727			99	8 402	29	974	128	9 376	73
小土地出租者	119	345	378	723	1 527	758 441	49	6 552	102	37 058	1 678	802 051	1 109			413	13 400	40	1 512	453	14 912	21
富裕中农	791	1 903	1 996	3 899	5 985	2 606 782	258	25 286	95.9	33 872	6 338.9	2 665 940	684	1 725	744 015	1 527	47 354	208	8 318	1 735	55 672	14
中农	32	83	77	160	101	44 831	6	694			107	45 525	285			29	1 721	7	258	36	1 979	12
佃中农	1 237	2 808	2 512	5 320	3 706	1 572 933	245	21 531	9.9	3 932	3 960.9	1 598 396	301	886	358 410	942	14 468	149	5 925	1 091	20 393	3.8
贫农	88	224	199	423	112	44 699	11	1 592			123	46 291	109	367	149 269	53	806	14	352	67	1 158	3
佃贫农	344	604	421	1 025	145	24 464	25	2 268	3	860	170	26 732	26	387	165 338	106	2 377	3	258	109	2 635	3
雇农	10	20	15	35	15	5 994	0.5	80			15.5	6 074	169	5	1 924	3.4	85	0.5	23	3.9	108	3
小手工业者	10	20	17	37	14	6 402	3	256	1.4	556	19	7 518	171	10	3 624	0.7	14	2.7	65	3.4	79	2
小商贩	44	86	52	138	8	2 267					9.4	2 823	20	38	14 646	3.7	57			3.7	57	0.4
贫民	6	11	6	17	12	4 699	0.5	55			12.5	4 754	280	7	2 540	6.6	131	0.8	22	7.4	153	9
自由职业者	3	7	7	14	5.4	2 240					5.4	2 240	149	2.4	1 050	1	15	0.4	20	1.4	35	2.3
手工业工人	5	6	7	13	6.4	2 121	0.1	40	11	3 322	17.5	5 483	422					0.6	19	0.6	19	1.5
宗教职业者	12	28	26	54	124	51 392	6	795	14	5 437	144	57 624	1 067			44.8	825	14.8	878	59.6	1 703	32
其他																						
公学庙祠田					39	14 943			32	12 157	71	27 100				3.3	17			3.3	17	
合计	2 848	6 185	6 542	12 727	14 616.8	6 373 932	677.1	68 998	1 666.2	696 696	16 960.1	7 139 626	561	3 427.4	1 440 816	4 433.5	158 239	591.8	24 384	5 025.3	182 623	14

179

锦屏县九寨乡土地改革前汉族各阶层占有耕地、山林统计表

阶层	户数(户)	人口(人)			占有土地									佃耕田		占有山林						
		男	女	合计	自田 面积	自田 产量	自土 面积	自土 产量	出租田 面积	出租田 产量	合计 面积	合计 产量	每人平均	面积	产量	杉山 面积	杉山 产量	桐山 面积	山 产量	合计 面积	合计 产量	每人平均
地主																						
半地主式富农																						
佃富农																						
小土地出租者	1	3	4	7	15	6 596	0.7	360	1.4	580	17.1	7 536	1 077			2	70	1	32	3	102	6.8
富裕中农	1	1	1	2	6.5	2 923	0.1	10			6.6	2 933	1 467									
中农																						
佃中农																						
贫农																						
佃贫农																						
雇农																						
小手工业者	1	1		1																		
小商贩	2	4	3	7																		
贫民	1	1		1																		
自由职业者																						
手工业工人	1	1		1																		
宗教职业者																						
其他																						
合计	7	11	8	19	21.5	9 519	0.8	370	1.4	580	23.7	10 469	552			2	70	1	32	3	102	6.8

锦屏县力寨乡土地改革前各民族各阶层占有房屋、农具、牲畜统计表

阶层 项目	户数(户)	人口(人)	房屋间				牲畜(头/匹)				农具(把/辆)						
			瓦房	草房	合计	每户平均	牛	马骡	合计	每户平均	犁	耙	锄头	风车	其他	合计	每户平均
地主	71	494	89	282	371	5.2	121 3/4	2	123 3/4	1.74	87	84	309	1		944	20.1
半地主式富农	38	246	28	109.5	137.5	3.6	58.5	1	59.5	1.57	41	40	110			191	10
富农	38	129	20	80.5	100.5	2.6	36		36	0.95	29.5	24.5	75			131	6.8
佃富农	120	730	60	257	317	2.6	141 3/4	1	142 3/4	1.2	114	114	257			353	7
小土地出租者	792	3 901	155	1 570	1 725	2.1	747 1/4	2	749 1/4	0.95	655.5	622	1 489			1 954	6
裕中农	32	160	2	74	76	2.4	27.5		27.5	0.86	27	26	55			142	7.8
中农	1 237	5 320	121.5	1 749	1 870.5	1.5	714.5	1	715.5	0.58	655	578	2 008			3 081	5.1
佃中农	88	423	6.5	131.5	138	1.6	46.5		46.5	0.53	43	27	101			237	4.6
贫农	344	1 025	6	389.5	395.5	1.1	42 1/4		42 1/4	0.1	18	12	292			605	2.7
小手工业者	11	36		10.5	10.5	1	3		3	0.27		1	8			17	2.4
小商贩	12	44		13	13	1.1	0.5		0.5	0.25	0.5	0.5	3			5	4.5
贫民	45	139	1	31.5	32.5	0.7	4		4	0.09	1	1	32			54	2
自由职业者	6	17		7.5	7.5	1.3	1.5		1.5	0.25	1		4			6	1.8
手工业工人	4	15		4	4	1	2		2	0.5	2	2	5			6	3.8
宗教职业者	5	13		6.5	6.5	1.3					1		3			5	1.8
其他	12	54	13.5	19.5	33	2.75	10		10	0.83	7	6	17			37	5.6
合计	2 855	12 746	502.5	4 735.5	5 238	1.84	1 957	7	1 964	0.69	1 682.5	1 538	4 768	1		7 768	5.5

锦屏县启蒙乡土地改革前各民族各阶层占有耕地、山林统计表

阶层	户数（户）	人口-男	人口-女	人口-合计	占有土地 自耕田-面积	自耕田-产量	自耕土-面积	自耕土-产量	出租田-面积	出租田-产量	合计-面积	合计-产量	合计-每人平均	佃耕田-面积	佃耕田-产量	占有山林 杉山-面积	杉山-产量	桐-面积	山-产量	合计-面积	合计-产量	合计-每人平均
地主	68	238	256	494	862.5	350 164	25.4	10 219.5	259.8	911 063	3147.7	1 271 446.5	2574	4.2	1 692	386.4	59 088	5.8	2314.5	392.2	61 402.5	125
半地主式富农	22	59	68	127	207.1	82 858.5	3.8	1 510	396.8	158 540.5	607.7	242 909	1 912	3.7	2 090	31.8	3 736.5	0.7	266	32.5	4 002.5	32
富农	58	182	189	371	599	266 274	16.3	6 605	373.4	188 952.5	988.7	461 831	1 244	22.6	7 639	402.4	48 592	1.5	610	403.9	49 202	133
小土地出租者	36	59	76	135	169.1	67 356	5.7	2 255	241.6	96 650	416.4	166 261	1 239	27.9	11 175	20.2	2 604	0.4	170	20.6	2 774	21
富裕中农	82	214	238	452	776.9	310 744.5	14.5	5 815.5	341.5	136 631	1132.9	453 190.5	1 003	62.8	24 610	101.5	13 994	1.1	471	102.6	14 465	32
中农	380	869	854	1 723	3 261.9	904 768	29.3	11 718	334	133 606	2 625.2	1 050 092	609	113.5	58 025	200	32 396	4.7	1 300	204.7	33 696	20
佃中农	70	198	156	354	175	70 033.5	9.7	3 893.5	11	4 417	195.7	78 344	221	67.5	192 247	48.3	6 436	3.8	1 518.5	52.1	7 955.5	23
贫农	463	1 095	1 045	2 140	1 260	504 134.5	30	12 007	99.4	39 547.5	1 389.4	555 689	259	226.5	421 972	151.1	20 841	4.5	1 806	155.6	22 647	10
佃贫农	343	825	734	1 559	234.3	94 330.5	241	9 298	11.6	4 188.5	270	107 916	69	159.4	432 170.5	117.6	17 878	1.7	658	119.3	18 536	12
雇农	181	292	196	488	38	15 221	5.9	2 432.5	2.7	1 071	46.6	18 724.5	38	48.3	133 412.5	18	2 555	0.5	208.5	18.5	2 763.5	6
小手工业者	8	18	15	33	5.6	2 220	0.4	190	3.4	1 360	9.4	3 770	114	8.9	3 540	2	400			2	400	12
小商贩	6	11	10	21	3.9	1 575	0.3	100			4.2	1 675	80	7.9	3 168	0.3	30			0.3	30	1.5
贫民	52	83	70	153	11.4	4 569	2.5	1 006	3.1	1211	17	6.786	44	59	23 186	8.4	1921	0.02	6	8.42	1.927	12.6
公田									476.3	190 507	476.3	190 507										
庙祠会桥田					0.2	76.5			24.9	9 988	24.9	9 988										
宗教职业者	7	4	3	7			0.03	11			0.23	87.5	13	1.4	579							
其他	17	10	7	17	0.2	70	0.2	70	2.2	990	2.4	1 060	62	12.1	4 840							
合计	1 779	4 157	3 917	8 074	7 604.9	2 674 325.5	368.2	367 230.5	581.7	1 878 723	8 581.7	4 419 783.5	547	825.7	1 320 364.5	1 487.7	149 691	24.62	9 328.5	1 512.32	219 801	27

锦屏县启蒙乡土地改革前侗族各阶层占有耕地、山林统计表

阶层	户数(户)	人口 男	人口 女	人口 合计	占有土地 自耕田 面积	自耕田 产量	自耕土 面积	自耕土 产量	出租 面积	出租 产量	占有合计 面积	占有合计 产量	占有合计 每人平均	佃耕田 面积	佃耕田 产量	占有山林 杉山 面积	杉山 产量	桐山 面积	桐山 产量	山林合计 面积	山林合计 产量	山林合计 每人平均
地主	48	146	153	299	591.2	236 483	18.9	7 551.5	1 494.3	597 729	2 104.4	841 763.5	2 815	4.2	1 692	219.4	38 058	3.9	1 571	223.3	39 629	133
半地主式富农	16	38	48	86	154.6	61 854.5	3	1 186	266.8	106 730.5	424.4	169 771	1 974	0.3	120	24.9	3 253	0.6	251	25.5	3 504	41
富农	48	137	144	281	492.3	196 936	12.6	5 041	273.8	149 132.5	778.7	351 109.5	1 249	1.1	4 120	104.3	13 781	1.3	538	105.6	14 319	51
小土地出租者	28	43	60	103	131.3	52 521	5.2	2 060	185.8	74 306	322.3	128 887	1 254	27.9	11 175	13.9	1 950	0.3	150	14.2	2 100	20
富裕中农	62	162	174	336	594.8	237 899.5	12.6	5 053	242.5	97 015	849.9	339 967.5	1 011	58.8	23 517.5	57.1	9 032	0.8	398	57.9	9 430	28
中农	282	711	701	1 412	1 866.6	746 226	24.3	9 715	235.4	94 139	2 126.3	850 080	602	3.5	14 014	163.3	25 315	2.9	1 182	166.2	26 497	19
佃中农	66	188	147	335	164.5	65 815.5	9.4	3 776.5	11	4 417	184.9	74 009	221	45.9	183 598	26.7	4 678	1.5	578.5	28.2	5 257.5	16
贫农	385	898	853	1 751	1 020.9	408 511	24.2	9 692	82.8	32 919.5	1 127.9	451 122.5	258	92.1	368 207	124.9	18 105	3.7	1 498	128.6	19 603	11
佃贫农	325	785	698	1 483	213.2	85 906.5	21.2	8 493	9.7	3 461	244.1	97 860.5	66	102.3	409 336	108.1	17 156	1.3	504	109.4	17 660	12
雇农	161	261	177	438	33.7	13 488	5.3	2 160.5	2.3	900	41.3	16 548.5	38	31.6	126 758	17.2	2 468	0.5	198.5	17.7	2 666.5	6
小手工业者	7	16	14	30	5.6	2 220	0.4	190	3.4	1 360	9.4	3 770	126	8.9	3 540	2	400			2	400	13
小商贩	5	9	8	17	3.5	1 430	0.3	100			3.8	1 530	90	5.5	2 208							
宗教职业者	3	4	3	7	0.2	76.5	0.03	11			0.23	87.5	12.5	1.4	597							
贫民	47	72	62	134	10	3 999	2	796	2	755	14	5 550	41	54.6	21 834	8.1	1 576	0.02	6	8.12	1 582	12
其他	3	4	5	9			0.2	50	1.9	780	2.1	830	92	3.7	1 480							
合计	1 486	3 474	3 247	6 721	5 282.42	2 113 366.5	139.63	55 875.5	2 811.7	1 163 644.5	8 233.73	3 332 886.5	496	441.8	1 172 196.5	869.9	135 683	16.82	6 875	886.72	142 558	21

锦屏县启蒙乡土地改革前苗族各阶层占有耕地、山林统计表

阶层 \ 项目	户数(户)	人口 男	人口 女	人口 合计	自有土地·自耕 田 面积	自耕 田 产量	自耕 土 面积	自耕 土 产量	出租 田 面积	出租 田 产量	占有土地合计 面积	合计 产量	合计 每人平均	佃耕 田 面积	佃耕 田 产量	杉山 面积	杉山 产量	桐山 面积	桐山 产量	山林合计 面积	山林合计 产量	山林合计 每人平均
地 主	1	10	9	19	12.7	10 246	0.4	242	20.8	15 354	33.9	25 842	1 360			36.8	4 196			36.8	4 196	221
半地主式富农																						
富 农	2	15	14	29	70.2	28 102	1.3	615	8.3	3 305	79.8	32 022	1 104	15.9	1 274	53.9	6 129			53.9	6 129	211
小土地出租者																						
富裕中农	3	6	10	16	35.5	14 191	0.3	122	14.1	5 645	49.9	19 958	1 147	4	1 093	10.8	1 202	0.1	30	10.9	1 232	77
中 农	13	27	28	55	78.1	31 648	1.5	605	9.6	3 846	89.2	36 099	656	20.1	8 044	13.9	1 528	0.2	58	14.1	1 586	29
佃 农																						
贫 农	17	41	38	79	56.6	22 627.5	1.8	706	6.7	2 643	65.1	25 976.5	328	35.6	14 245	14.2	1 509	0.1	12	14.3	1 512	19
佃 贫农	2	5	4	9	0.3	109	0.2	76	1	342.5	1.5	527.5	58.6	6.5	2 583	0.5	57			0.5	57	6
雇 农	6	12	7	19			0.3	139			0.3	139	7	2.1	820	0.5	57			0.5	57	3
小手工业者																						
小 商 贩																						
自由职业者																						
手工业职业者																						
宗教职业者																						
其 他	1	2	1	3																		
合 计	45	118	111	229	253.4	106 923.5	5.8	2 505	60.5	31 135.5	319.7	140 564	614	84.2	28 059	130.6	14 678	0.4	100	131	14 778	65

锦屏县启蒙乡土地改革前汉族各阶层占有耕地、山林统计表

项目\阶层	户数(户)	男	女	人口合计	自耕田面积	自耕田产量	自耕土面积	自耕土产量	出租田面积	出租田产量	占有土地合计面积	占有土地合计产量	占有土地每人平均	佃耕田面积	佃耕田产量	杉山面积	杉山产量	桐山面积	桐山产量	山林合计面积	山林合计产量	山林每人平均
地主	19	82	94	176	258.6	103 435	6.1	2 426	744.7	297 980	1 009.4	403 841	2 295			130.2	16 834	1.9	743.5	132.1	17 577.5	99.8
半地主式富农	6	21	20	41	52.5	21 004	0.8	324	130	51 810	183.3	73 138	1 784	3.4	1 970	6.9	483.5	0.1	15	7	498.5	12
富农	8	30	31	61	36.5	41 236	2.4	949	91.3	36 515	130.2	78 700	1 290	5.6	2 245	244.2	28 682	0.2	72	244.4	28 754	471
小土地出租者	8	16	16	32	37.8	14 835	0.5	195	55.8	22 344	94.1	37 374	1 168			6.3	654	0.1	20	6.4	674	21
富裕中农	17	46	54	100	146.6	58 654	1.6	640	84.9	33 971	233.1	93 265	932			33.6	3 760	0.1	43	33.7	3 803	38
中农	85	131	125	256	317.2	126 894	3.5	1 398	89	35 621	402.7	163 973	640	89.9	35 967	22.8	5 553	1.6	60	24.4	5 613	22
佃中农	4	10	9	19	10.5	4 218	0.3	117			10.8	4 335	228	21.6	8 649	21.6	1 758	2.3	940	23.9	2 698	142
贫农	61	156	154	310	182.5	72 996	4	1 609	9.9	3 985	196.4	78 590	254	98.8	39 520	12	1 317	0.7	296	12.7	1 613	5
佃贫农	16	35	32	67	20.8	8 315	2.7	829	0.9	385	24.4	9 528	142	50.6	20 541.5	9	665	0.4	154	9.4	819	12
雇农	14	19	12	31	4.3	1 733	0.3	133	0.4	171	5	2 037	66	14.6	5 834.5	0.3	30			0.3	30	7.5
小手工业者	4	4	4	8					4	5	4	4	5			4	4				4	4
小商贩	1	2	2	4	0.4	145					0.4	145	36	2.4	960							
贫民	5	11	8	19	1.4	570	0.5	210	1.1	456	3	1 236	65	4.4	1 352	0.3	345			0.3	345	18
自由职业者																						
手工业者																						
宗教职业者																						
其他	4	6	2	8			0.1	20	0.3	210	0.4	230	29	8.4	3 360							
合计	248	565	559	1 124	1 069.1	454 035	22.8	8 850	1 208.3	483 448	2 300.2	946 333	842	299.7	120 109	487.2	60 001.5	7.4	2 353.5	494.6	62 465	56

锦屏县启蒙乡土地改革前各民族各阶层占有房屋农具牲畜性状统计表

项目 阶层	户数(户)	人口(人)	房屋(间) 瓦房	草房	合计	每户平均	牲畜(头/匹) 牛	马骡	合计	每户平均	农具(把/辆) 犁	耙	锄头	风车	其他	合计	每户平均
地主	68	494	175.5	265.5	441	6.5	252.5	2	254.5	3.7	80	83.5	263	1	852	1 279.5	18.8
半地主式富农	22	127	18.5	52	70.5	3.2	48		48	2.2	23	22	53		54	152	6.9
富农	58	371	100.5	159	259.5	4.5	190 1/4		190 1/4	3.3	65.5	61.5	181		156	464	8
小土地出租者	36	135	41.5	58	99.5	2.8	28		28	0.8	18	19	68		54	159	4.4
富裕中农	82	452	44.5	199.5	244	3	160		160	2	84	77.5	167		203	531.5	6.5
中农	380	1723	95	685.5	780.5	2	472.5		472.5	1.2	308	320.5	692		582	1 902.5	5
佃中农	70	354	29.5	133.5	163	2.3	80		80	1	67	61	141		136	405	5.8
贫农	463	2140	80.5	711	791.5	1.7	371 3/4	1	372 3/4	0.8	311.5	300	714		682	2 007.5	4.3
佃贫农	343	1 559	41	521	562	1.6	267		267	0.8	239	203	538		609	1 589	4.6
雇农	181	488	23	127	150	0.8	28.5		28.5	0.2	49	37	185		238	509	2.8
小手工业者	8	33	5.5	22.5	28	3.5	4		4	0.5	4	3	32		6	45	5.6
小商贩	6	21	4.5	3.5	8	1.3	3.5		3.5	0.6	2	1	12		15	15	2.5
贫民	52	153	18.5	83	101.5	0.7	4		4	0.08	6	4	61		58	129	2.5
宗教职业者	3	7	3		3	1							2		2	4	1.3
其他	7	17		13	13	1.9	2		2	0.3	2	1	9		2	14	2
自由职业者																	
手工业工人																	
合计	1 779	8 074	681	3 034	3 715	2.1	1 912	3	1 915	1.1	1 259	1 194	3 118	1	3 634	9 206	5.2

后 记

1964 年春，贵州省民族研究所为了深入认识贵州少数民族地区近代社会经济状况，实事求是地研究其社会性质，组建了近代经济调查组。参加成员为罗义贵、周绍武、万斗云、杨有耕 4 人，由罗义贵领队。

经所领导规划，拟以民族地区的几条河流为主线，逐步开展调查，首先选苗族、侗族聚居的清水江流域起步，以沿江的锦屏县三江镇、台江县施洞、黄平县重安江、麻江县下司等地进行重点调查，旨在了解外国资本主义的经济侵略和当地商品经济的发展。

为了保证调查工作的顺利完成，所领导做了一系列的准备工作。在思想准备方面，用了半个月时间学习毛泽东关于"现代的殖民地半殖民地和半封建社会"的论述，特别强调要深刻认识"帝国主义列强从中国的通商都市直至穷乡僻壤，造成了一个买办的和商业高利贷的剥削网，造成了为帝国主义服务的买办阶级和商业高利贷阶级，以便其剥削广大的中国农民和其他人民大众"的论断。在组织准备方面，强调发扬在党领导下的集体主义精神，加强团结，克服困难，共同完成工作任务。在业务准备方面，学习有关参考书籍，编定调查提纲，有计划、有步骤地调查清水江民族地区买办资本、商业高利贷资本和外国商品的输入以及商品生产和商品交换的发展。

在半年多的调查工作中，在锦屏县党政部门的领导和支持下，调查组除摘抄档案资料外，以三江镇、魁胆、偶里为调查重点，又分赴茅坪、卦治、小江、平秋、黄闷、启蒙、敦寨、亮司、平略、固本、文斗、瑶光等侗寨苗乡作全面的考察。总计行程上千里，搜集、摘抄和调查的资料约 70 余万字。其中，调查资料取自林农、旱佚、水佚、行户、商人、干部和手工业者等数百名调查对象；档案资料摘自锦屏县公安局档案；包括政府文告、民间讼词、家谱、碑碣等文献资料集自民间。当时据此整理成了《锦屏半殖民地半封建经济调查报告》。由于对锦屏地区的社会性质尚待进一步研究和"文化大革命"的发生，研究中断，调查报告未能如期付印。

党的十一届三中全会以后，国家民委民族问题五种丛书编委会将整理出版《侗族社会历史调查》列入国家"六五"计划，贵州省民委五丛办根据上级指示精神，组织原调查人之一杨有耕同志在原调查资料的基础上，根据本书的要求进行整理，写出了《锦屏侗族地区社会经济调查》，分送原调查人审阅提出不少修改意见加以订正后，由五丛办审定全稿并定名为《侗族社会历史调查》交付出版。

《侗族社会历史调查》虽比《锦屏半殖民地半封建经济调查报告》有了提高，仍然存在一些问题。如调查资料多系调查对象口述，调查虽重于忠实记录，但来不及全面核实，加上水平有限，调查不够深入，缺点错误在所难免，希望读者批评指正。

编 者

1988 年 8 月 1 日

修订后记

　　《侗族社会历史调查》由贵州省编辑组编，贵州民族出版社 1988 年出版，是有关侗族社会历史文化的珍贵历史资料。

　　本书的修订由贵州师范大学石峰负责。中央民族大学冯荣、何坤参与了修订工作。按照国家民委五种丛书修订编委会和丛刊修订编委会的要求，本次修订尽量保持"原貌"，重点对原书中的错别字、脱字及数字格式等做了订正，并适当增补了人口变化情况以及所涉地方行政隶属与沿革的变化。原文的专有名词、计量单位等也增加了相应的注释。学术前辈们的经典学术遗产具有永恒的生命力，后学对这些遗产的整理也是一个再研读和再解释的过程，所获得的智慧和启迪是不言而喻的。

　　修订中的不足在所难免，敬请读者指正。

《中国少数民族社会历史调查资料丛刊》修订编辑委员会

2009 年 3 月